EUROPA  POCKET

FEDERICA DE CESCO

Das Erbe der Vogelmenschen

ROMAN

EUROPA  POCKET

Für Kazuyuki

Vollständige Taschenbuchausgabe 2022
© 2020 Europa, ein Imprint der Europa Verlage GmbH, München
Umschlaggestaltung und Motiv:
Hauptmann & Kompanie Werbeagentur, Zürich
Layout & Satz: Robert Gigler, München
Gesetzt aus der Bembo
Druck: C.H. Beck, Nördlingen
ISBN 978-3-95890-452-1
Alle Rechte vorbehalten.

www.europa-verlag.com

INHALT

1
DER NAMENLOSE TÜRKIS

Leo erwachte früh an jenem Morgen. Eine Weile lag sie ganz still unter der Daunendecke und ließ ihre Gedanken ohne klare Vorstellung wandern. Leo hatte bei offenem Fenster geschlafen; jetzt fror sie. Zwischen den Vorhängen dämmerte ein beeindruckender leuchtender Himmel. Und von einem Atemzug zum nächsten fiel ihr ein, dass heute der 23. März war und dass sie zwanzig Jahre alt wurde. Jäh richtete sie sich auf, schlurfte über den kalten Boden ins Bad und nahm eine Dusche, erst warm, dann kalt. Sie hatte nur wenig geschlafen, aber das kalte Wasser tat ihr gut: Sie fühlte sich ausgeruht und erfrischt. Ihr nasses Haar klebte auf ihren Schultern. Sie warf es mit beiden Händen aus dem Gesicht. Ihr gelocktes Haar war blond, mit einem silbrigen Schimmer, aber zu dicht und wirr, um es durchzukämmen. Leo sah immer unfrisiert aus, doch sie hatte sich damit abgefunden. Sie wickelte ein Handtuch um ihre Hüften, stellte sich vor den Spiegel und betrachtete ihre Gestalt.

Leo war auffallend hochgewachsen, so schmal, dass sie fast mager wirkte, mit langen Armen und Beinen, eingefallenem Bauch und kaum angedeuteten Brüsten. Dieser Eindruck von Zartheit täuschte. Sie hatte feste, gut durchtrainierte Muskeln. Ihre Bewegungen waren schnell, drahtig und konzentriert. Betrachtungen dieser Art führten bei ihr immer zu der gleichen Schlussfolgerung: Sie ähnelte eher einem Jungen – einem »Jüngling« hätte man früher gesagt, wie sie in Kunstbüchern aus der Jugendstil-Epoche dargestellt wurden. Und sie war über diesen Vergleich nicht unglücklich, sondern im Gegenteil freudig erregt.

Sie föhnte ihr Haar, zog Jeans und ein frisches T-Shirt an. In der Wohnung war alles still. Jan – ihr Vater – nahm an einem Seminar in Genf teil, aber auf dem Tisch im Wohnzimmer standen in einer Vase drei Osterglocken. Daneben lag ein Bildband über die Pyramiden von Gizeh, eine wertvolle bibliophile Ausgabe, herausgegeben von der Deutschen Orient-Gesellschaft. »Alles Gute« hatte ihr Vater dazu auf eine Karte gekritzelt. Leo verbiss sich ein Lächeln. Typisch Vater, kurz und bündig. Natürlich hatte er es wieder eilig gehabt. Sie wohnten in Clarens, einem Städtchen in der Nähe des mondänen Montreux, am Genfer See, und auf der Autobahn herrschte konstantes Chaos.

Leo lief schnell zur Bäckerei auf der anderen Straßenseite, holte sich zwei frische Croissants. Sie ließ sich Kaffee einlaufen und frühstückte, den Bildband vor sich auf dem Tisch, sorgfältig bestrebt, keine Flecken zu machen. Als sie fertig war, schüttelte sie die Krümel aus den Seiten, ging in ihr Zimmer und setzte sich vor den Computer.

Schon den ganzen Morgen dachte sie daran, dass sie nach dem Essen nach Lausanne fahren wollte. »Komm um vier«, hatte ihre Großmutter Katja gesagt. »Aber nicht früher. Du weißt, dass ich mich nach dem Essen eine Weile hinlege. Danach trinken wir in Ruhe eine heiße Schokolade.«

Großmutters Schokolade war cremig, mit Ingwer und Rosenknospen gewürzt. Katja goss sie aus einer silbernen Kanne in entzückend bemalte Sammeltassen. Dazu gehörte ein großer Klacks Schlagsahne. Die Schokolade gab es keineswegs alle Tage, sondern nur zu besonderen Anlässen. Leo freute sich, obwohl Großmutter diesmal eine ungewöhnliche Bemerkung hinzugefügt hatte.

»Schokolade beruhigt die Nerven. Nimm dich zusammen. Ich will keine Hysterie in meinem Wohnzimmer.«

Hysterie? Leo konnte sich nicht erinnern, jemals hysterisch gewesen zu sein. Auch nicht als pubertierende Halbwüchsige. Sie war fast immer nüchtern, vernünftig und freundlich. Jetzt fühlte sie eine Art von vager Beklemmung in sich.

Was Leo bei der Stange hielt, war die Hoffnung, dass sie heute ein paar Dinge mehr erfahren würde. Eine Hoffnung, die viel tiefer reichte, als sie annahm. Heute also – an ihrem 20. Geburtstag. Heute könnte es sein, dachte Leo voller Ungeduld. Sie verstand allerdings nicht, warum Großmutter sie plötzlich wie ein rohes Ei behandelte. Wie wird man eigentlich hysterisch?, fragte sie sich.

Wie auch immer, Leo traf pünktlich bei der Großmutter ein. Diese gratulierte ihr zum Geburtstag und überreichte ihr, noch während sie sprach, einen kleinen Beutel aus mit Perlen besticktem Hirschleder. Zum Vorschein kam eine Silberkette mit einem Talisman: eine Vogelfeder, ebenfalls aus Silber, mit einem großen tiefblauen Türkis. Leo bedankte sich innig und von ganzem Herzen. Vor Freude fiel ihr nichts anderes ein, was sie noch hätte sagen können.

»Diesen Schmuck hat mir Hugo geschenkt, nachdem wir beschlossen hatten, zu heiraten«, sagte ihre Großmutter mit einer Stimme, die seltsam bewegt klang »Der Schmuck stammt von seiner Mutter Melania. Hugo Cloud Singer Walker war ein Dakota-Sioux, wie du weißt. Noch im 18. Jahrhundert gehörte sein Volk zu den mächtigsten Stammesverbänden Nordamerikas. Die Sioux hat man zwar besiegt, aber niemals unterworfen! In ihrer Tradition gelten Türkise als heilig. Jeder Stein weist eine andere Farbe auf, man findet unendlich viele Schattierungen von Blau. Die Indianer geben jedem Stein einen Namen. Es sind sakrale Gegenstände. Man muss sie mit Ehrfurcht behandeln.«

Während ihre Großmutter die Zusammenhänge erklärte, befestigte sie die Kette um Leos Hals. Das Schmuckstück war wundervoll gearbeitet. Leo schwieg ein paar Sekunden lang. Von einem Atemzug zum nächsten war sie in einen seltsamen Bewusstseinszustand getreten, der in ihr eine kurze, heftige Unruhe auslöste, eine Welle euphorischer Erregung. Sie berührte den Talisman mit der Fingerkuppe, und Katja sagte:

»Du musst ihm einen Namen geben. Das braucht nicht unbedingt heute oder morgen zu sein. Lass dir Zeit.«

Sie füllte Leos Tasse, gab Schlagsahne hinzu. Inzwischen strich Bijou, die braune Perserkatze mit den goldenen Augen, um Großmutters Sessel herum, bevor sie lautlos auf ihre Knie sprang und sich gemütlich zusammenrollte. Katja streichelte sie geistesabwesend.

»So. Und jetzt hör mir zu. Und tu mir den Gefallen, unterbrich mich bitte nicht. Was du im Augenblick denkst, ist nicht relevant, und ich muss mich konzentrieren.«

Leos Großmutter Katja war in Wien geboren. Der Vater war ein angesehener Arzt, die Mutter Cellistin. Als Kind hatte es ihr an nichts gefehlt. Geld, Bildung, Kultur öffneten ihr die Tür zur feinen Gesellschaft. Ihre Erinnerungen an damals waren verzierte Kronleuchter, bestickte Tischdecken, wertvolle Teppiche und erlesenes Porzellan. Sogar das Nachtgeschirr in ihrem Kinderzimmer entstammte der königlichen Manufaktur in Delft. Darüber hinaus hatte sie das musikalische Talent ihrer Mutter geerbt. Aber Katja spielte nicht Cello, sondern Klavier. Sie spielte wundervoll und ohne Noten. Irgendwie, auf irgendeine Weise, konnte sie das, ohne dass man sie jemals weitergehend unterrichtet hätte. »Mein Klavierlehrer war eine Niete«, kommentierte sie später die Situation. Sie hatte bereits mit sieben Jahren ihre ersten öffentlichen Auftritte. Doch dann kam der Krieg. Der Krieg veränderte alles.

Heute blickte sie auf eine lange Karriere als begeistert gefeierte Pianistin zurück, aber seit einigen Jahren gab sie nur noch Benefizkonzerte. »Es macht mich glücklich, Sinnvolles zu tun«, hatte sie unlängst zu Leo gesagt. »Die ganz großen Momente sind für mich nicht, wenn ich vor einem Publikum in Abendrobe spiele, sondern wenn ich spüre, dass wir gemeinsam ein konkretes Zeichen gegen Ungerechtigkeit setzen.«

Katja hatte auf einem verstimmten Klavier in den Ruinen der Markthalle von Sarajevo gespielt, wo es nach Pisse stank. Sie hatte in Pflegeheimen für Schwerkranke und Behinderte gespielt. Und kürzlich für den WWF, der ein Spendenkonto zum Schutz der Naturwälder eröffnet hatte. All das beeindruckte Leo sehr. Ihr gefielen Katjas Weisheit und bisweilen krude Ehrlichkeit.

Katja hielt sich fast übertrieben gerade, den Kopf hoch erhoben. Sie hatte sandfarbenes Haar, und ihre Augen schimmerten wie polierter Schiefer. Sie benutzte nur selten eine Lesebrille. Ihr Blick war intensiv und forschend, ihre Lippen hatte sie stets rot geschminkt. Sie trug am liebsten Weiß: weiße Hose, weißer Pullover mit Rollkragen. Und sie machte nie einen Fleck. Im Sommer verbarg sie ihren Hals unter einem »Carré« von Hermès, von denen sie eine ganze Sammlung besaß. Dazu silberne Armspangen oder eine Brosche mit Korallen und leuchtenden Türkisen. Gold mochte sie nicht. »Gold bringt Unglück«, sagte sie.

Katja ließ sich gerne bewundern. Sie erweckte den Anschein von Hochmut, allerdings mit einer Art von distanziertem Humor, der sich bisweilen zynisch anhörte. Ihr Selbstvertrauen war unerschütterlich.

Seitdem sie sich aus dem Berufsleben zurückgezogen hatte, wohnte Katja in Lausanne, am Quai d'Ouchy, gleich hinter dem vornehmen Hotel d'Angleterre. Ihre Sicht auf den Genfer See war dadurch eingeschränkt, aber es machte ihr nichts aus. Katja war dreimal verheiratet gewesen. Ihren ersten Mann, einen

Hollywood-Star – dumm und sexy, wie sie sagte –, hatte sie nach einigen Monaten vor die Tür gesetzt. »Er trank, wurde dick und war nicht mehr interessant«, kommentierte sie lapidar. Hollywood war sowieso ein Ort, den sie ausgesprochen vulgär fand.

Danach war sie mit Max van der Weyden, einem flämischen Professor für Physik, verheiratet gewesen. Jan, ihr gemeinsamer Sohn, war in der Schweiz aufgewachsen und hatte in Gstaad im renommierten Internat »Le Rosey« studiert. Nach sechs Jahren hatten Katja und Max im gemeinsamen Einvernehmen die Scheidung eingereicht.

»Es hat uns beide lange Zeit im Inneren beschäftigt«, hatte Katja ihrer Enkelin anvertraut. »Max war gutherzig und freundlich, ein Teddybär zum Schmusen, und eine Zeit lang war es herrlich mit ihm. Er mochte auch die Musik, selbst wenn Aaron Copland ihm mehr lag als Bela Bartok. Doch Max befasste sich permanent mit Quantenphysik. Und ich verstand überhaupt nichts von der hehren Sprache der Fachwissenschaft. Ich versuchte trotzdem, bei Stimmung zu bleiben, aber wir konnten nicht verschiedener sein. Am Ende waren wir beide unglücklich. Unsere Ehe bestand nur noch auf dem Papier. Es hatte keinen Sinn mehr.«

»Jan hat viel von seinem Vater«, sagte ihre Großmutter manchmal zu Leo. »Pass auf, dass er nicht langweilig wird!« Daraufhin fühlte sich Leo verpflichtet, ihren Vater in Schutz zu nehmen.

»Du tust ihm unrecht. Er kann sehr lustig sein.«

»Aber gewiss. Zu Neujahr und zu Pfingsten.«

In ihrem Leben hatte Katja eine einzige große Liebe gekannt: Hugo Cloud Singer Walker, einen Tenor, der in den USA in einem Reservat aufgewachsen war. Die Ehe endete 37 Jahre später mit Hugos Tod. »Jeder geht anders mit der Trauer um«, hatte Katja damals gesagt. »In schwierigen Lebenslagen war es stets die Musik, die mir geholfen hat. Als ich Hugo verlor, saß ich zwei

Tage später vor dem Flügel. Die Musik gab mir Ruhe und Kraft. Sonst hätte ich mir im Wohnzimmer die Pulsadern aufgeschnitten und eine große Schweinerei hinterlassen.«

Katja hatte mit Hugo kein zweites Kind gehabt. Jan trug den Namen seines flämischen Vaters. Er hatte Lena Mingroot geheiratet, eine Bibliothekarin, die an der Universität von Löwen arbeitete. »Flamen unter sich«, pflegte Katja zu sagen. Lena war klein, hübsch gewachsen, mit den anmutigen Gebärden und dem graziösen Gang einer Ballerina.

Die Schwiegereltern? Die waren weit weg, lebten in der Demokratischen Republik Kongo, einer ehemaligen belgischen Kolonie, wo sie Bantu–Kindern aus prekären Verhältnissen das Einmaleins beibrachten. So weit, so gut. Und Leo kam zwei Jahre später zur Welt. Es war eine schwere Geburt. Lena liebte ihre kleine Tochter sehr, allerdings auf eine seltsame, scheue Art. Und als Leo 13 Jahre alt war, zog sich Lena zurück. Nicht völlig, nicht auf einmal, jedoch zielstrebig. Sie trug ihre Verantwortung, gewiss. Sie gab ihr Bestes, aber sie wollte in erster Linie sich selbst gegenüber aufrichtig sein. Sie wollte nicht depressiv werden.

Ihre Ehe mit Jan? Beide konnten schlecht mit Konflikten umgehen. Jan schrieb ein Buch über die Spuren der Kelten in Mitteleuropa und kreiste nur noch um sich selbst. Mit Yoga und den Sprüchen des Dalai Lama hatte er nichts am Hut. Lena erklärte, dass sie zu ihren Eltern nach Afrika gehen wollte. Sie hatte sie schon so lange nicht mehr gesehen. Oh, nur für ein paar Monate. Vielleicht würde sie auch länger bleiben, wer weiß. Und Leo könnte ja beim Vater wohnen und sie in den Schulferien besuchen.

Jan meinte, das sei keine schlechte Idee, und wollte wissen, was Leo davon hielt.

Dabei fragte sich Leo, ob ihr Vater nicht merkte, dass Lena krank war. Krank an Geist und Seele? Ihre kindliche Vorstellungskraft ließ sie spüren, dass Lenas Gefühle ihr gegenüber zunehmend verwirrter und ungerechter wurden. Es bedrückte sie sehr, den Grund dafür nicht zu wissen. Sie war sich keiner Schuld bewusst. Sie wusste nur, dass Lena ihr Weggehen wie eine Befreiung empfand. Weg von dem Mann, weg von der Tochter! Sie wollte ihr vergangenes Leben entsorgen, wie einen vollen Müllsack hinter einer Mauer.

Leo litt sehr unter der Trennung. Aber es war besser für Lena, dass sie ging. Leo war vernünftig genug, um das zu beurteilen. Sie legte der Mutter keine Steine in den Weg.

Seitdem waren sieben Jahre vergangen. Und jetzt saß Leo bei ihrer Großmutter im Jugendstil-Wohnzimmer, balancierte ungeschickt eine wertvolle Porzellantasse und wartete voller Ungeduld auf das, was Katja ihr zu sagen hatte. Umso grösser war ihre Enttäuschung, als sie bemerkte, wie Katja plötzlich unsicher wurde. Solange sie sich erinnern konnte, hatte Leo noch nie erlebt, dass sich ihre Großmutter verhaspelte. Ihre Aussagen waren stets gelassen und perfekt formuliert. Jetzt suchte sie nach Worten, schüttelte den Kopf oder schnippte ungeduldig mit den Fingern. Dabei schaute sie Leo nicht an, sondern starrte an ihr vorbei auf irgendeinen Punkt hinter ihrer Schulter. Ihr Geist schien in verschiedenen Sedimenten zu tasten. Es war, als folgten ihre inneren Augen den von Schicht zu Schicht gleitenden Gedanken, während sich ihre Stimme, die von Natur aus rau klang, allmählich festigte. Nach und nach gewann sie ihre übliche Sicherheit zurück, ihre Augen suchten die Augen von Leo, und ihr Blick war offen und amüsiert wie zuvor. Als ob sie mit ihrer ganzen Haltung ausdrücken wollte: »So, gleich haben wir's hinter uns. Aller Anfang ist schwer!«

Und von da an sprach sie, ohne nochmals zu stocken, mit bildhaften und ausdrucksbetonten Worten. Leo unterbrach sie kein einziges Mal, nicht nur, weil sie sich an die Abmachung hielt, sondern weil sie so verdutzt war, dass ihr keine passende Bemerkung einfiel. Zeitweise kam sie in Versuchung, laut zu lachen, was unangebracht und taktlos gewesen wäre. Und gleichzeitig konnte sie sich der beklemmenden Faszination nicht entziehen, die Großmutters Worte bei ihr auslösten. Redete sie von Träumen, die eher in die Praxis eines Psychiaters gehörten, oder von Ereignissen, die sie aus dem Stegreif erfand? Eine halbe Stunde war vergangen, und Großmutter hörte nicht auf drauflozureden. Leo balancierte ihre Porzellantasse und saß fassungslos da. »Wie ein erstarrtes Kaninchen vor einer Klapperschlange«, würde sie später ihren Zustand beschreiben.

Immerhin wusste Leo bereits, dass man sich in seinem eigenen Gedankenfluss verlieren konnte. Und einige beunruhigende Situationen hatte sie auch schon erlebt. Nach dem letzten Vorfall war sie bei einer Neurologin gelandet. Und Katja hatte seltsam reagiert, als sie ihr den Zwischenfall schilderte. Vordergründig desinteressiert. Als ob sie sagen wollte: Nun mach doch nicht so ein Theater daraus! Leo hatte sich ratlos gefühlt. War Großmutter womöglich schon reif für die Klapsmühle? Alles in allem hatte sie nicht diesen Anschein erweckt. Sie machte eigentlich einen sehr beherrschten, mitunter sogar gebieterischen Eindruck. Ihre Schilderungen waren sehr bildhaft und voller Gleichnisse, aber Katja sprach ja oft im Ton einer Märchenerzählerin. Im Übrigen war sie scharfzüngig, mit einem Hang zum pikanten Sarkasmus, der auch jetzt gelegentlich zum Vorschein kam. Nichts für empfindliche Gemüter. Dazu kam, dass sie in ihrer selbstherrlichen Art von ihrer Geschichte vollkommen überzeugt schien. Leo war bestürzt. Denn das, was Katja jetzt erzählte, war eine vollkommene Umwandlung jener Geschichte, die Kinder im Vorschulalter oder unter dem Weihnachtsbaum erzählt bekommen und die tiefe Empfindungen in ihnen weckt, Empfindungen, die zu dem gehörten, was man für gewöhnlich unter »Urvertrauen« verstand.

Rationale Gedanken hatten da nichts zu suchen. Und nun schilderte Katja die gleiche Geschichte, aber aus einer ganz anderen Perspektive. Leo versuchte sich einzureden, dass Katja fabulierte, wie das bei alten Menschen bisweilen vorkommt, aber allmählich war sie dessen nicht mehr so sicher. Vielleicht war ihr Katja in Gedanken ganz nahe – viel näher, als Leo ahnen konnte.

Nachdem Katja endlich fertig war, schickte sie Leo in die Küche, um ihr ein Glas Wasser zu holen. Leo kam zurück und reichte ihrer Großmutter wortlos das Glas. Katja trank das Wasser ohne Hast, behielt jeden Schluck ziemlich lange im Mund. Ihr matt gepudertes Gesicht war mit einem leichten Schweißfilm überzogen. Als Leo ihr das Glas aus der Hand nahm, brachte sie ein elegantes Taschentuch zum Vorschein, tupfte sich Stirn und Lippen ab und sagte ohne Umschweife:

»So. Und jetzt denkst du, dass ich eine Meise habe.«

»Eigentlich nicht. Aber …«

»Glaubst du mir nicht?«

Leo holte tief Luft.

»Um die Wahrheit zu sagen, kein einziges Wort!«

»Um die Wahrheit zu sagen«, wiederholte Katja mit einer Handbewegung, die ihren Ärger ausdrückte. »Fuck off! Wozu habe ich mir eigentlich den Mund fusselig geredet?«

Worauf Bijou von ihren Knien sprang und würdevoll das Wohnzimmer verließ.

2

DIE KATZE KENNT DIE GESCHICHTE

Danach – nach dieser Sache – geschah eine Zeit lang gar nichts. Seitens ihrer Großmutter herrschte Funkstille. In dieser Zeit begann Leo nachzudenken. Ihre Großmutter war 83 Jahre alt, aber nach wie vor mit Gesundheit, Ausdauer und Willenskraft ausgestattet. Sie empfand eine tiefe Achtung für sich selbst und für ihre Kunst. Musik war stets der Mittelpunkt ihres Lebens gewesen. Ja, und vielleicht träumte sie von Musik und wusste in ihren Träumen von Dingen, die weit zurück in Raum und Zeit lagen? Sie hatte Leo eine Geschichte erzählt, die es in sich hatte. In vieler Hinsicht allerdings ein völliger Quatsch. War es die Sache überhaupt wert, sich darüber den Kopf zu zerbrechen?

Leo hatte eine besondere Eigenart: Sie vermittelte den Anschein, als höre sie dem, was gerade gesagt wurde, nicht genau zu. Ihr Gesicht hatte dabei einen Ausdruck, den man – je nachdem – als abwesend oder gelangweilt bezeichnen konnte. In Wirklichkeit war sie ganz Ohr, und ihr Verstand forschte unablässig nach dem Grund der Dinge. Was auch hinter Großmutters spleeniger Story stecken mochte, womöglich war am Ende doch etwas Wahres dran.

Irgendwie musste sie ihre Unruhe loswerden. Sie konnte zumindest Katja fragen, woher die Geschichte stammte und wann und wo sie diese erfahren hatte. Sie haderte eine Zeit lang mit

sich selbst, bevor sie sich entschloss, noch einmal mit der Großmutter zu reden.

»Nett, dass du anrufst«, sagte Katja freundlich. »Wie geht es dir?«

»Ich habe noch ein paar Fragen …«

»Noch Fragen? Ich dachte doch, das Thema sei für dich erledigt.«

Der Spott der alten Dame hatte Leo nie etwas ausgemacht.
Das Wortgeplänkel zwischen ihnen gehörte dazu.

»Großmutter, sei so gut …«

Katja unterbrach sie.

»Komm um fünf. Ich mache uns Schokolade und werde mir
Zeit für dich nehmen.«

Leo war immer pünktlich. Um fünf war sie wieder bei der
Großmutter, trank die heiße Schokolade und knabberte Man-
delplätzchen. Katja saß entspannt in ihrem Sessel. Sie trug ihren
weißen Pullover, das Haar hatte sie mit einem silbernen Kamm
hochgesteckt. Der Steinway ragte als imposantes Dekor-Element
hinter ihr hoch, und auf dem spiegelblanken Deckel lag friedlich
die Katze.

Großmutter beobachtete Leo, während sie trank, und lächelte
unergründlich.

»Gut?«

Leo konnte es nur bestätigen.

»Himmlisch!«

Großmutter nickte.

»Danke. Die Wortwahl scheint mir angemessen. Und du bist
zu mir gekommen, um ein paar weise Gedanken mitzunehmen?«

»Ehrlich gesagt, die Sache lässt mir keine Ruhe.«

»Warum glaubst du mir eigentlich nicht?«

Leo merkte, dass ihre Hand leicht zitterte, und stellte behutsam die Tasse auf den Tisch. Bloß keinen Fleck oder – schlimmer
noch – Scherben, das hätte noch gefehlt!

»Ich fühle mich …«

Katja hob die Brauen.

»… verarscht?«

»Eindeutig.«

Obwohl Großmutter in jungen Jahren das gekannt hatte, was sie als »gute Kinderstube« bezeichnen würde, war sie recht ausgefuchst. Gelegentliche Kraftausdrücke kamen ihr ganz natürlich über die Lippen und wirkten, von ihr ausgesprochen, geradezu smart. De facto hatte sie außer ihren drei Ehen ziemlich viel erlebt, und auch die Hippiezeit war nicht spurlos an ihr vorübergegangen. Sie hatte John und Yoko gekannt, hatte im Schlamm von Woodstock unter einem dreckigen Umhang geschlafen, in den Armen eines »sexy Kerls«, dessen Namen sie vergessen hatte. Sie hatte Mai 1968 in Paris miterlebt, war mit Freunden aus dem Quartier Latin auf Barrikaden geklettert, hatte Pflastersteine gegen die Polizei geschleudert. Sie war sogar für einen Tag in Haft gewesen. »Das gehörte einfach zum guten Ton, dass man dabei war«, kommentierte sie nachträglich. Später hatte sie mit Brigitte Bardot und Roger Vadim splitternackt in den Dünen von Saint-Tropez getanzt, hatte harte Sachen getrunken und geraucht. Sie war mit einer Freundin als Rucksack-Touristin durch Nordafrika getrampt. Ein Frachtdampfer hatte sie über das Mittelmeer gebracht. Sie waren bis nach Agadez gekommen. Immer per Autostopp. Auf den Rastplätzen hatten sie Joints mit den Fahrern geraucht. Und keiner hatte sie ausgeraubt, vergewaltigt oder erstochen. Sie hatten nichts anderes erlebt als Entgegenkommen und Gastfreundschaft. Es waren andere Zeiten.

Großmutter trauerte dieser Zeit nicht nach. Das Leben war, wie es war, man musste sich anpassen. Ihr Urteil war scharf und unsentimental. Nachsicht schien es für sie nicht zu geben. Wenn auch das Wort »herzlos« in ihren Fall entschieden ungerechtfertigt war, versetzte ihre herbe Art manche Leute in unbehagliche Stimmung. Ihr wahres Wesen blieb für viele ein Rätsel. Doch Leo sah tiefer. Was für viele wie Anmaßung wirkte, waren vielleicht nur sorgsam gehütete Verletzlichkeit und Mitleid für die Menschen, deren tragische Unvollkommenheit sie längst durchschaut hatte.

»Hör zu«, sagte Katja. »Niemand kann dir den Gefallen tun, dir alles richtig zu erklären. Aber wenn du etwas mit genügendem Nachdruck wissen willst, sind Fragen noch immer das Beste.«

Sie lehnte sich zurück, nahm eine abwartende Haltung ein. Und Leo stellte Fragen. Und noch mehr Fragen. Es kamen ihr immer wieder neue in den Sinn. Katja verlor nie die Geduld und erklärte ihr alles ganz genau, weder bevormundend noch herablassend. Leo wurde klar, dass Offenheit genau das war, was sie erwarten oder erhoffen konnte. Dabei hatte Katja stets ihre eigene Art zu sprechen, diesen unnachahmlichen Ton einer Märchenerzählerin. Ihre Worte beschrieben, ganz unabhängig von ihrer Bedeutung, ein Fliegen oder ein Schweben, eine vibrierende Tragfläche faszinierender Möglichkeiten – eine Ekstase. Sie sprach von allem fast gleichzeitig, aber alles, was sie sagte, hatte Hand und Fuß. Und Leo begriff recht bald, warum die Geschichte nicht in fremde Ohren dringen durfte, sondern als wohlgehütetes Familiengeheimnis von einer Generation auf die nächste übertragen wurde. Anders wäre es ja kaum denkbar gewesen. Sie begriff auch, warum einige Nachkommen nicht dazu fähig gewesen waren, die Bürde zu tragen. Klar doch, völlig einleuchtend.

Und es spielte kaum eine Rolle, wenn die ursprünglichen Tatsachen sich irgendwann in einen Mythos verwandelt hatten und der Mythos in Aberglauben.

»Damit muss immer gerechnet werden«, sagte ihre Großmutter. »Im Mittelalter sperrte man uns in einen Eisenkäfig, bevor man uns, an Händen und Füssen gefesselt, zum Scheiterhaufen schleppte. Nachdem man uns mit einer Zange die Fingernägel ausgerissen hatte. Keine sympathische Art, über den Jordan zu gehen. Wir waren feinere Sitten gewohnt. Das Gute an der Sache: Unsere Geschichte liegt so unendlich weit zurück, dass wir am Ende nationenlos wurden. Und mit der Zeit anfingen, die Nationen zu hassen. Und die Religion, wirst du fragen? Derzeit imponiert uns keine. Früher war alles anders, da arbeiteten wir noch mit der Religion Hand in Hand, verfolgten wir doch ähnliche Ziele. Aber nach und nach wurde das Vertrauen erschüttert. Wir entwickelten uns nicht mehr gemeinsam, sondern strukturell völlig verschieden. Und irgendwann ging alles aus den Fugen. In der Zwischenzeit hat sich nicht viel daran geändert. Wir denken nach wie vor: Wozu das formelle Getue, wenn man es auch anders machen kann?«

Großmutter hob die Kanne, während sie weitersprach, und Leo hielt ihr die Tasse hin.

»Da wir aus einem anderen Zeitalter kommen, sehen wir an der Weltgeschichte vorbei. Das ist unser Privileg. Aber man kann nicht in aller Ewigkeit vor unseren Augen die Welt in Stücke schlagen, ohne dass wir randalieren. Irgendeine Bemerkung?«

»Mir wird es allmählich zu viel.«

»Betrachte doch die Situation, wie sie ist. Und mache kein Drama daraus. Wie, glaubst du, sind unsere Vorfahren damit fertiggeworden? Gerieten sie in Rage, haben sie immer getan, was sie zu tun hatten.«

»Gab es für sie eine besondere Methode?«

»Eine einzige. Und die gilt immer noch: Du kommst aus einer Tür, gehst durch die nächste und wechselst von einer Welt in die andere. Fertig. Wichtig ist, dass du beide Welten klar im Kopf behältst. Mit etwas Übung kriegst du das schon hin.«

Bijou öffnete ihr goldenen Augen, gähnte und streckte sich.

Leo zog sich mit einiger Anstrengung aus dem Sessel empor. Sie ging zu der Katze und streichelte sie.

»Hast du gut zugehört, Bijou?«

»Wozu?« sagte Großmutter. »Sie kennt ja längst die Geschichte.«

3

WIR HABEN NOCH
KEIN ZIVILISIERTES
BENEHMEN

»Schon möglich, dass die Katze die Geschichte längst kennt«, sagte Leo. »Aber ich weiß erst seit zwei Wochen davon.«

»Wer borniert ist, braucht eben mehr Zeit.«

Leo kraulte die Katze, die behaglich schnurrte.

»Sag mal, Bijou, kennst du einen guten Analytiker? Einfühlsam und per se ohne religiöse Verkrampfung? Großmutter will nämlich, dass ich die Guten belohne und die Bösen bestrafe. Produktiv und performativ soll ich sein. Und mildtätig obendrein. Angeblich bin ich dazu verpflichtet. Ich befürchte, ich entwickle eine Phobie.«

»Du verfügst über einen bemerkenswerten Wortschatz, mein Kind.«

»Ich habe Abitur gemacht.«

»Ich nicht. In Wien kam ich nicht dazu. Der Krieg. Wenn Vater nicht eingezogen wurde, dann lag es nur daran, weil er Asthmatiker war. Auswandern? Kam nicht infrage! Er trug eine Verantwortung. Du kannst dir kaum vorstellen, wie es damals war: Wir waren in unserer beschissenen Welt gefangen. Österreich war an das Deutsche Reich gebunden. An jedem Gebäude flatterten Flaggen mit Hakenkreuzen. Soldaten waren überall und sangen rührselige Schnulzen: ›Auf der Heide blüht ein kleines Blümelein‹. Und eins, zwei, die Absätze knallten im Takt. Meine Mutter hatte einen Cousin, ein hohes Tier bei der Partei. Ich wurde gezwungen, für die hohen Offiziere zu spielen, für Goebbels und einmal sogar für Hitler. Eine Sonate von Beethoven. Nach dem Konzert ließ er mich kommen. Der Cousin stand auch da, warf sich stolz in die Brust. Ich machte artig einen Knicks. Der Führer lobte mich sehr und tätschelte mir die Wange. Er war parfümiert. Ein französisches Parfüm, das es heute noch gibt. Ich habe den Geruch noch in der Nase. So was vergisst man nie.

Seltsamerweise hatte ich nicht das Gefühl einer Gefahr, auch wenn die Gefahr um uns herum ihre Fangarme ausbreitete. Jüdische Familien verschwanden über Nacht. Oder auch Leute, die sich politisch nicht konform verhielten. Ihre Wohnungen wurden geplündert oder beschlagnahmt. Das Dilemma meiner Eltern war, dass sie mir etwas mitteilen mussten. Etwas, das keinen Aufschub duldete. Aber was sie mir zu sagen hatten, konnte mein Kopf mit ziemlicher Sicherheit nicht fassen. Verstehen setzt eine Spannkraft voraus, die die gesamte im Gedächtnis bewahrte Zeit umfasst und mit einbezieht. Ich war noch viel zu jung, und meine täglichen Gedanken, die reichten bei Weitem nicht aus. Dabei stand eine Katastrophe bevor, und was den Eltern blieb – war ein Funken Hoffnung: Ich könnte ja später dieses und jenes Ereignis zusammenbringen, aufrollen und wieder neu knüpfen. Und möglicherweise eines Tages die Zusammenhänge erkennen. Sagt man nicht, dass ein Stern, dessen Licht uns heute erreicht, schon vor Millionen von Jahren erloschen sein könnte?

Außerdem eilte die Sache: Vater stand bereits unter Bewachung, weil Juden in seiner Praxis immer willkommen waren. Und so kam es, dass mir Fakten geschildert wurden, die – auf den ersten Blick – nichts mit der empirischen Wirklichkeit zu tun hatten. Das, was meine Eltern mir anvertrauten, hätten sie mir genauso gut in einer fremden Sprache vermitteln können. Und gerade deswegen berührte es mich tief. Es war, als ob ich in der Dunkelheit ein Buch zu fassen bekam und es lesen konnte. Vor meinen kindlichen Augen entfaltete sich eine fantastische Sage, die meiner Vorstellungswelt auf geheimnisvolle Weise entsprach und auf meiner Netzhaut haften blieb wie ein Nachbild. Natürlich wurde mir mit Nachdruck eingeschärft, darüber Stillschweigen zu bewahren. Aber ich war sowieso nicht sehr mitteilsam, und außerdem war das Märchen allzu fantastisch-intim, um mit anderen geteilt zu werden.

Bald jedoch verschärfte sich die Lage. Und Vater musste seine Patienten informieren, dass es ihm zunehmend schlechter ging – sein Asthma war daran schuld. Und dass er sich gezwungen sah, die Praxis zu schließen, was allgemein sehr bedauert wurde. Die Praxis befand sich neben unserem Wohnhaus. Wer wusste schon, dass es eine Verbindungstür durch den Keller gab? Und wer konnte ahnen, dass es meinem Vater eigentlich nicht schlechter ging als zuvor? Und dass meine Eltern ein Dutzend jüdischer Nachbarn in der Praxis versteckt hatten? Familien, die nicht mehr rechtzeitig hatten fliehen können. Menschen, die zu unserem Leben gehörten. Mit denen wir seit Jahren befreundet waren. Alle Fenster waren fest geschlossen, man hörte keine Stimme, kein Licht drang nach draußen. Aber wie das so ist, Gerüchte entstanden und gerieten in Umlauf. Und einige Wochen später, frühmorgens, hämmerte die Gestapo an die Tür. Ich sah mit Entsetzen, wie diese Menschen, die ich alle kannte, aus ihrem Versteck gezerrt wurden. Man pferchte sie in einen Lastwagen und brachte sie nach Bergen-Belsen. Sogar die Kinder, mit denen ich jeden Tag gespielt und Schularbeiten gemacht hatte. Natürlich wurde auch mein Vater verhaftet. Meiner Mutter krümmte man kein Haar. Der Cousin wollte nett zu ihr sein. Und Hitler hatte mir ja die Wange getätschelt. Allerdings wurde das Haus beschlagnahmt. Wir wurden, wie man sagt, ›auf die Straße gesetzt‹. Mutter durfte nur einen Koffer mitnehmen. Der Cousin, das hohe Tier, wollte selbst unter unseren Kronleuchtern speisen.

Vater hatte eine Gabe – oder eine Veranlagung, nenne es, wie du willst –, jedenfalls eine Fähigkeit zum dreidimensionalen Blick. Bei seinen Patienten visualisierte er sofort die kranken Organe. Er nahm in Sekundenschnelle ihr inneres Wesen wahr. Er konnte ihre verborgenen Gedanken lesen, was er nicht oft tat, und zwar aus reinen Gewissensgründen, denn er war ein Mann mit Prinzipien.

Das Lager war mit einem Zaun aus Brettern und Stacheldraht gesichert; nachts wurde es von Patrouillen mit Schäferhunden bewacht und von Scheinwerfern erleuchtet. »Arbeit macht frei« stand als Willkommensspruch über den Eingang geschrieben. Man wurde zu irgendeiner sinnlosen Arbeit gezwungen, bis man vor Erschöpfung umfiel. Und was in einigen Baracken vor sich ging, konnte Vater sich vorstellen. Vater hörte das Rascheln, Flüstern, Schluchzen und Stöhnen. Und später sah er, wie man die Leichen fortschaffte. Vater unterdrückte zähneknirschend seinen Horror, hob den Spaten mit aufgeschürften Händen. Ein trockener Husten schüttelte seine Brust. Er spuckte grünen Schleim und speicherte Informationen. Sein Ohr lauschte ständig auf das, was um ihn herum geschah. Er verfasste Organisationsdiagramme, prägte sich die tägliche Routine ein und behielt alles systematisch im Kopf. Und es dauerte nicht lange, da hatte er den einzig möglichen Fluchtweg ausgemacht. Allerdings musste alles stimmen: die Uhrzeit, die Schatten. Die Wachen konnte man reinlegen, sobald die Stunde der Ablösung kam. Mit den Hunden konnte man reden. Doch, doch, Vater kannte ihre Sprache. Jeder andere hätte die Gelegenheit genutzt und das Weite gesucht. Nicht mein Vater. Er musste sein Leben nach Grundsätzen führen, die keiner verstand. Es gab diese Geschichte, die immer wieder erzählt wurde. Sie war und blieb die Definition unseres Seins. Er musste dieser Geschichte gerecht werden.

Das bedeutet: zunächst seine Freunde, andernfalls würde keiner von ihnen mit dem Leben davonkommen. Er durfte keine Zeit mehr verlieren. Sie wirkten gefroren wie die Erde, hatten glasige Augen und Raureif auf den Lippen. Vater beschrieb ihnen im Flüsterton den genauen Weg, immer wieder, bis sie ihn auswendig kannten. Er prägte ihnen die richtige Stelle ein, die Stelle, die das dämmrige Winterlicht ab einer gewissen Uhrzeit nicht mehr berührte; dort gab es eine Lücke zwischen den Brettern. Die Scheinwerfer glitten darüber hinweg. Er sprach im Geist zu den Hunden. Keinen Mucks, ja? Er schärfte es den Hunden ein, und die Hunde gehorchten. Den ausgemergelten Fliehenden schenkte er geheime Energien, die sie stärkten. Sie baten ihn eindringlich, mit ihnen zu flüchten. Einige Frauen weinten, aber lautlos. Er sagte nein, immer wieder nein. Es kamen ja jeden Tag andere, die ihn nötig hatten. Und so war es dann auch: Alle, die seine Angaben befolgten, entkamen und retteten ihr Leben. Er selbst blieb im Lager. Er war stets ein besonnener Mann gewesen, ein Arzt eben. Jetzt hatte ihn die Unvernunft gepackt, eine Art heiliger Wahnsinn. Wir wissen nicht, wie viele von dem Fluchtweg Gebrauch machten, aber es musste sich um eine beträchtliche Zahl gehandelt haben. Höchstwahrscheinlich wurde er denunziert. Es gab Spitzel im Lager. Er wurde nicht vergast, nein. Er sollte nicht zwischen unbekannten Leichen verwesen. In seinem Fall vollstreckte man keine abstrakte Strafe. Man wollte an ihm ein Exempel statuieren. Deshalb prügelte man ihn halbtot, führte ihn als Wrack vor und knüpfte ihm einen Strick um den Hals. Und alle Lagerinsassen mussten dabei zusehen, sogar die Kinder. Die Eltern hielten ihnen die Augen zu.«

Leo schüttelte deprimiert den Kopf.

»Ich will nicht am Galgen baumeln!«

»Das will keiner. Aber auch du könntest in Situationen kommen, die das Äußerste von dir verlangen. Heute sind wir fähig,

Konvergenzen zwischen Nano- und Biotechnologie zu entwickeln und mithilfe der Gentechnik die gesamte Lebenswelt von Menschen, Tieren und Pflanzen auf den Kopf zu stellen. Wir haben ein leistungsfähiges Gehirn, das schon, aber kein zivilisiertes Benehmen. Das wird schon kommen. In zehntausend Jahren, vielleicht. Wenn die Welt bis dahin noch besteht. Inzwischen sind wir zu allem fähig.«

Großmutter Katja hatte gut reden. Sie war bereits über achtzig, aber Leo hatte noch ihr Leben vor sich. Und die Perspektiven waren nicht gerade rosig.

»Und wie ging es für dich weiter, damals nach dem Krieg?«, wollte Leo wissen.

»Das weißt du doch. Mutter und ich lebten in einem ungeheizten Zimmer. Wasser schleppten wir in einem Eimer drei Stockwerke hinauf. Mutter hatte Tuberkulose, aber wir hatten Glück im Unglück. Das Rote Kreuz brachte uns in die Schweiz und besorgte uns eine Unterkunft bei einer netten Familie. Mutter kam in ein Sanatorium, erholte sich und lebte noch einige Jahre glücklich in Schönried. Sie liebte die Berge. Ich war 15, als ich in einer Mädchenschule in Thun als Klavierlehrerin angestellt wurde. Was komisch war, denn die Mädchen waren ja fast alle im gleichen Alter. Dann bekam ich meine ersten Engagements als Solistin, und damit startete meine Karriere. Und jetzt lassen wir es dabei bewenden, ja? Ich will nicht mehr davon reden.«

Leo nickte schweigend.

»Und wie bringe ich das Ganze meinem Vater bei?«

»Warte auf den richtigen Augenblick. Es wird nicht allzu schwierig sein. Ich habe ihm schon einiges erklärt. Von nun an mische ich mich nicht mehr ein. Das ist jetzt dein Problem.«

»Aufrichtigen Dank!«

»Gern geschehen. Sonst noch etwas?«

Leo zögerte.

»Wusste meine Mutter Bescheid?«

»Ich habe nie versucht, mit Lena darüber zu reden.«

»Warum nicht?«

Katjas Miene versteinerte sich.

»Das solltest du doch wissen. Weil sie Angst vor dir hatte. Deswegen.«

Leo traf es wie ein Schlag in die Magengrube. Ein langes Schweigen folgte. Was Katja sagte, entsprach einer Wahrheit, die Leo stets unterdrückt hatte. Es hatte schon früher solche Momente gegeben. Momente, in denen sie sich am liebsten vor der Welt verkrochen hätte. Jetzt aber spürte sie das Wachsen ihrer inneren Kraft und konnte die Wahrheit akzeptieren.

Schließlich brach sie das Schweigen mit den Worten:

»Werde ich irgendwann wieder … normal sein?«

»Normalität ist kein willkürlich definierbarer Zustand. Unser Gehirn ist eine komplexe Konstruktion. Normal sein, dazu bist du nicht gemacht. Überlasse das Normalsein den anderen, Leo.«

»Kein Wahnsinn, also?«

»Doch, aber einen heiligen. Dein Urgroßvater kämpfte für die Gerechtigkeit. Er wusste, welches Risiko er einging. Möglich, dass er exaltiert war, aber auf keinen Fall meschugge.«

»Warum hast du mir das alles nicht schon früher gesagt? Du hast es ja auch bereits mit neun Jahren erfahren?«

»Das verdankte ich den besonderen Umständen. Und auch du wirst zunehmend merken, dass du anders bist. Ohne gleich in die Metaphysik zu flüchten. Die bringt dir nämlich nur Scherereien.«

»Ich weiß.«

»Ja, zum Glück. Und dann verstehst du auch die daraus folgende Verantwortung. Das erleichtert dir die Sache erheblich. Nimm Abstand. Betrachte es als einen historischen Ableger. Und wenn du erst mal den Sachverhalt vor Augen hast, hör endlich auf, dir den Kopf zu zerbrechen. Ein Geheimnis muss einfältig sein. Sonst könnten wir es nicht bewahren. Nicht, dass wir immerzu Lust hätten, anderen Menschen zu helfen, sie verdienen es meist ja gar nicht, tut mir leid. Aber wir müssen der Gerechtigkeit dienen, egal wie, mitunter sogar gewaltsam und brutal, selbst wenn es die meisten Menschen schockieren könnte. Andernfalls würde nur das Primitivste in ihnen überleben, das nach wie vor einen Teil ihres Wesens ausmacht. Menschen sind niederträchtig und heimtückisch, und sie sind sehr clever darin, sich Verschwörungen auszudenken und Waffen zu entwickeln. Immer neue müssen es sein, und wirksamere. Atombombe? Schon passé! Der letzte Trend sind Viren, die wir auf der ganzen Welt verbreiten. Deshalb – und jenseits aller aalglatten Mahnungen und scheinheiligen Predigen – gibt es nur eins, das zählt: die Gerechtigkeit. Die Gerechtigkeit ist die Stimme der zivilisierten Welt. Bringt man sie zum Schweigen, ist alles verloren. Ohne Gerechtigkeit gibt es keine Evolution mehr, keinen Fortschritt und keine Zukunft. Merk dir das. Noch Fragen?«

4
EINE NEUE HEIMAT
FÜR DIE SEELE

»Woran denkst du?«, hätte man Leo fragen können, als sie acht Monate später am Eingang zum British Museum in der Schlange vor dem Kontrollposten wartete. Jeder Rucksack und jede Handtasche wurden geöffnet und akribisch durchsucht. Man kam nur langsam vorwärts, aber die Leute zeigten keine Ungeduld. Auch Leo nicht. Sie war ganz in ihren eigenen Gedanken versunken.

Derweil saß ihr Vater unter der gewaltigen Kuppel der altehrwürdigen »British Library«, hatte eine Flasche Mineralwasser vor sich auf dem Tisch und brütete über Berichten aus der Vorkriegszeit über Höhlen-Fundplätze in der Türkei, die möglicherweise erlaubten, den Übergang von der Altsteinzeit zur Jungsteinzeit zu erforschen. Leo würde ihn erst am Abend wieder zu Gesicht bekommen.

Sie verstand sich gut mit ihrem Vater. Seine Absonderlichkeiten waren ihr vertraut. Bevor Leo ein paar Worte mit ihm sprechen konnte, ging es fast immer darum, den richtigen Augenblick zu erwischen, damit er überhaupt zuhörte. Wenn man im unpassenden Moment das Wort an ihn richtete, knurrte er nur mechanisch »hm«, während er mit seinen Gedanken auf dem Mond weilte. Allerdings, wenn ihm der Sinn danach stand, konnte er anschaulich und spannend Reiseabenteuer schildern und über seine Recherchen sprechen. Die Zuhörer waren beeindruckt, weil ihn sein Beruf in Länder geführt hatte, die nicht unbedingt als harmlose Ferienziele bekannt waren. Je nach Laune konnte er sich sogar als amüsanter Causeur entpuppen, der eine ganze Tischrunde zum Lachen brachte. Man musste nur gut einschätzen, in welcher Stimmung er gerade war. Für Leo kein Problem. Sie las in ihm wie in einem offenen Buch.

Die Sonne schien bereits hell an diesem Septembermorgen. Im »Great Court«, dem weiträumigen Atrium, blendete das Licht. Leo ging die geschwungene Marmortreppe empor, wanderte gemächlich von einem Raum zum anderen, blieb ab und zu stehen, um ein Objekt genauer zu betrachten.

Im Museum war der Aberglaube wenig präsent, es sei denn als Thema für eine Spezial-Ausstellung. Aber der Mythos war überall, eine Konstante. Der Mythos war ein Akt des Lebens, ein Ausbruch der Kreativität. So wirklich und präzise wie ein ästhetischer Genuss, ein Zeichen und Siegel der Kultur.

Und Leo erinnerte sich. Sie wohnten damals in Freiburg, wo ihr Vater Jan für zwei Jahre einen Lehrstuhl an der Albert-Ludwigs-Universität innehatte. Leo war damals zwölf Jahre alt. Es war im Gymnasium, im Geschichtsunterricht. Sie saß brav und aufmerksam an ihrem Platz, während Frau Försterling, die neue Lehrerin, von alten Religionen sprach. Sie erzählte von Marduk, dem Schutzherrn von Babylon, und seinem ständigen Begleiter, dem Schlangendrachen. Sie erzählte von der Göttin Inanna, der Himmelskönigin, die in Vogelgestalt die Menschen beschützte. Dann kam sie auf das alte Ägypten zu sprechen. Sie zeigte Bilder: die Pyramiden, die Büste der Nefertiti und die prachtvollen Grabkammern der Pharaonen. Und auch Mumien von Katzen, an denen man noch die kleinen Ohren erkennen konnte. Die Kinder fanden das lustig. »Im alten Ägypten wurden Katzen verehrt«, sagte die Lehrerin. »Sie waren der Göttin Bastet geweiht, weil sie Mäuse jagten und das Korn schützten.«

Es gab auch Mumien von Vögeln, ja sogar von Skarabäen, präpariert für die Ewigkeit. »Der Skarabäus war ein Symbol der Sonne und wurde als Amulett getragen«, erklärte Frau Försterling. »Das hört sich seltsam an, aber die Ägypter waren sehr abergläubisch. Und da Moses in Ägypten erzogen wurde, stand auch er unter dem Einfluss der ägyptischen Kultur. Aber am Ende hat das Christentum den Aberglauben besiegt.«

Freiburg ist eine katholische Stadt, und die Lehrerin war katholisch. Und sie kannte sich zweifellos in der Materie gut aus. In der nächsten Viertelstunde berief sie sich auf das Alte Testament, betonte den Unterschied zwischen dem wahren Gott und den falschen Göttern.

Leo saß ruhig da und starrte vor sich hin. Nach einer Weile hob sie die Hand und meldete sich. Frau Försterling nickte ihr wohlwollend zu.

»Ja, Leonarda?«

»Wo ist der Unterschied?«, fragte Leo, die es nicht mochte, wenn man sie bei ihrem vollen Namen nannte. »Ich meine … wieso ist ein einziger Gott wahr und alle anderen falsch?«

Frau Försterlings Problem war, dass sie sich zu Leo hingezogen fühlte. Leo war niemals unhöflich oder vorlaut. Aber das, was sie sagte, war stets unberechenbar.

Frau Försterling verzog die Lippen zu einem Lächeln.

»Leonarda, ich bin mit dir einverstanden, dass wir heutzutage nicht mehr alles schlucken. Und was unsere Religion betrifft, gebe ich dir insofern recht, dass eine historische Zuverlässigkeit nicht lückenlos gewährleistet ist. Und gleichwohl sind zahlreiche Ereignisse der biblischen Darstellung unbestritten. Soviel ich erfahren habe, ist dein Vater Archäologe. Er wird dir bestimmt einiges erklärt haben.«

Leo nickte.

»Ja, aber er sagt etwas ganz anderes.«

»Was sagt er denn?«

»Er sagt, dass jedes Volk seine eigene Religion erfunden hat. Und dass jedes Volk an einen anderen Gott glaubt. Oder an viele Götter, je nachdem.«

Frau Försterling wirkte leicht aus dem Konzept gebracht.

»Aber du selbst? Was denkst du über Gott? Ich meine, über unseren Gott?«

»Ich denke, dass er wie alle anderen erfunden wurde.«

Leo sah so eigenwillig aus, wie es ihr Wesen ja auch war. Ihre hohe Stirn war gewölbt, die Wangenknochen schmal, der Mund klein und schön geformt, das Kinn eher spitz. Ihre Nase war lang und schmal, ihre Brauen trafen auf der Nasenwurzel fast zusammen, was ihrem Gesicht einen besonderen Ausdruck verlieh, einen Ausdruck von Skepsis und Klugheit. Ihr Hautbild war ebenmäßig mit einem leuchtenden Schimmer. Ihre Augen waren dunkel und mandelförmig. Die großen Pupillen schienen nicht geradeaus, sondern immer ein wenig von der Seite zu blicken, was ihnen einen eigentümlichen Reiz verlieh. Noch als sie im Kinderwagen lag, hatten die Leute ihrer Mutter Komplimente gemacht. Nein, sie hatten noch nie ein erstaunlicheres Baby gesehen! Ein Baby, das munter drauflos plapperte, das jeden unbefangen anlächelte, mit diesem unwiderstehlichen Blick. Strahlend. Die Leute waren entzückt, in erster Linie die Frauen, die Mütter vor allem. Das hatte man Leo erzählt. Ein bezauberndes Baby, ein richtiges Engelchen. Sie wollten es berühren, es streicheln. Wer hätte diesem Baby widerstehen können?

Lena lächelte immer freundlich, wenn die Leute ihr Baby bewunderten. Ja, sie hatte tatsächlich Glück mit der Kleinen: Sie war ein liebes Kind, das artig seinen Brei aß und in der Nacht wenig schrie.

Später hatte Leo erfahren, dass nur einige enge Freunde Lenas Geheimnis kannten. Dass ihr Baby viel zu groß und zu schwer für sie gewesen war. Dass Leo mit Kaiserschnitt zur Welt gekommen war. Ihre Geburt hatte Lena fast das Leben gekostet. Sie hatte zu viel Blut verloren. Und jetzt konnte sie nie wieder ein Kind bekommen.

Natürlich liebte Lena ihr kleines Mädchen. Natürlich war sie eine fürsorgende Mutter. Wenn Leo in der Nacht aufwachte oder keinen Schlaf fand, dann war Lena immer da, streichelte sie und fand die richtigen Koseworte, die Leos Empfindungen entsprachen, sodass sie auch bald wieder einschlief. Und Lena schaute sie an und dachte, mein Gott, wie hübsch dieses Kind doch ist und wie friedlich es schläft! Allerdings war da immer etwas, das sie verwirrte: das Gefühl einer absoluten Fremdartigkeit. Aber warum machte sie sich Sorgen? Und worüber eigentlich? Von Leo ging nichts Böses aus – nein, das war es nicht. Es schien keinen vernünftigen Grund zu geben, dieses auffallende Kind nicht zu lieben. Es gab auch kein Omen, keine Prophezeiung, nur irgendeine Eigenschaft, die es unabhängig machte von jedem Verstehen. In Lenas verstörenden Wachträumen erschien ihre kleine Tochter in keiner Weise zugänglich. Wie eine Wachspuppe kam sie ihr vor. Eine Puppe hält man in den Armen und liebkost sie, aber eine Puppe ist kein richtiges Kind. Ja, und es ist viel besser, wenn man keine Gefühle für sie entwickelt.

Solange Leo noch klein war, nahm sie diese Dinge nur mit halbem Verstand wahr. In Leo schwebten nur unmittelbare Empfindungen, unschuldig, großmütig, unbefangen. Das änderte sich schlagartig, als Leo 13 Jahre alt wurde. Die Einsicht kam für sie wie ein Blitz aus heiterem Himmel, schmerzlich und vollkommen unverständlich. Es gab ein Vorher und ein Nachher. Die Mutter spürte, dass zwischen ihnen etwas war, dass sie sich unabänderlich voneinander fortbewegten. Sie hatte auch bei Jan kein Verständnis gefunden. Er war zu sehr in seine Arbeit vertieft. Wenn sie ihn darauf ansprach, sagte er: »Alles nur Einbildung!

Mach doch eine Psychotherapie. Die zahlt dir sicher die Krankenkasse.« Lena erlebte Schmerz, Wut und Einsamkeit. Und als dieser andere Mann in ihr Leben trat, heiter und unkompliziert, da zögerte sie nicht lange und reichte die Scheidung ein. Es ging nicht mehr um eine Konkret- oder Abstrakt-Wahrnehmung. Es ging darum, eine neue Heimat für ihre Seele zu finden.

Wenn es sich um ihre Mutter handelte, dachte Leo sehr langsam und in Bruchstücken. Zunächst handelte es sich nur um ein Gefühl, das sie sprachlich überhaupt nicht fassen konnte – weil es etwas war, das allein in der intuitiveren Verborgenheit entsteht. Es waren keine bewussten Gedanken, lediglich Empfindungen, die sich aus unbemerkten und vergessenen Informationen zusammensetzten und sich zu einer Ahnung zusammenfügten. Keine eingebildeten Erinnerungen, nein, sondern eine Botschaft aus unendlicher Ferne. Und irgendwann erkannte Leo die Wahrheit, so klar und unleugbar, als hätte man sie ihr ins Gesicht geschleudert. Es hatte eine Konfrontation stattgefunden, und sie war daraus als Siegerin hervorgegangen. Und sie weinte um ihre Mutter, diese kluge, liebevolle Frau, die in ihr ein Monstrum sah.

5

HORUS WAR EIN VOGELMENSCH

Leo war froh, dass sie den Tag im Museum verbringen konnte. Sie schlurfte inmitten von Menschentrauben durch Hallen und Korridore. Der Eindruck von Fließendem. Sie ignorierte die Besucher, die vor Statuen und Gemälde standen. Sie selbst ging von Voraussetzungen aus, die alles andere als harmlos waren. Ihre historischen und archäologischen Kenntnisse waren ganz anders, und ihre Gedankengänge logisch. Gedankengänge, die sich stets nach einer empirischen Wirklichkeit richteten. Dazu kam, dass sie immerfort an Katja denken musste. Ihr Blick war aus der Ferne auf ihre Großmutter gerichtet; sie vermeinte sogar, den Klang ihrer Stimme zu hören.

»Was ist eigentlich Kunst, wenn nicht eine besondere Art von Intelligenz? Was fällt dir auf, wenn du vor einem guten Bild stehst? Zunächst natürlich die Farben, die Harmonie der Komposition. Schau genauer hin, betrachte das Verhältnis zwischen Form und Symmetrie, zwischen Abstraktion und komponierender Gestaltung.

Doch ganz gleich, wie und wie lange du ein Bild auch betrachtest, in erster Linie gehst du von dem aus, was du tatsächlich siehst. Ja, und dann kannst du vielleicht sein wirkliches Wesen erkennen. Und noch etwas. Der Künstler weiß nicht immer, dass er im Grunde eine andere Welt malt. Eine Welt, die eigentlich nicht gemalt werden sollte, weil sie auf eine verborgene Wirklichkeit weist.«

Ein Museum ist ein Ort der Entdeckungen. Leo war schon oft hier gewesen. Vielleicht würde sie ja endlich finden, was sie zu finden erhoffte. Bisher ergaben sich nur lange, öde Strecken des Suchens, aber die gehörten wohl dazu.

Leo suchte zunächst die »Ägyptischen Zimmer« auf. Sie war sich der Tiefe der Säle bewusst und ebenso ihrer Höhe. Hier wanderten, staunend und schweigend, jeden Tag Hunderte von Besuchern durch. In den Räumen war es dämmrig und kühl. Präparierte Mumien, eng in ihren Bandagen eingeschnürt, lagen auf Sockeln oder in Holzsärgen. Manche, in prachtvoll bemalten Sarkophagen, trugen ihre vergoldete Totenmaske, die den Körper veredelte und die Verstorbenen in Gottheiten verwandelte.

In Glaskästen präsentierte man zwischen Tonscherben und Steinen vertrocknete Leichen. Kinder drückten ihre Hände an die Glaswände und betrachteten die Toten mit einer Mischung aus Grauen und Faszination. Manche kicherten nervös. In der Tat war der Anblick mehr irreal als erschreckend. Kinder sind sehr unbefangen. Sie wüssten nichts über die Ausweglosigkeit des menschlichen Schicksals, wäre da nicht eine diffuse Erkenntnis gewesen, etwas Beklemmendes, das eine Stelle in ihrem Bewusstsein für den Bruchteil eines Gedankens erleuchtete und sofort wieder erlosch.

Der Raum, den Leo jetzt betrat, war in zartes graues Licht getaucht. Statuen aus Granit, Basalt oder Bronze gab es in jeder Größe, von der Monumentalfigur bis zu kleinen Plastiken auf einem Sockel oder in Vitrinen. Die Statuen schimmerten glatt und glänzend. Als Christus geboren wurde, waren sie bereits 3000 Jahre alt, einige sogar noch älter, doch Leo überkam der Gedanke, dass die noblen, sachlichen Werke maßgeblich für jedes Zeitalter waren. Ihre Proportionen hätten nicht vollkommener sein können. Es waren Statuen für die Ewigkeit.

Und vor einem dieser Werke – einer kleineren Statue des Horus – bemerkte sie einen jungen Mann etwa in ihrem Alter, der ein Skizzenbuch in der Hand hielt. Die Statue aus Basalt stand auf einem Sockel und zeigte den Himmelsgott in seiner Gestalt als Falke mit gefalteten Schwingen. Leo trat neugierig näher, um einen Seitenblick auf die Skizze zu werfen. Der junge Mann zeichnete mit Kohle. Das Ergebnis war eine rasche Folge kräftig hingelegter Striche, was eine äußerste Stilisierung bewirkte. Das Bild, das auf diese Weise entstand, war eine Rohskizze und gleichsam eine Vision. Der Zeichner ging von dem aus, was er sah, einem genau definierten Werk, und schuf daraus etwas Neues, ein Rätsel, ein Omen vielleicht. Seine Skizze war schlicht wie die eines Kindes, dabei jedoch merkwürdig dreidimensional. Leos Bauchmuskeln zogen sich zusammen. Sie glaubte, in die Tiefe zu sehen – in eine Tiefe, in der sich ein menschliches Antlitz verbarg. Seltsam! Instinktiv beugte sie sich vor, konnte es trotzdem nur unscharf wahrnehmen, weil sich an der Seite ihres linken Auges ein Kreis kleiner Blitze ausdehnte.

Leo sah diesen Blitzkreis nicht zum ersten Mal. Unruhe überfiel sie. Nimm dich zusammen, verdammt! Nicht hier, nicht jetzt! Sie kämpfte gegen einen Zustand an, der ständig im unpassenden Moment zutage trat, als der junge Mann plötzlich den Kopf hob und sie anlächelte.

»Da!« sagte er unbefangen und hielt ihr das Bild hin! »Gefällt es dir?«

Schlagartig hatte er sie abgelenkt. Leo holte tief Luft, sog den Sauerstoff in ihre Lungen. Es war noch einmal gut gegangen. Der flimmernde Blitzkreis verschob sich, die Hälfte zog sich bereits hinter den äußeren Augenrand zurück.

Sie sagte das Erste, was ihr einfiel.

»Entschuldige, ich wollte nicht aufdringlich sein. Ich hoffe, dass du es mir nicht übelnimmst.«

»Keineswegs.« Jetzt lachte er. »Im Gegenteil, ich fühle mich großartig.«

»Ach komm! Ich sage dir, was ich denke. Nämlich, dass ich die Skizze wunderschön finde.«

»Skizzen sind eigentlich nur Mittel zum Zweck, damit ich mich erinnere. Ich male lieber mit Farben. Mit Temperafarben oder Acryl. Meine Bilder sind stilisiert, im Wesentlichen abstrakt. Manchmal sehen sie ganz gut aus. Aber ich versuche immer wieder etwas Neues.«

»Was bedeutet Horus für dich?«

»Der ägyptische Gott? Oh, der weckt in mir eine Fülle von Assoziationen. Ich würde ihn gerne malen, so wie ich ihn in meinem Kopf sehe. Das kriege ich aber noch nicht hin.«

Leo lächelte ihn an.

»Und wie siehst du ihn?«

»Ich sehe ihn als Vogelmenschen.«

In Leos Kopf ging etwas vor. Eine Verschiebung, eine rasche Abfolge von Gedanken. »Ist es nicht komisch«, dachte sie, »wie es einem manchmal so ergeht?« Sie hatte plötzlich das Gefühl, größer und stärker zu sein, Raum auszufüllen, Luft zu verdrängen mit den Bewegungen ihrer Arme. Dabei stand sie aufrecht, völlig still und unbeweglich bis auf die Augen. Und trotzdem hatte sie den Eindruck, dass sie flog, immer höher flog, an der Marmortreppe entlang, ohne die Füße vom Boden abzuheben.

»Das ist etwas, womit ich mich abfinden muss.«

Der junge Mann blickte sie abwartend an. Ein paar Sekunden vergingen. »Was soll ich jetzt sagen?« dachte Leo. »Er ist nur einen Schritt von der Wahrheit entfernt.«

Mit einem Ruck fand Leo zu sich selbst zurück. Sie sah verwundert, ja fast ein wenig benommen drein.

40

»Als Vogelmenschen?« Es hörte sich wie eine Frage an, obwohl es keine war. Er nickte ihr zu.

»Wenn das Licht von der Seite kommt.«

»Ach so«, murmelte sie geistesabwesend. »Ja, das kann sein.«

Und dann lächelte sie. Ihr Lächeln war offen und warm wie zuvor.

»Woher kommst du?« fragte sie.

Sie sah wirklich interessiert aus, und er antwortete:

»Meine Eltern kommen aus der Türkei. Sie leben aber schon seit dreißig Jahren hier. Mein Vater ist der türkische Konsul in Manchester. Ich heiße Kenan.«

»Und ich Leonarda. Aber nenne mich Leo, sei so gut!«

»Gefällt dir dein richtiger Name nicht?«

Sie schüttelte den Kopf.

»Klingt mir zu sehr nach Oper.«

»Hast du schon was gegessen?«, fragte Kenan.

»Zwei Sandwiches. Gleich platzt mir der Magen.«

»Wie wär's mit einem Kaffee?«

»Gerne.«

Sie suchten den »Great Court« auf, holten sich Kaffee auf einem Tablett und setzten sie sich beide auf die Marmorstufen.

»Eigentlich möchte ich auch malen können«, sagte Leo. »Aber ich bringe es nicht fertig. Manchmal verschiebt sich etwas in meinem Kopf. Ich kann nicht sagen, was es ist. Ich möchte das Bild festhalten, ehe es verschwindet. Es geht nicht. Man kann es eben nicht fotografieren. Aber malen, vielleicht.«

»Malen ist gut«, sagte Kenan. »Aber ich mache auch gerne Musik.«

»Spielst du in einem Orchester?«

Er schüttelte lachend den Kopf.

»Nein. In der Fußgängerzone. Ich spiele Panflöte.«

»Syrinx?«

»Ach, du kennst den griechischen Namen? Meine ist die mit den acht Pfeifen. Sie ist eigentlich ganz leicht zu spielen.«

»Ja, ich weiß. Ich habe es mal im Schulunterricht gelernt. Wir hatten einen netten Lehrer, der uns die griechische Kulturgeschichte sehr anschaulich beigebracht hat.«

»Kannst du Syrinx spielen?«

»Na ja. El Condor pasa. Aber das ist ja nicht unbedingt griechisch.«

»Oh, dann kannst du ja eigentlich alles spielen.«

»Aber warum spielst du auf der Straße?«

»Weil vor mir eine kleine Silberschale steht. Und manchmal fällt ein Geldstück hinein. Damit zahle ich dann mein Mittagessen.«

»Macht das Spaß?«

»Mir schon. Ich ziehe eine Jacke mit Fransen über und stecke mit ein paar Federn ins Haar.«

»Adlerfedern?«

Er prustete.

»Ich denke eher Hühnerfedern. Ich habe sie hinter einem chinesischen Restaurant gefunden. In einer Mülltonne. Sie stanken nach Sojasauce, aber ich habe sie gewaschen, und jetzt sehen sie wieder ganz gut aus.«

»Und warum machst du das?«

»Ich besuche die Stade School of Fine Art in Bloomsbury. Die Schule hat ein sehr dynamisches Konzept. Wir haben viel kreative Freiheit. Experimentieren wird nicht nur zugelassen, sondern gefördert.«

»Cool«, sagte Leo.

Sie erzählte ihm ihrerseits, dass sie im vergangenen Jahr Abitur gemacht hatte und in Lausanne Archäologie studierte.

»Das Gleiche wie früher mein Vater. Jetzt leitet er Ausgrabungen auf internationalem Niveau. Er verfasst Artikel in Fachzeitschriften und hat vier Bücher veröffentlicht. Er schreibt sehr gut, weißt du. Er mixt fundiertes Wissen mit amüsanten Anekdoten, sodass sich keiner bei der Lektüre seiner Bücher langweilt. Nicht einmal ich. Vorläufig arbeite ich an meiner These, aber die kommt nur langsam vorwärts.«

»Worüber schreibst du?«

»Über die Grundgestaltung der Chephren-Pyramide, das numerische Verhältnis zwischen Basis und Höhe, das sich nach der geometrischen Unterteilung des Sonnenjahrs richtete.«

»Kompliziert?«

»Sagen wir mal, kein Kinderspiel. Die Ägypter haben die Geometrie ja erfunden. Oder zumindest von einem noch älteren Volk übernommen. Ich habe Geometrie und Mathematik schon geliebt, als ich noch zur Schule ging. Darin war ich Klassenbeste. Aber in allen anderen Fächer hoffnungslos verblödet.«

Kenan schüttelte den Kopf.

»Sorry, über Geometrie kann ich mich nicht unterhalten. Hoffnungslos verblödet, wie du sagst.«

»Und ich kann nur Strichmännchen malen. Sag, wohnst du bei deinen Eltern?«

»Nur, wenn ich in Manchester bin. In London habe ich ein Zimmer in einer WG. Säße ich in Manchester vor meiner Silberschüssel, bekäme mein Vater Zustände. Er sagt, er würde mir den Hintern versohlen. Mit dem Teppichklopfer. Auch wenn ich inzwischen einundzwanzig bin. Meine Mutter ist ein ziemlicher Hitzkopf und schimpft noch lauter. Das liegt wohl in ihrer Natur. Sie ist Jesidin.«

»Und dementsprechend energiegeladen«, erwiderte Leo prompt.

Er schien überrascht.

»Weißt du etwas über die Jesiden?«

»Nicht viel, leider. Nur eben, dass sie aufbrausend sind. Mein Vater befasst sich derzeit mit einem Fundort im Südosten der

Türkei nahe der syrischen Grenze. Archäologisch recht spannend. Mein Vater und seine Kollegen wohnen in Zelten. Aber sobald sie stinken, beziehen sie ein Hotel in Urfa, der nächsten Stadt. Und nehmen ein Bad. Na ja, und kürzlich unterhielt sich Vater mit ein paar Leuten. Total freundlich und zivilisiert, bis Vater die Jesiden erwähnte. Und sofort ging es los. Eine Hasstirade nach der anderen. Und ein Vokabular wie im Mittelalter. Ungläubige, Abtrünnige, Gotteslästerer. Terroristen obendrein, von der gleichen Sorte wie die Kurden.«

Kenan verzog unfroh die Lippen.

»Tatsächlich sind Jesiden und Kurden miteinander verwandt. Beide stammen aus Mesopotamien. Und beide kämpfen gegen den türkischen Staat. Die Kurden fordern Unabhängigkeit. Ein hundertjähriger Stress. Und die Jesiden verteidigen ihr Leben. Sie gehen nie in die Moschee und respektieren auch nicht den Koran. Sie verehren Melek Taus, einen Engel, der durch einen heiligen blauen Pfau symbolisiert wird. Er wurde von der Sonnengottheit aus einem siebenfarbigen Regenbogen geformt. Und sie nennen sich ›das Volk des gefiederten Engels‹.«

Leo fröstelte. Ein herrliches Gefühl. Sie öffnete den Mund und schloss ihn wieder. Moment mal. Nicht jetzt. Viel zu früh.

Sie wollte nicht leichtsinnig werden.

»Das hört sich ja wie ein Märchen an«, sagte sie unbestimmt.

»Da sind die Moslems anderer Meinung. Sie verwechseln den Engels-Pfau mit der Figur des Satans. In ihren Augen sind die Jesiden Teufelsanbeter.«

»Krass!«

»Ja, aber das beeindruckt sie nicht. Die Jesiden sind ein stolzes, selbstherrliches Volk. Und jahrhundertelang unbesiegbar. Sie haben sehr strenge Gesetze. Es ist ihre Art, sich zu schützen, ihr Leben ist ja ständig in Gefahr. Sie leben ganz für sich und dürfen nur innerhalb der Gemeinschaft heiraten. Auch meine Mutter ist äußerst selbstherrlich. Sonst hätte sie es nicht gewagt, mit einem Türken durchzubrennen, der noch dazu keinen Schnurrbart trug.«

»Was hat das damit zu tun?«

»Bei den Jesiden ist der Schnurrbart ein Zeichen von Männlichkeit und Mut. Aber heute gibt es eine Zäsur, ein abruptes Abschalten in ihrer Geschichte. Die Jesiden wissen ja nicht, ob sie morgen überhaupt noch da sein werden. Da hilft auch kein Schnurrbart mehr. Wer kann, flieht ins Ausland und bittet um Asyl.«

»Würdest du auch mal einen Schnurrbart tragen?«, fragte Leo betont locker.

Er antwortete im gleichen Ton.

»Nein. Ein Schnurrbart kratzt. Und ich bin ein Angsthase.«

Beide witzelten, während ihre Blicke einander auswichen. Sie waren sich der tragischen Wahrheit bewusst, dass nämlich die Jesiden im Mittleren Orient einem entsetzlichen Völkermord zum Opfer fielen.

Leo holte beklommen Luft.

»Und was geschah mit deiner Mutter?«

»Sie hat ihre Familie nie wiedergesehen. Aber sie sagt, dass sie ihre Entscheidung nie bereut hat.«

»Dein Vater muss eigentlich ein netter Mann sein.«

Kenan seufzte.

»Ja, das ist er. Und er versucht, Verständnis zu haben. Aber ich strapaziere seine Geduld.«

»Und deswegen steht der Teppichklopfer hinter der Tür«, sagte Leo, um die Stimmung etwas zu heben.

Er lachte. Er hatte sehr schöne weiße Zähne. Aber das Lachen kam nicht wirklich von Herzen.

»Da hat wieder meine Mutter ihre Hand im Spiel.«

Aus Rücksicht zog Leo es vor, von was anderem zu sprechen.

»Mein Vater achtet alte Bräuche. Er sagt: ›Es gibt verschiedene Wege, um zu erfahren, wer wir sind. Archäologie ist nur einer davon.‹ Er sagt manchmal solche Dinge. Und dann traue ich meinen Ohren nicht. Die meiste Zeit ist er stumm wie ein Fisch.«

»An der Grenze herrscht überall Krieg«, sagte Kenan. »Hat sich dein Vater niemals in Gefahr gebracht?«

»Er hat nie darüber gesprochen. Vielleicht, weil er nicht will, dass ich mir Sorgen mache. Viele assoziieren Archäologen mit Indiana Jones und denken, dass sie vor nichts Angst haben. Das stimmt überhaupt nicht. Politik ist für sie das gefährlichste Hindernis. Sie wissen zum Glück, wie das in solchen Ländern läuft. Hier und da eine kleine Bestechung, und sie kommen mit heiler Haut davon. Es lohnt sich nicht, für ein paar alte Steine sein Leben aufs Spiel zu setzen.«

»Verstehe!«

Kenan hatte glattes schwarzes Haar, das ihm ins Gesicht fiel und das er mit einer Handbewegung zurückwarf. Er war hochgewachsen, fast so groß wie Leo, mit einem merkwürdigen Schlendergang wie ein junger Hund. Leo betrachtete ihn mit ihren sonderbaren Augen, die seitwärts zu blicken schienen. Wer war dieser junge Mann? Und was würde er in ihrem Alltag verändern? Leo entschied, dass es im Augenblick nicht darauf ankam.

6
KALTER KAFFEE

Leo trug das Haar offen und sah überaus reizend aus. Junge Leute fanden sie unglaublich lebendig, unglaublich attraktiv. Sie fühlten sich von ihr wie magisch angezogen. Wenn sie jedoch nach kurzer Bekanntschaft plötzlich einen Rückzieher machten, lag es zweifellos daran, dass Leo sie verstörte. Sie wirkte auf sie wie eine Frau von irgendeinem anderen Stern. Leo stand nie vor dem Spiegel, auch nicht, wenn sie gerade nach einer Liebesnacht aus dem Bett kam. Sie trug auch kein Make-up, betonte nur ihre Augen mit einem dunklen Stift, den sie mit dem Finger verwischte. Sie warf ihr frisch gewaschenes Haar nach vorn, dann nach hinten, griff mit beiden Händen hinein und schüttelte ihre Locken – fertig. Auf der anderen Seite vermittelte sie das Gefühl, dass man auf sie zählen konnte wie auf einen guten Kumpel. Man konnte sich total auf sie verlassen. Sie hatte den Instinkt, in stressigen Situationen das Ruder zu übernehmen, und ihre Entscheidungen waren immer die richtigen. Aber es gab keinen Schlüssel zu ihr. Sie allein war für ihr Handeln verantwortlich. Wenn sie sprach, war es, als ob sie von vornherein keine Antwort erwartete. Es schien, als hörte sie dem, was andere sagten, nicht genau zu. Ein Verhalten, das auf manche beleidigend wirken mochte, es jedoch in keiner Weise war. Tatsächlich hatte sie aufmerksam zugehört und alles im Kopf behalten, um danach ganz offen ihre Meinung zu sagen. Sie war ehrlich aus Prinzip. Auch belehrend, wenn es darauf ankam, was gelegentlich missfiel. Ungerechtigkeiten und krasse Gemeinheit lösten in ihr eiskalte Wut aus. In solchen Fällen waren ihre Reaktionen unberechenbar. Man legte sich besser nicht mit ihr an. Doch für gewöhnlich kam man gut mit ihr aus. Sie suchte keine Konfrontation, sondern zeigte Selbstdisziplin, Intelligenz und Gelassenheit in allem.

Künstler sind früher reif. Aber Kenan konnte nur ahnen, was in Leo vorgehen mochte, kann aber nicht an ihr Denken heran. Trotzdem vertraute er ihr, obwohl er sie erst seit zwei Stunden kannte. Er hatte keine Ahnung, warum, und machte sich überhaupt keine Gedanken deswegen. Es war einfach so. Und er unterdrückte auch nicht den Impuls, ihr seine eigenen Gedanken preiszugeben. Er sprach nonchalant, es gab in ihm keine Ruhelosigkeit. In Gefühlsdingen war er nicht – wie so viele – ins Leere hineingehängt, sodass aus seinen Erklärungen kein schusseliges Gerede wurde. Er stand fest in seiner innerlichen Welt. Und Leo verspürte den starken Wunsch, ihm zuzuhören, sehnte sich nach der Leichtigkeit des Austauschs.

»Und was malst du am liebsten? Frauen?«

»Nein, Vögel.«

»Ist das wegen Melek Taus?«

»Ja, aber auch wegen Horus. Mir gefällt, dass die Menschen schon vor vielen tausend Jahren Vögel verehrten. Die Götter wohnen ja im Himmel, und die Vögel sind die einzigen Lebewesen, die fliegen können.«

»Im alten Ägypten«, sagte Leo, »beherrschte Horus die Götterwelt in Gestalt eines Falken. Seine Flügel breiten sich über den Himmel aus, in seinen Krallen hält er die Erde. Sein rechtes Auge ist der Mond, das linke die Sonne.«

»Ich weiß.«

»Willst du deswegen Maler werden?«

»Du meinst beruflich? Ich hatte schon eine kleine Ausstellung und konnte einige Bilder verkaufen. Aber das war halb privat. Ich komme zu nichts, wenn ich keine Preise erhalte, wenn Kunstkritiker und Sammler nicht auf mich aufmerksam machen. Dabei interessiert mich nichts anderes, als zu malen. Bei jedem Atemzug, so kommt es mir vor, entsteht in mir ein weiteres Bild. Und ich kann ja diese Bilder nicht nur einfach im Kopf behalten. Ich muss sie darstellen.«

»Und wie malst du?«

»In erster Linie gehe ich von dem aus, was ich sehe, von einer genau definierten Form. Dann bestätige ich das, was vorhanden ist, bevor ich diese Form allmählich verändere, bis ich sie völlig neu sehe.«

Gedankenversunken trank Leo einen Schluck und verzog das Gesicht.

»Wir haben zu viel geredet. Und jetzt ist der Kaffee kalt.«

»Soll ich dir noch einen holen?«

»Lieber ein Eis«, meinte Leo.

»Was für ein Aroma?«

»Schokolade und Erdbeeren.«

Kenan stand auf, um das Eis zu holen. Leo blickte ihm hinterher, ihre Gedanken glitten von Schicht zu Schicht, wobei sie leicht mit dem Fuß wippte. Kurze Zeit später kam er wieder zurück und reichte ihr ein Eis am Stiel. Sie probierte und nickte mit ernster Miene.

»Das Eis schmeckt gut.«

Kenan setzte sich wieder zu ihr.

»Vor ein paar Tagen habe ich ein Bild gemalt. Willst du es mal sehen?« Er zog sein Smartphone hervor und zeigte ihr das Foto. Sie betrachtete es eingehend, während sie ihr Eis schleckte.

Das Bild stellte, linear angedeutet, die Umrisse eines Vogels dar. Leo musste es genau betrachten, um den Vogel zu erkennen.

Der Hintergrund war blau, violett und Purpur, aber jede Farbe schien hinter der nächsten zu verschwinden. Ein Sonnenuntergang? Ein Tagesanbruch? Man konnte es nicht genau sagen. Der Maler hatte lediglich etwas dargestellt, was er mit seinen inneren Augen sah: undefinierte Formen undefinierbarer Dinge. Der Vogel selbst war nur undeutlich erkennbar. Als würde er in die Sonne eintauchen.

»Es sieht aus, als ob sich sein Kopf auflöst«, bemerkte Leo.

»Ich denke, das liegt an den Acrylfarben. Aber irgendwie entspricht das meiner Aussage. Deswegen habe ich auch nichts daran geändert.«

Leo gab ihm das Smartphone zurück. Ihr Gesicht wirkte abwesend. Kenan wusste plötzlich nicht, ob sie sich das Bild überhaupt richtig angesehen hatte. Wenn nicht, wäre er deswegen nicht beleidigt gewesen. Auf einmal fragte sie ruhig:

»Was soll das für ein Vogel sein?«

Er atmete erleichtert auf. Anscheinend gefiel ihr das Bild.

»Ein Geier.«

»Ach! Warum ausgerechnet ein Geier?«

»Weil ich Geier mag. Sie kommen mir unglaublich intensiv, unglaublich geheimnisvoll vor.«

»Sie sind besondere Vögel«, sagte Leo.

»Und sie sind sehr groß, nicht wahr?«, entgegnete Kenan.

»Sie zählen mit zu den größten. Ihre Flügel erreichen eine Spannweite von über 2,5 Metern. Vor nicht allzu langer Zeit wurden in Tibet die Verstorbenen auf hölzerne Bestattungstürme gelegt, die ›Türme des Schweigens‹. Die Angehörigen ließen die Mönche kommen, die besondere Gebete sprachen und die Geier herbeiriefen. Die Vögel sorgten dafür, dass das Fleisch der Toten – Menschen und Tiere – nicht verweste. Krankheiten konnten sich nicht verbreiten, die Luft blieb sauber und die Erde fruchtbar. Aus diesem Grund galten sie als heilige Vögel. Aber dann kamen die

Chinesen, erschossen die Mönche und die Geier und machten alles kaputt. Sie machen ja systematisch kaputt, was ihnen nicht in den Kram passt.«

»Die Tibeter sind Buddhisten«, sagte Kenan. »Entsprach der Brauch denn ihrer Religion?«

»Absolut. Die Geier vernichteten den alten Körper, befreiten die Seele und machten sie bereit für die Wiedergeburt. Man nannte sie die ›Boten des Himmels‹. Ähnliche Zeremonien gab es im Iran, in Armenien, in den Karpaten und auch bei den nordamerikanischen Ur-Einwohnern.«

»Seltsam«, meinte Kenan »Aber auch irgendwie … nobel.«

Leo nickte zerstreut. Die Welt der Erscheinungen – sie hatte oft genug mit ihr zu tun. Dabei geriet sie ins Zittern. Dinge regten sich in ihrem Kopf, die sie nur mühsam beherrschte. Und da war etwas in der Mitte, das nicht zu sehen war. Noch nicht. Katja hatte sie ja gewarnt. Es gehörte zu ihrer Natur, dass sie weitergehen konnte – vorausgesetzt, dass sie dazu bereit war. Und jetzt war sie noch nicht dazu bereit.»Ich muss das alles Schritt für Schritt verarbeiten«, dachte sie. »Wenn ich zu viel denke, wird mir schlecht. Und er darf jetzt noch nichts davon merken.« Nach ein paar Atemzügen ließ das Zittern nach. Sie stellte fest, dass Kenan sie anstarrte, und sie fragte sich leicht verunsichert, ob ihm wohl etwas aufgefallen war. Offenbar nicht, zum Glück. Er hatte sie lediglich etwas gefragt. Leo fuhr leicht zusammen.

»Was hast du gesagt?«

»Dass das Museum in acht Minuten schließt.«

»Ach so! Ich habe gar nicht mehr daran gedacht. Um sechs treffe ich meinen Vater. Er hat den ganzen Tag in der Library verbracht und wird bestimmt Hunger haben. Willst du mit uns essen?«

»Oh, sehr gerne! Aber ich will ihn keineswegs stören.«

»Du wirst ihn stören. Alle stören ihn. Aber das ist sein Problem.

Lass dich nicht davon beeindrucken. Er kann sehr nett und witzig sein. Magst du thailändische Küche?«

Sie zog ihr Smartphone aus der Jackentasche und rief Jan an.

»Hm?«, brummte er.

»Ich habe einen jungen Mann im Museum getroffen. Hast du etwas dagegen, wenn ich ihn mitbringe?«

»Ich habe etwas dagegen.«

»Warte nur ab, du wirst ihn mögen.«

»Ganz gewiss nicht. Außerdem habe ich Kopfweh. Es war viel zu heiß in der Library.«

»Er ist Kunststudent und will Maler werden. Er hat mir ein Bild gezeigt. Das wird dir gefallen.«

»Eine Dusche würde mir besser gefallen.«

»Ach, komm, Papa! Sei nett zu ihm.«

Sie wusste, dass Jan am liebsten darauf verzichten würde, seine Kopfschmerzen mit einem Fremden zu teilen. Doch letzten Endes stimmte er zu:

»Na gut, bring ihn mit!«

Leo wusste nicht, wozu es nützlich sein sollte, dass ihr Vater Kenan kennenlernte. Es war einfach nur eine spontane Eingebung. Aber sie hatte gelernt, auf Eingebungen zu hören. Früher oder später ergaben sie stets einen Sinn.

7

ER HATTE SICH ALLES GANZ ANDERS VORGESTELLT

Sie gingen über den Russell Square, auf den die Sonne immer noch heiß herunterbrannte und der mitten in Bloomsbury lag, einem sehr smarten, lebendigen Viertel. Kenan erklärte, dass sich die Slade School of Fine Arts ganz in der Nähe befand.

»Ich gehe zweimal am Tag hier vorbei und füttere die Eichhörnchen. Einige Tiere kennen mich inzwischen recht gut. Aber jetzt zeigen sie sich nicht. Zu viel Sonne. Sie schlafen noch in den Bäumen.«

Sie fanden das Restaurant in einer nahen Seitenstraße. Jan saß schon da, den Kopf in beide Hände gestützt. Er sah kurz auf, als Leo mit Kenan an den Tisch trat, hob lasch die Hand, als ob er ihn wegscheuchen wollte, deutete jedoch auf einen Stuhl.

»Setzen Sie sich, wenn Sie schon mal da sind.«

Kenan lächelte entwaffnend und stellte sich vor. Jan hielt ihm seine schlaffe Hand entgegen.

»Ich bin nicht sehr zum Reden aufgelegt. Ich habe zu viel gearbeitet.«

»Dann solltest du nicht mit leerem Magen am Tisch sitzen, Papa«, sagte Leo in strengem Tonfall.

Jan reichte ihr die Karte über den Tisch.

»Verstehe kein Wort von all dem Zeug. Such einfach etwas aus!«

»Du machst es dir leicht.«

Sie besprach sich kurz mit Kenan und gab die Bestellung auf.

»Mein Vater trinkt Rosé. Du auch?«

»Gerne, aber nur ein Glas. Und wie steht es mit dir?«

Sie schüttelte den Kopf.

»Ich nehme grünen Tee. Wein vertrage ich nicht, genau wie Katja. Sie ist meine Großmutter«, setzte sie erklärend hinzu.

Jan hob den Kopf und brummte:

»Was hat Katja hier zu suchen?«

»Sie trinkt keinen Wein«, sagte Leo.

Er nickte.

»Umso besser. Sie ist schon verschroben genug. Und übrigens hast du viel von ihrer Art.«

Sie blinzelte ihm zu.

»Und übrigens bin ich auch ein wenig verschieden, findest du nicht auch?«

»Ja, aber auf schlimmere Art.«

Er wandte sich an Kenan.

»Nehmen Sie es mir nicht übel, dass ich ruppig bin. Ich fühle mich müde und bin hungrig.«

Kenan lachte herzlich.

»Bald kommt ja das Essen.«

Jan blickte auf. Leo hatte den Eindruck, dass er Kenan erst jetzt richtig wahrnahm.

Tatsächlich dauerte es kaum fünf Minuten, bis die bestellten Gerichte vor ihnen auf dem Tisch standen. Jan hantierte gekonnt mit den Stäbchen. Seine Laune besserte sich zusehends. Aus einer dunklen und undefinierbaren Sympathie heraus akzeptierte er Kenans Anwesenheit und wurde plötzlich gesprächig. Er erzählte von den seltenen Manuskripten, die er stundenlang entziffert hatte. »Kein Zuckerschlecken«, bemerkte er dazu und stellte erstaunt fest, dass für Kenan das Thema nicht unvertraut war. Er konnte sogar sagen, was eine Blaupause war. Jan runzelte überrascht die Brauen.

»Woher wissen Sie das, junger Mann?«

»Interessiert mich eben«, sagte Kenan mit vollem Mund. Jan musste sich eingestehen, dass ihm der junge Mann gefiel. Und sofort fing er an zu dozieren. Leo kannte das alles längst auswendig, aber Kenan war ganz Ohr.

»Wir fragen uns, wieso unsere Vorfahren in der Lage waren, archaische Symbole in Schrift zu verwandeln. Hast du ein Zeichen vor dir, das – sagen wir mal vor ca. 20 000 Jahren – von wem auch immer in den Felsen geritzt wurde, aktiviert es die gleichen Gehirnstrukturen, die man heutzutage einsetzt, um beispielsweise auf dem Klo die Zeitung zu lesen. Das ist auf der ganzen Welt so, ob es sich um Literaturprofessoren handelt oder um Erstklässler. Eine besondere chemische Mischung scheint uns hervorgebracht zu haben, eine Verdichtung von Enzymen. Im Werdegang des Universums existieren wir ja nur seit einer Sekunde. Und trotzdem haben wir die Schrift erfunden, das Gedächtnis der Geschichte. Die Griechen haben einen Namen dafür: Mnemosyne – Erinnerung. Aber die Erinnerung kommt aus einem Bereich, der sich nicht belegen ließe, wenn wir nicht die Schrift hätten. Es existieren Worte, von denen wir nie wissen werden, was sie bedeuten. Weil ihr materieller Gegenstand verschwunden ist.«

»Vielleicht können wir sie eines Tages wieder verstehen«, meinte Kenan.

Jan war von Kenan beeindruckt. Manche junge Menschen haben die Fähigkeit, hochkomplizierte Erkenntnisse sozusagen durch die Poren ihrer Haut aufzusaugen.

»Du musst kein guter Schüler gewesen sein«, sagte er so, dass Kenan ihn verstand. Tatsächlich brach Kenan in Gelächter aus.

»Nein! Ich behielt nur im Kopf, was mich interessierte.«

»So, so. Und die Lehrer?«

»Konnten mir im Mondschein begegnen. Ich verstand manches nicht und versuchte, ein System zu finden, das zu dem passte, was in mir war. Ich konnte verschiedene Wege wählen. Und am Ende gab es für mich nur noch zwei Dinge: die Musik und die Malerei.«

»Was für ein Instrument spielst du?«

»Ich spiele Panflöte.«

Jan wirkte enttäuscht.

»Ich dachte, du spielst Klarinette oder Saxophon. Flöte, das kann doch jedes Kind. Spielst du in einem Orchester?«

»Nein, in der Fußgängerzone.«

Jan machte ein Gesicht, als wollte er sagen, schlimmer kann es nicht werden.

»Wenn du keine höheren Ansprüche stellst.«

Kenan war nicht im Geringsten beleidigt.

»Na ja, mir gefällt das.«

»Er hat auch schon mal ausgestellt«, fuhr Leo dazwischen, die Jans abschätzigen Ton nicht mochte. Katja hätte genauso reagiert.

»So? Und in welcher Galerie?«

»Nein, nein«, rief Kenan, »so weit bin ich noch nicht. Mein altes Schulhaus wurde renoviert. Als der Neubau eingeweiht wurde, kamen einige wichtige Leute. Man sagte mir, ich könnte ein paar Bilder in die Aula hängen. Eines dieser Bilder war ein Ölgemälde, es zeigt die Klippen von Dover mit einer Möwe im Vordergrund. Eigentlich ein klassisches Motiv, total langweilig, aber ich hatte die Möwe aus einer anderen Perspektive gemalt. Eine ziemlich düstere Sache. Und ich fiel aus allen Wolken, als nach all den Festreden einer der Dozenten ausgerechnet dieses Bild kaufen wollte.«

»Vielleicht steckte eine persönliche Geschichte dahinter«, meinte Leo.

»Das denke ich auch. Warum kaufen wir ein Bild? Ob wir es wollen oder nicht, das Bild entspricht einer intuitiven Erkenntnis.

Jedenfalls kam der Rektor zu mir und sagte, dass die Bilder den Leuten gefielen. Wenn ich wollte, könnte ich sie da hängen lassen. Und kleine Preisschilder anbringen. Tatsächlich habe ich innerhalb von einem Monat vier Bilder verkauft. Das gab mir den gehörigen Schuss Adrenalin, um weiterzumachen.«

»Hoffentlich hast du sie teuer verkauft.«

Er schüttelte lachend den Kopf.

»Nein, viel zu billig! Aber es war mir im Moment egal. Ich will noch mehr können, alles Mögliche experimentieren. Ich will die Farben in meinem Kopf zu Farben auf der Leinwand werden lassen. Dabei geht es mir primär um Selbstreflexion. Ich will mir selbst gegenüber aufrichtig sein.«

Jan beobachtete ihn scharf. Irgendetwas an der Art, wie Kenan seine Worte formulierte, gefiel ihm.

»Hm. Noch etwas anderes?«

Kenan zögerte ein wenig, bevor er sein Smartphone hervorzog.

»Möchten Sie ein Bild von mir sehen?«

Jan betrachtete lange das Bild. Er war ein aufmerksamer Kunstkenner. Er bemerkte die Koordination von Auge und Hand. Hier war es die Farbe selbst, die sich zu einer fliegenden Gestalt verdichtete, ein völliger Gleichklang zwischen Schein und Wirklichkeit. Leo und Kenan blickten ihn an, warteten auf seine Reaktion. Jan hielt den Blick lange auf den Geier gerichtet. Was er für sich behielt, war die Tatsache, dass auch er als junger Mann von einem Leben als Kunstmaler geträumt hatte. Leider hatte ihm jedoch jener Funke Genie gefehlt, der ihm ermöglicht hätte, sich über den Durchschnitt zu profilieren. Und am Ende hatte er es aufgegeben.

Er sagte zu Kenan:

»Der Geier ist nicht nur geheimnisvoll, weil du ihn geheimnisvoll gemalt hast, sondern weil er tatsächlich geheimnisvoll ist.«

Ein kurzes Schweigen folgte. Kenan runzelte die Stirn, als ob er intensiv nachdachte.

»Na ja, kann sein … Der Geier ist ein Wesen, von dem ich kaum etwas weiß. Deswegen habe ich ihn aus der Fantasie gemalt, da konnte nicht viel passieren!«

»Der Grundsatz sollte auch für uns Forscher gelten. Was wir nicht verstehen, erleben wir alle mehr oder weniger häufig in Träumen, ohne uns weiter darüber zu wundern. Wir wundern uns erst, wenn wir wach werden und auf einmal die Lösung eines vollkommen rationalen Problems vor Augen haben. Tatsächlich wissen wir nur wenig von alldem. Und wir sollten vermeiden, bei Vorträgen und Kolloquien allzu selbstgefällig aufzutreten.«

»Logisch!«

»Nein, unlogisch. Es gibt zu viele Tendenzen, die sich nicht in die allgemeinen Ansichten fügen. Neue Erkenntnisse werden schnell angezweifelt, weil jeder seine eigene Deutung beansprucht. Ich werde ein Buch schreiben. Das ist die bequemste Art, um zu sagen, was ich zu sagen habe. Keiner soll mir ein zweites Mal einen alten Kieferknochen an den Kopf knallen.«

»Oh, ist das schon mal vorgekommen?«, fragte Kenan.

»Ja, in Amsterdam.«

»Und was haben Sie mit dem Knochen gemacht?«

»Zurück an den Absender.«

Sie lachten, und Kenan fragte: »Und worüber werden Sie schreiben?«

Jan war definitiv zum Reden aufgelegt.

»Über die Anfänge der Kultur. Sie wird allgemein von Leuten gedeutet, die von Stereotypen ausgehen und irgendwann an ihre Grenzen stoßen. Ich persönlich bin davon überzeugt, dass die Menschheit nicht nur eine kulturelle Entwicklung durchgemacht hat, sondern mindestens zwei. Dazwischen ist etwas geschehen, etwas sehr Gewalttätiges. Und was, wenn unsere überlieferte Geschichte lediglich die zweite wäre? Die Geschichte nach der Zerstörung? Aber mit dieser Auffassung komme ich bei allen Kollegen nicht gut an.«

»Ich glaube«, warf Leo nachdenklich ein, »dass es Worte unter den Wörtern gibt, Bilder unter den Bildern. Und es kann ja sein, dass diese verborgenen Worte und Bilder die richtige Geschichte erzählen. Eine Geschichte allerdings, die den Leuten Angst macht.«

Seitdem die Großmutter Leo von ihrer Abstammung erzählt hatte, gingen ihr ständig solche Gedanken im Kopf herum. Einbildung? Vielleicht. Oder vielleicht auch nicht. Zunehmend tauchten verschwommene Erinnerungen in ihr auf. Erdschattierungen, Farbabstufungen aus unendlich fernen Zeiten. Eine Sache der Genetik?

Jan hielt noch immer den Blick auf den Geier gerichtet. In seinem Schweigen lag eine freundliche Billigung. Dann wandte er sich an Kenan:

»Mir gefällt, dass deine Bilder die verborgene Natur der Dinge zeigen.«

»Man kann alles mit Farben machen«, sagte Kenan. »Und wie ich morgen malen werde, wird bestimmt anders sein als heute.«

Leo, die in kleinen Schlucken ihren heißen Tee trank, hob überrascht die Augen. Ein Lob aus dem Mund ihres Vaters? Zwischen beiden Männern schien eine gewisse Sympathie zu bestehen, eine geistige Parallele. Aber Jan würde es nicht zugeben. Lieber hätte er sich die Zunge abgebissen. Er verlangte die Rechnung.

»So! Und jetzt eine Dusche und ab ins Bett! Unser Flug geht in aller Herrgottsfrühe.« Er klopfte sämtliche Taschen ab und brachte eine Visitenkarte zum Vorschein.

»Da! Wenn du mal in der Schweiz bist …«

Kenan bedankte sich höflich, aber unbeholfen, weil er keine Karte hatte. Jan wedelte mit der Hand. Nichts von Belang. Er steckte die Rechnung ein, schob seinen Stuhl zurück. Kenan erhob sich ebenfalls. Beide schüttelten einander die Hand.

»Ich komme gleich nach«, sagte Leo.

»Wie du willst.«

Jan nickte desinteressiert und ging.

»Ich kann es nicht fassen! Er mag dich«, sagte Leo, als er weg war.

Kenan seufzte zerknirscht.

»Er mag meine Bilder, das schon. Aber dass ich keine Karte habe, enttäuscht ihn.«

»Ach was. Mein Vater ist kein Snob. Obwohl er das ein oder andere Mal so tut.«

Die Dämmerung begann. Im Russell Park überzogen die ersten Schatten die Rasenfläche, aber die Baumkronen waren noch in Gold getaucht. Alle Häuser in diesem Viertel sahen gleich aus, vom Grundriss her identisch, und trotzdem war jedes Haus anders. Es war eine vornehme Gegend. In einigen Fenstern brannte schon Licht, man sah Vorhänge aus Spitze, schöne Wandverkleidungen und Kronleuchter. Das Hotel lag gleich hinter dem Park. Sie wanderten durch die ruhigen, geradlinigen Straßen. Leo lächelte vor sich hin, als Kenan zögernd nach ihrer Hand griff. Es war ein schönes Gefühl. Sie zog ihre Hand nicht zurück.

»Vielleicht bin ich in dich verliebt«, meinte er nach einer Weile.

Sie schüttelte leicht den Kopf.

»Ich bin ein wenig aus den Fugen.«

»Warum?«

»Weil alles ganz anders ist, als ich mir es vorgestellt habe.«

»Was hast du dir denn vorgestellt?«

»Dass ich mir die Zeit um Museum totschlage, bis ich meinen Vater treffe, und wir uns kauend anstarren. Du hast mein Programm durcheinandergebracht.«

»Ach, habe ich das? Und was nun?«

»Ich kann es nicht sagen. Was denkst du eigentlich von mir?«

»Dass du kein komplizierter Mensch bist.«

»Wieso? Sehe ich kompliziert aus?«

»Nur auf den ersten Blick.«

»Und was bin ich denn jetzt?«

»Unkompliziert«, sagte er. Sie waren beide gleich groß, ihre Gesichter waren auf gleicher Höhe, sodass sie sich in die Augen sehen konnten. Kenans Hände bewegten sich sanft über Leos Arme. Ihre Schultern waren breit und stark, ihre Arme muskulös. Das wunderte ihn, weil ihre ganze Gestalt eher schmal war.

»Du hast viel Kraft«, sagte er.

Sie lachte.

»Ja, weil ich Volleyball spiele.«

Leo wusste, dass man ihr Aussehen nicht so leicht vergaß. Das war schon immer so gewesen. Bereits als Schulkind wuchsen ihre Knochen schnell in die Länge, sie war stets größer als ihre Mitschülerinnen gewesen. Jetzt konnte sie sich zumindest erklären, warum. Sie fuhr mit ihren harten Händen den Körper des jungen Mannes entlang, als handelte es sich um eine Skulptur, vielleicht eine Statue aus Basalt. Sie dachte, was für schöne Augen er hat! Sie hatten eine seltsame Farbe, zwischen Grün und Grau. Sie schmiegte sich an ihn, legte ihren Mund auf den seinen, er suchte ihre Zunge, gierig, wild. Und als sie sich endlich voneinander trennten, schauderte sie und spürte ihr Herz oben in der Kehle pochen. Er hielt immer noch die Hände auf ihren Schultern. Schließlich hob ein tiefer Atemzug seine Brust.

»Ich möchte dich wiedersehen«, sagte er leise.

Sie standen vor dem Eingang des Hotels. Ein paar Leute warteten vor der Rezeption. Im Dämmerlicht schimmerte Leos Gesicht wie Seide. Ihr Ausdruck war ein bisschen skeptisch, ein bisschen ironisch.

»Ich eigentlich auch. Aber ich bräuchte mehr Zeit.«

»Ja, dann nehmen wir uns doch Zeit!«, sagte Kenan.

Leo war kein unbeschriebenes Blatt mehr; sie hatte einige Männer gekannt. Aber keinen, der zu dieser Antwort fähig gewesen wäre. Alle anderen hatten es immerfort eilig gehabt. Bei ihnen gab es keine Alternative. Hop, so schnell wie möglich ins Bett. Wenn Leo nicht sofort wollte, zweifelten sie an sich selbst, ob sie genug sexy waren, drucksten herum und schmollten. Einige gerieten in eine Krise, wurden aggressiv. Leo mochte keine schmollenden Männer, aggressive schon gar nicht. Mit denen wurde sie schnell fertig. Hinterher wirkten alle ein wenig benommen.

Kenan wusste nicht, was in ihr vorging. Ihr Gesicht war völlig ausdruckslos. Nur ihr Körper war ihm nahe, und er hatte das sonderbare Gefühl, dass sie über ihn wachte, dass er bei ihr in Sicherheit war. Vielleicht, weil sie Selbstbewusstsein und eine vollkommene Ruhe ausstrahlte. Kenan hatte das noch bei keiner Frau empfunden. Absolut unverständlich, dachte er. Ein Mann hat eine Frau zu beschützen, nicht umgekehrt. Aber er begriff, dass er ihr vertraute, bedingungslos vertraute.

»Ich glaube, das ist das Beste«, sagte sie. »Wir kennen uns noch nicht lange genug.«

Sie streichelte sein Gesicht. In ihren Gesten lag viel Zärtlichkeit, und er spürte die Kraft in ihren schmalen Fingern. Man kann die Zukunft vor sich sehen, ohne etwas zu erfahren. Und er begriff mit einer Art neidischem Staunen, dass sie viel besser wusste als er, was die Zukunft bringen würde. Kenan überlief eine Gänsehaut.

»Wann sehe ich dich wieder?«

Er sprach gegen ihre Kehle. Spürte er, wie ihr Herz klopfte? Doch, er musste es spüren. Leos Mundwinkel hoben sich leicht, deuteten ein Lächeln an.

»Das kann ich dir nicht sagen. Aber bald.«

Sie tauschten ihre E-Mail-Adressen. Dann küsste sie ihn noch einmal und ging die Stufen zum Eingang hinauf. Er stand auf der Straße, die Hände in den Hosentaschen, wippte leicht hin und her und sah ihr nach.

Dass sie Kenan dieses Versprechen gegeben hatte, war für Leo etwas Ungewöhnliches. Sie war ein Mensch, bei dem jede wichtige Handlung und jeder wichtige Gedanke das Echo von anderen waren. Nichts konnte nur ein einziges Mal geschehen, alles wiederholte sich. Diese Erkenntnis, die sie gerade gewonnen hatte, machte sie froh.

Bevor sich die Glastüren vor ihr teilten, hob Kenan leicht die Hand. Sie schaute zu ihm zurück, lächelte ein letztes Mal und drehte ihm dann den Rücken zu.

8
SCHATTEN IN DER HÖHLE

Leo hatte zu den Kindern gehört, die früh lesen konnten; schon mit sechs Jahren hatte sie »Alice im Wunderland« entdeckt und verschlungen. Die Stelle, die sie am meisten fesselte, war ganz am Anfang, wenn Alice durch den Kaninchenbau in eine unbekannte Welt kroch. Natürlich wusste Leo bereits in diesem Alter, dass Alices Abenteuer nur im Märchen vorkamen. Aber sie akzeptierte die Geschichte, nicht zuletzt deswegen, weil ihr Vater im Laufe seiner Recherchen echte Grotten erkundete. Leo dachte an die tiefen Löcher im Gestein, an die komplizierten Strukturen, die alle Geheimnisse der Erde kannten. Der Vorstellung von Höhlen, die sich in Windungen in ferner Dunkelheit verloren, haftete etwas Magisches an.

Noch bevor Leo auf die Höhere Schule kam, stand für sie fest, dass sie später mal den gleichen Beruf wie ihr Vater ausüben wollte. Sie hatte nie etwas anderes im Sinn gehabt. Allzu gerne hätte sie ihn jetzt schon zu Ausgrabungen begleitet, aber vorläufig war daran nicht zu denken. Sie ging ja noch zur Schule.

Sie wurde zwölf, ohne dass sich etwas änderte. Eigensinnig, wie sie war, stellte sie unermüdlich Fragen, die ebenso hartnäckig wie sachlich waren. Nichts konnte sie in Verlegenheit bringen. Sie achtete genau auf Einzelheiten. »Warum?« war bei ihr das meist gebrauchte Wort, bis ihr Vater es gehörig satthatte.

»Also gut, jetzt zeige ich dir mal eine Höhle!«

Er fuhr mit ihr für ein Wochenende nach Südfrankreich. Er hatte in dem Weiler Le Viel Audon ein Zimmer in einem kleinen Hotel reserviert. Vom Fenster aus sah man die Ardèche, die zwischen hohen Felswänden ins Tal brauste. Der Fluss war nicht tief, aber wild und schimmerte smaragdgrün. Im Hintergrund erhoben sich turmartige, scharf geschnittene Felsen. Leo musste an die Filmlandschaft aus »Krieg der Sterne« denken. Aber ihr Vater erklärte, dass der Film nicht hier gedreht worden war, sondern dass man alles im Studio nachgebildet hatte.

Er erzählte Leo, dass es hier viele Höhlen gab. Einige waren früher von Menschen bewohnt gewesen. Manche waren für Besucher gesperrt, andere durfte man besichtigen. Und es gab eine ganze Menge, die man noch gar nicht entdeckt bzw. erforscht hatte.

Gleich am nächsten Morgen führte er Leo zu einer Spalte, die unter der Felswand kaum sichtbar war.

»Ist das eine Höhle?«, fragte Leo aufgeregt. »Kriechen wir jetzt da hinein?«

Jan knipste eine Taschenlampe an.

»Du brauchst keine Angst zu haben. Aber bleib immer dicht hinter mir.«

»Ich bin doch kein Kleinkind mehr!«, protestierte Leo.

Sie zwängten sich durch den Spalt und tasteten sich gebückt einen Gang entlang, der ins Innere des Felsens führte. Nach ein paar Schritten konnten sie sich aufrichten. Es war warm in der Höhle. Ein feuchter, modriger Geruch machte die Luft stickig. Das Licht der Taschenlampe tanzte über schwarze Felsen, die ihre Formen ständig zu verändern schienen. Nach einer Weile blieb Jan plötzlich stehen. Er winkte Leo näher zu sich heran und richtete den Strahl der Taschenlampe auf den Boden. Und da erblickte Leo etwas, das ihre ganze Aufmerksamkeit gefangen nahm:

menschliche Fußspuren, mit dem Stein verwachsen. Leo starrte auf diese Spuren, aus denen die Natur etwas Einzigartiges gemacht hatte. Jan hob leicht die Taschenlampe und deutete weiter auf die Abdrücke von Händen an der Felswand. Jeder einzelne Finger war sichtbar, und doch waren sie aus Stein. Und Leo, so jung sie auch war, wurde von der Erkenntnis überwältigt, dass solche Spuren, vor vielen Jahrtausenden in Schlamm und Erde eingedrückt, von ewiger Dauer sein würden.

Jan sprach halblaut zu ihr, als ob er an diesem Ort seine Stimme nicht erheben wollte.

»Wir wissen nur wenig von den Menschen, die vor lange Zeit hier lebten. Und sie werden nie etwas von uns wissen. Und jetzt ist es, als wären wir uns zufällig begegnet.«

Kinder sind enorm wissbegierig, wollen alles entdecken, mit allem experimentieren. Sie glauben, dass ihnen die Welt offensteht, dass es keine Grenzen gibt, keine Gefahren. Leo war genau in dem richtigen Alter. Und in diesem Moment und in dieser Stimmung – noch während ihr Vater sprach –, regte sich in Leo eine akute, altererbte Aufmerksamkeit. Ihr Kopf schien geöffnet, von kalter Luft durchweht, bevor es ihr richtig schlecht wurde und sie das Gefühl hatte, sich übergeben zu müssen. Vor ihren Augen schien die Höhle zu schwanken. Und auf einmal sah sie einen gebückten Schatten über die Felswand gleiten. Eine rasche, lautlose Bewegung. Im nächsten Moment war er verschwunden. Leo hatte ihn bloß flüchtig aus den Augenwinkeln wahrgenommen und hätte ihn gerne deutlicher gesehen, aber da war er schon weg. Sekunden vergingen, sie hörte sich atmen. Sie lauschte, wartete …nichts. Was sie hörte, war nur die sachliche Stimme ihres Vaters.

»Siehst du, wie dieser Mensch mit den Zehen einwärtsging? Seine Fußspuren sind auf einer Seite stark eingedrückt, auf der anderen Seite weniger.«

»Ich glaube, der Mann war gerade hier«, sagte Leo.

Jan stutzte leicht.

»Welcher Mann?«

»Der über den großen Zeh ging, so wie ich. Mama sagt, dass ich mir damit die Füße verderbe. Hast du ihn nicht gesehen?«

»Ich glaube nicht.«

»Er ist nur schnell mal vorbeigekommen«, sagte Leo. »Ich denke, er wollte wissen, wer wir sind.«

»Kann schon sein«, meinte Jan in beiläufigem Tonfall.

Er sah sie auf sonderbare Weise an, hielt es aber nicht für nötig, ihr zu widersprechen. Er wollte von der Sache nicht viel Aufhebens machen. Leo war ein besonderes Kind, und ihre Tagträume gingen manchmal seltsame Wege. Im Laufe der Zeit hatte sich Jan damit abgefunden. Letzten Endes hatte ja auch Leos Kinderarzt nichts Schlimmes dabei gefunden.

Davon abgesehen, gab es bisweilen unterhaltsame Zwischenfälle. Unlängst hatte er von Herrn Jovanovic, dem Klassenlehrer, erfahren, dass Leo eine sture Besserwisserin war, die unbelehrbar an ihrer Meinung festhielt und ihm mitten im Unterricht widersprach. Jan hatte sich zunächst um einen ernsten Gesichtsausdruck bemüht.

»Ja, ja, sie ist nun mal so. Man kann es ihr nicht abgewöhnen. Und solange sie keinen Unsinn erzählt …«

»Nun … sie irrt sich selten.« Herr Jovanovic wirkte ein wenig verlegen. »Das macht die Sache noch komplizierter.«

Jan nickte zustimmend und nachsichtig. Es lag nun mal in Leos Natur, alles zu hinterfragen. Er erklärte Herrn Jovanovic, dass Leos altkluge Art vermutlich daran lag, dass sie vorwiegend mit Erwachsenen zu tun hatte.

»Ich arbeite mit Kollegen zusammen, die viel fachsimpeln. Leo ist oft dabei und hört unseren Gesprächen zu.«

Der Lehrer verzog das Gesicht. Das sei aber noch nicht alles.

Es kam nicht selten vor, dass Leo ihre Mitschüler auf dem Pausenplatz verprügelte.

Das war eigentlich neu für Jan.

»Sie prügelt sich?«

»Man geht ihr lieber aus dem Weg.«

»Ja, sie ist recht stark für ihr Alter.«

Herr Jovanovic machte ein Gesicht, als ob es ihm schwerfiel, sich zu seinen eigenen Worten zu bekennen.

»Das muss man ihr lassen: Sie fängt nie als Erste an. Aber wenn sie loslegt, kann man mit ziemlicher Sicherheit davon ausgehen, dass die Verprügelten etwas auf dem Kerbholz haben oder sich als Rambo aufspielen.«

»Eine Art von privater Vergeltungsaktion?«

»Man könnte es so formulieren.«

»Wenn ich Sie richtig verstehe, setzt sie ihre Wut sinnvoll ein?«

»Auf jeden Fall. Aber das geht nicht auf dem Pausenhof.«

Jan konnte ihm nur beipflichten.

»Nein, natürlich nicht!«

»In dieser Hinsicht zeigt sie einen bemerkenswerten Sinn für Gerechtigkeit. Wer einem schwächeren Kind ein Bein stellt, es an die Wand schubst oder in den Bauch boxt, kommt selten ohne ein geschwollenes Auge davon. Danach kümmert sie sich rührend um das Kind, putzt ihm die Nase mit dem eigenen Taschentuch, kauft ihm etwas Süßes in der Kantine.«

»Ja, sie hat einen ausgeprägten Beschützerinnen-Instinkt.«

Herr Jovanovic spreizte hilflos die Hände.

»Darin liegt ja gerade das Problem. Im Grunde ist sie liebenswert und umgänglich. Aber sie ist so … eigensinnig.«

Jan nahm es Herrn Jovanovic nicht übel, dass er überfordert war. Trotzdem wollte er sich nicht lang und breit über Leos Eigenschaften auslassen.

»Ja, es ist manchmal nicht einfach mit ihr.«

»Vielleicht könnten Sie mal mit ihr reden«, schlug Herr Jovanovic vor.

»Tue ich. Tue ich ganz bestimmt.«

Jan bedankte sich und beendete das Gespräch mit ein paar unverbindlichen Worten. Er hatte nicht die geringste Absicht, in dieser Hinsicht zu intervenieren. Er wusste nicht einmal, was er Leo hätte sagen können. Herr Jovanovic hatte sie gut eingeschätzt: Eigentlich war sie ein Mädchen, das immer das Beste in ihren Mitmenschen voraussetzte. Sie war stets großzügig und loyal und hatte auch nie eine fadenscheinige Ausrede, sondern gab offen zu: »Klar doch, ich habe ihm die Fresse poliert. Er hatte es reichlich verdient.« Sie war nicht verhaltensgestört, ihre Wut war nie sinnlos. Im Gegenteil, ihre Argumente waren stets stichhaltig und vernünftig. Davon abgesehen, war ihr Wesen freundlich, ihr glänzender Blick aufmerksam und mitfühlend. Schon möglich, dass sie Raufbolde grün und blau schlug, aber wohl oder übel musste Jan sich eingestehen, dass er im Grunde seines Herzens nichts dagegen hatte. Alles in allem war es ein gutes Gefühl, in ihrer Nähe zu sein.

»Papa, ich hätte gerne Schokolade.«

Leos Stimme ertönte leicht zitternd neben ihn aus dem Dunkeln. Jan hatte immer Schokolade für sie dabei. Dunkle Nussschokolade, die Leo am liebsten mochte.

»Sie wächst überdurchschnittlich schnell«, hatte kürzlich der Arzt bei einer Untersuchung festgestellt. »Aber sie hat einen zu niedrigen Blutdruck. Wird ihr schwindlig oder schlecht, sollte sie etwas Süßes zu sich nehmen, damit der Blutzuckerspiegel rasch ansteigt.«

Offenbar war sonst alles in Ordnung. Aber auch der Arzt konnte nicht sagen, aus welchem Grund Leos Temperatur plötzlich kollabierte, sodass sie fast ohnmächtig wurde und sich Dinge einbildete, so wie gerade jetzt, wo sie glaubte, einen Höhlenbewohner gesehen zu haben.

»Komm raus hier«, sagte Jan. »Achtung, nicht stolpern!« Er nahm sie bei der Hand und führte sie Schritt für Schritt wieder zurück ans Tageslicht.

9
ARCHÄOLOGIE IST
FÜRS ERINNERN

Göbekli Tepe. Drei Jahre waren vergangen, seitdem Leo zum ersten Mal diesen Namen gehört hatte. Göbekli Tepe. Der Name faszinierte sie, ohne dass sie sagen konnte, warum. Und heute kam ihr dieser Name längst nicht mehr fremdartig vor, stand er doch im Mittelpunkt der Nachforschungen ihres Vaters, die mittlerweile einige Jahre andauerten. Der Fundort verursachte der Fachwelt großes Kopfzerbrechen. Die Entdeckung war eine Sensation. Man hatte eine »Stadt aus der Steinzeit« gefunden, was immer man auch darunter verstand. Ein Problem war, dass der Fundplatz in Anatolien lag, auf kurdischem Gebiet, was die Sache enorm komplizierte.

Das Gelände bestand aus einer Anzahl von Hügeln, die sich über 144 Hektar ausbreiteten. Bevor internationale Arbeitsgruppen sich an den Ausgrabungen beteiligen würden, konnte Jan bereits einen ersten Eindruck gewinnen, sozusagen eine Vorschau auf das zu Erwartende. Jan arbeitete mit dem Münchner Ehepaar Pamela und Christian Hagen zusammen, Archäologen aus Leidenschaft, beide waghalsig bis zum Leichtsinn und von der Wichtigkeit ihrer Forschungen überzeugt. Sie kannten einander schon seit Jahren. Und sie fühlten – das war das Einzige, was ihnen klar war –, dass dieser Hügel ein Geheimnis barg. Da war etwas unter der Erde, etwas Außerordentliches, das sie noch nicht ausmachen konnten.

Die Gegend war mit großen übereinandergetürmten Basaltblöcken übersät. Und fast in der Mitte ragte ein einsamer Hügel empor, seltsam auffällig in diesem flachen Gelände, aber ohne Spuren einstiger Anwesenheit prähistorischer Menschen, ohne Mauerreste, ohne Tonscherben oder Steingeräte. Allerdings verfügen Archäologen über einen sechsten Sinn. Pamela und Christian, und bald kam auch Jan hinzu, waren unermüdliche Beobachter. Zeit spielte für sie keine Rolle. Sie nahmen diese mysteriöse Welt langsam auf, der prallen Sonne und der heißen Luft ausgesetzt. Bei Windstille konnten sie die Vögel hören, die Wüstenfalken, die Geier, ihren Flügelschlag und ihre fernen Rufe. Die Archäologen besaßen Ausdauer und Scharfsichtigkeit und vielleicht auch den abstrakten Eigensinn der Autodidakten. Wenn sie arbeiteten, war ihr unmittelbares Umfeld ausgeblendet. Gefahren nahmen sie kaum noch wahr. Es gab ein Ideal in der Archäologie, ein Bedürfnis, die Vergangenheit in neuem Licht zu enthüllen. Jan hatte diese Eigenschaft bei seinen Freunden wahrgenommen, nicht jedoch bei sich selbst. Aber das bedeutete nichts. Eine menschliche und persönliche Verbindung machte vieles leichter.

»Archäologie«, hatte Pamela einst zu Leo gesagt, »das ist fürs Erinnern.«

Sie konnten ein kleines Flugzeug mieten. Aus der Vogelperspektive erwies sich recht bald, dass der Göbekli Tepe keinesfalls ein natürlicher Hügel sein konnte. Am höchsten Punkt waren seltsam geformte Erdhaufen sichtbar, in keiner Karte eingetragen, die eine quadratische Grundrissform bildeten und ohne jeden Zweifel nur Menschenwerk sein konnten. Das brachte sie ein ganzes Stück weiter.

Jetzt fügte sich manches zusammen. In der aufregenden Gewissheit, einen archäologisch bedeutenden Ort entdeckt zu haben, hatten sie die türkischen Behörden für ein Survey-Projekt gewinnen können. Am Ende hatte der türkische Staat mithilfe der

UNESCO den Forschungen grünes Licht gegeben. Ein Argument war, dass Subventionen dazu beitragen konnten, Göbekli Tepe zu einem späteren Zeitpunkt als Touristenschwerpunkt zu erschließen. Jan hatte diplomatisch verschwiegen, dass bis dahin noch ein halbes Jahrhundert vergehen konnte. Ausgrabungen kamen nicht ohne Fördervereine, archäologische Institute und private Sponsoren aus. Das Problem war, dass die Behörden immer wieder von Leuten geleitet wurden, die andere Schwerpunkte setzten und beispielsweise der Waffenindustrie den Vorrang gaben, während gefährdete Monumente, auch wenn sie auf der Liste des UNESCO-Weltkulturerbes ganz oben standen, als zweitrangiges Problem behandelt wurden.

»Monumente sind schutzlos der Willkür irgendwelcher Irren ausgeliefert«, meinte Jan einmal. »Passt ihnen etwas nicht in den Kram, schlagen sie Statuen die Nase ab. Oder sprengen sie gleich in die Luft. Eigentlich sollte man sie nur in der Fachpresse erwähnen. Oder sie definitiv vergraben.«

Er setzte alle Hebel in Bewegung, um zu mehr Geld zu kommen. Das Deutsche Archäologische Institut in Istanbul unterstützte das Projekt und beteiligte sich an den Kosten. Ferner gewann Jan einige private Sponsoren. Leute, die seine Arbeit und seine Vorträge schätzen. Sie gründeten einen Förderverein, wollten aber namentlich nicht genannt werden. Jan dankte aufrichtig für die diskrete, aber großzügige Unterstützung.

Der Survey – die Oberflächenbegehung – konnte endlich stattfinden und erwies sich im Nachhinein als großer Erfolg. Zwar war die C14-Methode schon einige Jahre alt, gehörte aber nach wie vor zum Standardrepertoire archäologischer Forschungsarbeit. So war es vor allem die sogenannte Kettendatierung, die es erlaubte, nicht nur das relative Alter von Funden zueinander zu bestimmen, sondern auch zuverlässige Kalenderdaten zu gewinnen. Auf den Survey folgten die ersten Grabungen. Sie begannen unter der

Leitung von Jan, später übernahmen Pamela und Christian das Arbeitsprogramm. Ein Dutzend Grabungsarbeiter unterstützten sie. Stets zur Stelle waren auch bewaffnete Wächter, zumeist Kurden aus den umliegenden Siedlungen. Es geschah immer wieder, dass Terroristen des Islamischen Staates über die syrische Grenze vorstießen und kurdische Dörfer überfielen. Sie kamen in Geländewagen und in großen Schwärmen, erbeuteten Proviant und Benzin, mordeten und vergewaltigten wie im finsteren Mittelalter. Und es geschah nicht selten, dass sie Kinder entführten, aus denen sie nach ein paar Jahren Gehirnwäsche kleine verbissene Gotteskrieger machten. Einen Tag waren sie da und am nächsten schon wieder fort, aber sie richteten einen immensen Schaden an.

Sie glaubten, dass sie die Wüste besiegen könnten. Aber die Wüste bildete eine eigene Welt, brach und gleißend, die seit Jahrhunderten von Pfaden durchzogen war. Friedliche Wege für Nomaden und Pilger, unwiederbringlich verloren. Die Aggressionen der einen oder der anderen Seite jagten Geländewagen durch die Dünen, verbargen Tretminen unter Steinen, pferchten Hungernde hinter Stacheldraht. Doch die Wüste ließ sich nicht zähmen. Die Wüste fühlte sich entweiht und schmutzig. Hier hatte Gott, egal welcher, nichts zu sagen. Geländewagen blieben im Sandsturm stecken, es gab kein Benzin mehr. Das Smartphone funktionierte mit Satelliten und Solarbatterie, aber irgendwann gab der Akku auf. Die Menschen von heute waren der Wüste hilflos ausgeliefert. Sie wussten ja nicht mehr, wo die alten Quellen aus dem Boden sickerten. Sie verdursteten langsam, stundenlang, tagelang. Sie hatten Zeit, sich selbst beim Sterben zuzusehen. Die Wüste wartete geduldig, während hoch oben am Himmel die Geier kreisten. Und wenn es so weit war, holten sie sich ihren Anteil. Danach trocknete der Wind die Fleischreste und verwandelte die Toten in skelettartige Formen, die später wie aus Holz geschnitzt vom Sand überzogen wurden.

Die Kurden wussten, wo sich Quellen befanden. Sie fürchteten sich nicht vor der Wüste, aber sie zollten ihr Respekt. Die Kurden forderten Selbstverwaltung und ein eigenes Herrschaftsgebiet für ihre Volksgruppe. Das ging nur mit amerikanischer Unterstützung, doch das politische Ränkespiel machte ihre Hoffnungen immer wieder zunichte. Der syrische Herrscher Baschar al-Assad rieb sich die Hände. Er hatte nichts dagegen, wenn die Türkei hart gegen die Kurden vorging. Aber die Kurden hatten ein dickes Fell, waren klug und beharrlich. Menschen, die ihr Ziel nie aufgaben.

Die Archäologen wollten von alldem nichts wissen. Sie ließen äußerliche Bedrohungen nicht an sich heran, hielten sie von ihren Gefühlen fern. Glück oder Pech – meistens hatten sie Glück. Die Recherchen waren brisant und die wissenschaftlichen Konsequenzen enorm. In Göbekli Tepe holten sie etwas aus der Erde, was noch nie da gewesen war.

Trotz der widerwärtigen Umstände lief das Projekt. Die Wüste ließ es geschehen.

10

MENSCHEN SIND GAR NICHT SO WICHTIG

Was Leo an ihrem Vater so schätzte, war, dass er ihr stets Einblick in seine Arbeit gewährte. Jan war kein Mann, der viele Worte verlor mit Leuten, denen er alles von A bis Z erklären musste. Selbst als Leo noch Schülerin war, sprach er zu ihr ebenso sachlich wie zu einer Erwachsenen, weil er wusste, dass sie genau zuhörte und seine Erklärungen verstand.

Sie hatte schnell begriffen, wie man mit Protonen-Magnetometer, Widerstandsmessgeräten und 3D-Darstellungen zu arbeiten hat. Die Apparate und ihre Bezeichnungen waren ihr längst vertraut, als ob diese Technologien etwas Naturgegebenes wären. Jan hatte ihr erklärt, dass Fernerkundung die Notwendigkeit zu graben deutlich senkte. Dass auf diese Weise weniger zerstört wurde und mehr Arbeit erledigt werden konnte. Leo leuchtete ebenfalls ein, dass ihr Vater stets der Meldepflicht bei den Behörden unterstand. Und es war überflüssig, ihr zu erklären, dass die Suche nach Artefakten oder anderen Spuren, im Fachjargon »Prospektion« genannt, absolute Geradheit erforderte. Klar doch, man konnte nicht illegal in jeder Fundstelle wühlen und heimlich ein altes Schmuckstück mitgehen lassen.

Natürlich war früher alles einfacher gewesen. Die Zeiten hatten sich geändert. Die Politik mischte sich ein, wo sie nichts zu suchen hatte. Die Arbeiten erfolgten langsam, verbunden mit Vorsichtsmaßnahmen, die man gerne außer Acht lassen würde, aber das konnte man nicht.

Jan hatte es für seine Pflicht gehalten, in der heiklen Anfangsphase zur Stelle zu sein und so lange zu bleiben, bis das Projekt gut angelaufen war. Anschließend musste er eine Reihe von Vorträgen halten, die er nicht mehr absagen konnte, in Deutschland, Luxemburg und Großbritannien. Er stand jedoch mit Pamela und Christian in ständiger Verbindung, sie informierten ihn über ihre Fortschritte. Die Entdeckungen, über die sie berichteten, raubten ihm den Schlaf, weil sie Dinge sahen, die er nicht sehen konnte.

Das alles passierte über Leos Kopf hinweg, die ihre Ungeduld hinter einer abwesenden Miene verbarg. Was jetzt zählte, war ihre Abschlussarbeit. Sie war in solchen Dingen konsequent. Ihre Recherchen nahmen viel Zeit in Anspruch. Leo sammelte Informationen: Medienberichte, TV-Aufzeichnungen, alle möglichen Blogger-Beiträge. Sie hatte diese Seite an sich, dass sie ganz im Sinn ihres Vaters »eines nach dem anderen« dachte. Das Wesentliche im Auge behalten, Allegorien misstrauen und sich auf Fakten konzentrieren. Keine Spekulationen, nur mathematische Evidenzen. Und inzwischen wurden auf dem Fundort laufend neue Entdeckungen gemacht. Vielleicht mehr und in schnellerer Abfolge als je zuvor, meinte Jan. Leo biss die Zähne zusammen. Es kam für sie nicht infrage, sich mit etwas anderem zu befassen. Es dauerte eine ganze Weile, aber endlich hatte sie es geschafft und konnte ihre Arbeit abschließen und einreichen. Jetzt sollte nicht mehr viel passieren.

Zur Feier des Tages lud sie ihr Vater zum Essen ein. Er hatte einen Tisch in einem Restaurant in den Weinbergen von Vevey reserviert. Draußen schien prall die Julisonne, aber im Restaurant herrschte ein schwacher Durchzug, und es war angenehm kühl. Leo war außerstande, einen Wunsch zu äußern, und Jan bestellte für beide Fischfilets aus dem Genfer See mit Silberzwiebeln und

Thymianöl. Außerdem hatte er eine Überraschung für sie, die er in seinem Smartphone gespeichert hatte.

»Da, sieh dir das mal an!«

Leo sah zunächst Steinhaufen, die mauerartig langgestreckt einen Hügel überzogen. In einem dieser Steinhaufen befand sich ein großer Pfeiler. Er war ohne Zweifel von Menschenhand gemeißelt und zeigte ein Kopfstück in Form eines T. Und wie Leo mit zunehmendem Staunen entdeckte, waren Bruchstücke solcher Pfeiler überall in den Steinmauern sichtbar.

Leo hob die Augen.

»Was ist das? Eine Tempelanlage?«

»Wir können es noch nicht sagen. Zunächst müssen wir jeden Stein nummerieren und ihn danach in einer Planzeichnung eintragen, damit wir die Ruinen überblicken können.«

Leo ließ die Aufnahmen vorbeiziehen. Plötzlich stockte ihr der Atem. Was sie jetzt sah, waren seltsame Reliefdarstellungen. Tierköpfe, zumeist Widder, Hirsche und Wildschweine. Eine Skulptur aus Kalkstein zeigte ein Zähne fletschendes Raubtier, vermutlich einen Wolf. Und gleich daneben stand eine seltsame Kreatur, ein Vogel mit menschlichem Kopf.

Leo hatte viel Selbstbeherrschung. Ihre Stimme klang nicht viel anders als sonst.

»Wie alt sind diese Skulpturen?«

»Offenbar aus der Zeit des Neolithikums, ungefähr 10 000 Jahre vor Christus. Ihre Geschichte gehört daher zu einer anderen, viel älteren Welt, von der wir kaum etwas wissen. Und was uns zunehmend beschäftigt, ist, dass in diesem quadratischen Gebäude noch mehr Pfeiler eingemauert sind, alle mit Skulpturen dieser merkwürdigen Wesen bedeckt, mit menschlichem Kopf und vogelartigem Körper – Vogelmenschen eben.«

Leo blinzelte. Ihr Magen zog sich plötzlich zusammen.

»Gibt es eine Erklärung hierfür?«

»Nun, diese Indizien finden wir im gesamten vorderasiatischen Frühneolithikum. Fast immer tragen die Vögel zwischen ihren Schwingen eine Kugel, offenbar einen menschlichen Schädel. Zweifellos erfüllten sie im Bewusstsein der Menschen eine wichtige Aufgabe. Sie trugen die Seelen der Verstorbenen in die Welt der Wiedergeburt, bis hin zu jenem Ort, an dem die Luft dünn wird und die Straße der Geister beginnt. Der Gedanke ist völlig logisch. Schließlich ist es den Vögeln von Natur aus möglich, eine Sphäre zu erreichen, die dem Menschen unzugänglich ist.«

Leo brachte plötzlich kein Bissen mehr hinunter. Sie wusste, dass sie anders war, hatte es schon immer gewusst. Und trotzdem war sie stets bestrebt gewesen, alles fest einzuordnen und zu kontrollieren. Sie wollte nicht, dass ihre Welt in Stücke zerbarst. Jetzt war es schon zu spät. Was sie befürchtete, war eingetroffen. Vor ihren inneren Augen öffnete sich eine größere Welt, und sie stand auf der Schwelle. Was hatte ihre Großmutter erzählt? Etwas in Zusammenhang mit ihrer Abstammung. Sie hielt den Blick auf das Steinrelief gerichtet, sah Vogelgestalten, die sich mit kräftigem Flügelschlag aufwärts schwangen. Vorbeiziehende Geister, als Vögel verkleidet. In Leos Gehörgängen entstand ein seltsames Geräusch, Woge um Woge wie das an- und abschwellende Rauschen in einer Muschel. Durch das Rauschen vernahm sie Stimmen, die aus dem Nichts kamen.

»Wir stehen auf, wir stehen auf«, flüsterten die Stimmen.

Irgendwo zwischen diesen Stimmen hörte Leo eine andere Stimme, vertraut und etwas besorgt, die sie in die Wirklichkeit zurückholte.

»Fühlst du dich nicht gut?«, fragte Jan.

Sie schüttelte leicht den Kopf.

»Nein, nein. Alles in Ordnung.«

»Dein Essen wird kalt.«

Er streckte die Hand über den Tisch aus. Sie sollte ihm sein Smartphone zurückgeben.

Sie tat es, griff tastend nach Messer und Gabel.

»Wenn es kein Tempel ist, was ist es denn?«, fragte sie.

»Das können wir nicht aufs Geratewohl sagen. Wir wissen nur, dass diese Anlage zu den ältesten freistehenden Steinbauten der Welt gehört. Wir haben ja erst kürzlich mit den Ausgrabungen begonnen, aber eines ist sicher: Dieser Ort wird einen besonderen Platz in der Forschungsgeschichte einnehmen. Göbekli Tepe steht vermutlich am Anfang der menschlichen Geschichte, ein Embryo von Zivilisation, die sich im Laufe von Jahrtausenden zu einer Hochkultur entwickelte. Offenbar kam irgendwann eine Zeit, in der das Gehirn unserer unbekannten Vorfahren unser gegenwärtiges Niveau erreicht, wenn nicht sogar überflügelt hatte. So wie es scheint, verfügten sie über phänomenale Kenntnisse in Städteplanung, Bautechnik, Metallurgie und Astronomie. Aber diese Zeitepoche ist für uns voller Rätsel. Als Forscher bewege ich mich durch ein Umfeld, das mir nicht nur durch reichliche archäologische Funde vermittelt wird, sondern auch durch überlieferte Zeichen, Symbole und Bilder. Alles in optima forma. Trotzdem bleiben verstörende Fragen unbeantwortet. Zum Beispiel: Wohin führten die breiten gepflasterten Straßen unter den Gewässern der Bahamas? Wer erbaute die kolossale Pyramide, das sogenannte »Yonaguni-Monument«, in 30 m Tiefe vor der japanischen Küste? Forscher setzen sich gerne aufs hohe Ross, fordern wissenschaftliche Beweise. Das führt zu substanzlosen Kontroversen. Ich persönlich halte nach wie vor die Berichte von Platon für glaubhaft, nach denen etwa 8000 Jahre vor unserer Zeitrechnung ein Komet von seiner Bahn abkam und durch die Hochatmosphäre in Erdnähe explodierte. Die weltweiten Schäden müssen enorm gewesen sein. Die Erdachse schwankte, die Pole verschoben sich. Und alles, von dem wir heute Kenntnis haben, erfolgte nach diesem Desaster.«

»Aber das, was vorher war, haben wir vergessen«, warf Leo ein. »Das meinst du doch, oder?«

»Ja, und leider hat die Wissenschaft Scheuklappen. Die Vorurteile gewisser Kollegen sind unvermeidlich. Sie akzeptieren höchstens, dass man die Religion befragt, weil diese sich von einer Generation auf die nächste überträgt und nie von ihren Postulaten abweicht. Aber Religionen schmecken nach Moralsauce. Die Sintflut? Eine Strafe Gottes? Da ist mir die Mythologie lieber, obwohl etliche Symbole recht kompliziert zu entziffern sind. Göbekli Tepe könnte uns vielleicht weiterhelfen. Wenn wir versuchen, möglichst viel Material einzubeziehen und die Bildbotschaften zu verstehen, uns jedoch darauf einstellen, dass klare und einfache Antworten im Moment nicht zu erwarten sind.«

»Und dass du lieber bei Platon bleibst.«

»Auf jeden Fall. Der Mann erzählt keinen Stuss, auch wenn er letzten Endes in die Belehrung abdriftet. Womöglich verschwinden auch wir eines Tages, und die Forscher der Zukunft werden darüber sinnieren, ob es uns wirklich mal gegeben hat.«

»Vielleicht sind wir gar nicht so wichtig«, sagte Leo.

11

DER SCHÖNSTE PRINZ
DER WELT

Sobald sich Katja – zu ihrem eigenen Vergnügen – an ihren Steinway setzte, lauschte Leo ergriffen den Klängen. Ihr war, als ob die Melodien durch Luftschichten schwebten, sie emportrugen wie auf Vogelschwingen, in eine wunderbare Welt aus Farben und Musik entführten.

Leo konnte nicht einmal Noten lesen. Das amüsierte Katja sehr. »Wie langweilig, würden alle das Gleiche machen!« Dafür liebte ihre Katze Bijou die Musik. Sie strich auf dem Flügel hin und her, legte sich manchmal sogar auf die Tasten. Katja spielte sanft; die Katze schien das leichte Vibrieren zu genießen und schnurrte vor Behagen. Es kam vor, dass Katja behutsam ihre Pfötchen nahm und auf die Tasten drückte. Dann war es, als ob Bijou ihre volle Aufmerksamkeit auf die Entstehung der Töne konzentrierte und ihre Pfötchen bewusst und ohne Fehler auf die Tasten legte.

Leo war fasziniert.

»Sie macht ja richtig Musik!«

»Kein Wunder, ich habe sie ja unterrichtet«, sagte Katja. »Sie ist hochtalentiert. Hast du das noch nie bemerkt?«

Sie hatte Leo oft von Hugo Cloud Singer Walker erzählt, mit dem sie 37 Jahre verheiratet gewesen war. Leo konnte sich noch an ihn erinnern: ein attraktiver Mann, straff und hochgewachsen, mit einem verwegenen Gesicht wie ein Filmpirat. Und gleichwohl konnte sich Leo nicht entsinnen, dass er jemals die Stimme erhoben oder Ungeduld gezeigt hätte. Er war stets gleichbleibend sanftmütig, mit einem melancholischen Ausdruck in den Augen. Vielleicht, dachte Leo manchmal, hatte er im Grunde recht mit seinem ruhigen, versöhnlichen Wesen, das ihm gestattete, in einer brutalen Welt in Frieden zu leben. Katja konnte das nicht und bekam eine Stinkwut, als sie erfuhr, was man ihm angetan hatte.

Folgendes war passiert: Als Katja 1983 in New York auftrat, hatte sie ein Schreiben von einer gewissen Melania Walker erhalten mit der Bitte, ein einziges Konzert im Bundesstaat Dakota zu geben, in einem Sioux-Reservat. Sie erfuhr, dass Melania Walker nach alter Tradition eine Klan-Mutter war, eine Frau, die im »Rat der Alten« eine wichtige Stellung einnahm. Melania liebte klassische Musik; als Schulkind hatte sie Geige gespielt, ihr Talent aber nicht entwickeln können. Und jetzt war es eines ihrer Ziele, den Bewohnern des Reservats, die Tag für Tag meist nur Folk-und Country-Musik in den Ohren hatten, das klassische Repertoire näherzubringen. Die angebotene Gage stand in keinem Vergleich zu dem Honorar, dass Katja für ihre üblichen Gastspiele einkassierte. Aber nicht nur, dass Katja die Einladung annahm, sie wies auch jede Gage zurück.

Melania war eine imposante Frau mit einem wundervollen Gesicht und dem Auftreten einer geborenen Fürstin. Sie führte Katja in den großen, mit Holz verkleideten Versammlungssaal. Auf einer Art Bühne stand ein altes Klavier, das zuerst gestimmt werden musste. Katja hatte ein paar Stunden, fluchend und brummelnd, damit verbracht. Immerhin war die Akustik gut. Inzwischen saß eine Gruppe von Indianern, darunter auch Kinder, in respektvoller Entfernung; sie rührten sich um keinen Zentimeter, weil die abgenutzten Bänke bei jeder Bewegung knarrten und niemand die Pianistin stören wollte. Keiner von ihnen sprach ein Wort.

»Wie wurdest du aufgenommen?«, hatte Leo wissen wollen.

»Man hatte mir einige sehr unterschiedliche Storys erzählt. Ich war auf alles gefasst. Nun, die Sioux sind instinktiv gastfreundlich. Aber gleichzeitig auch sachbezogen und sehr kategorisch. Und trotz ihrer Armut ausgesprochen hochmütig, um nicht zu sagen versnobt. Mögen sie dich nicht, geben sie dir zu essen – das ist Tradition – und setzen dich anschließend vor die Tür. So richtig beleidigend. Kein Wunder, waren sie doch jahrhundertelang unbesiegbar! Sie haben mit Pfeil und Bogen, Lanzen und Beilen gegen Gewehre gekämpft und die Bleichgesichter das Fürchten gelehrt! Einfach großartig.«

Ihre Großmutter hatte diese Geschichte schon oft erzählt, doch das spielte für Leo keine Rolle. Sie erzählte sie immer wieder, wobei sie stets die eine oder andere Bemerkung hinzufügte.

»Melania und ich mochten uns auf den ersten Blick. Es war wie ein Wieder-Erkennen«, setzte Katja hinzu. Und sie hatte das nicht grundlos zur Sprache gebracht, wie Leo später erfahren sollte.

Zu ihrem Konzert erschienen sämtliche Dorfbewohner: Frauen und Männer, Schulkinder und zwei Herren im Rollstuhl, Veteranen aus dem Irak-Krieg, die ihr Leben für die Weißen aufs Spiel gesetzt hatten und gerade noch so viel Pension erhielten, dass sie von der Hand in den Mund leben konnten. Einige Mütter hatten ihre Kleinkinder mitgebracht. Es gab kaum Platz für alle. All jene, die zu spät kamen, mussten stehen. Es herrschte ehrfürchtige Stille. Einige Leute waren sogar mit ihrem Hund gekommen; die Sioux lieben ihre Hunde und wollen sie immer dabeihaben. Zum Glück blieben sie friedlich unter den Bänken liegen.

»Ich erzählte ihnen«, sagte Katja »dass der tschechische Komponist Antonín Dvořák 1892 den nordamerikanischen Kontinent bereist und Eindrücke gesammelt hatte. Wieder daheim, schrieb er seine legendäre Symphonie ›Aus der Neuen Welt‹ und widmete das berührende Glanzstück dieser Symphonie, das ›Largo‹ den amerikanischen Ur-Einwohnern.«

Katja räusperte sich. »Und keiner kann das Largo hören, ohne in seinem Herzen ergriffen zu sein«, fuhr sie fort. »Es ist wohl eines der wunderbarsten Musikstücke, die jemals komponiert wurden. Ich fragte in die Runde, ob sie das gewusst hätten. Allgemeines Kopfschütteln war die Antwort. Nein, sie wussten es nicht.«

Katja spielte zwei Stunden lang. Schumann, Scarlatti, Brahms. Und natürlich auch Dvořák. Später erzählte sie, es sei das eindrucksvollste Konzert gewesen, das sie jemals gegeben hatte. Und dass an jenem Abend unter den Zuhörern auch Hugo Cloud Singer Walker war, ein Neffe von Melania. Ihm brauchte Katja die klassische Musik nicht vertraut zu machen. Hugo hatte in Vancouver die Musikhochschule besucht, war ausgebildeter Tenor und vegetierte im Reservat, weil er nirgendwo ein Engagement bekam. Kein amerikanischer Impresario wollte das Risiko eingehen, einen Ur-Einwohner, der den Namen Cloud Singer trug, aber Puccini und Verdi wie ein Italiener sang, auf die Bühne zu bringen. Katja durfte man mit so was nicht kommen. Sie verliebte sich Hals über Kopf in den schönen Indianer, war von seiner Stimme überwältigt und wurde fuchsteufelswild, dass man ihm seiner Herkunft wegen keine Chance geben wollte. Und sie sah allerlei Dinge, die sie nicht sehen wollte. Wurde Hugo gedemütigt, vergaß sie für zehn Minuten, dass sie eigentlich eine Lady war. Einmal verpasste sie sogar einem Idioten ein hässliches Veilchen. Sie bezahlte Hugo die Reise nach Europa und stellte ihn ihrem eigenen Impresario vor. Bereits nach einem halben Jahr machte er auf allen Bühnen Europas Furore.

»In Milano trat er mit der jungen Cecilia Bartoli in Turandot auf«, erzählte Katja. »Er sang den Prinzen Calaf. Es gab keinen schöneren Prinzen als ihn, mit seinem Haar, dunkel wie Blaubeeren, und seiner unvergleichlichen Stimme. Das Publikum raste vor Begeisterung. Als der Vorhang fiel, umarmte und küsste ihn die Bartoli, die ja nicht gerade für ihr entgegenkommendes Wesen bekannt war. Sogar die italienischen Kritiker lobten ihn, und das will etwas heißen! Ich bewachte ihn mit Argusaugen. Die anderen Frauen, nicht wahr? Aber er schaute sie nicht einmal an. Er liebte nur mich.«

In Katjas Wohnung war kein einziges Bild von ihm zu finden. Sie sagte:

»Ich trage sein Bild in meinem Herzen. Er ist immer da und wird mich nie verlassen.«

12
FLUG DURCH DIE WOLKEN

Katjas unwahrscheinliche Geschichte, die zugleich die Geschichte ihrer eigenen Herkunft war, ging Leo nicht aus dem Sinn. Und sie hatte beschlossen, mehr darüber in Erfahrung zu bringen. Sie wollte diese geheimnisumwitterte Familienchronik tiefer ergründen. Alles in allem erzählte Katja ja immer das Gleiche, allerdings erzählte sie es jedes Mal anders, fügte Einzelheiten hinzu, ließ andere weg, machte aber nie Zugeständnisse, wenn Leo ihre Worte in Zweifel zog. Es war nicht die Sprache, die sie verband, sondern das, was aus dem verborgenen Winkel ihres Wesens kam. Ein seltsames Glücksgefühl, die Erkenntnis ihres gemeinsamen Blutes, pulsierte in ihrem Bewusstsein. Manchmal schloss Katja die Augen und schien zu dösen, aber man hatte nicht das Gefühl, dass sie wirklich schlief. Sie war in einer anderen Welt, zu der Leo noch keinen Zugang hatte.

Das geht nicht so weiter, dachte Leo ungeduldig. Ich will jetzt endlich mal klarsehen! Denn was letzthin passiert war, hatte sie zutiefst verstört.

Keine junge Frau will den Eindruck erwecken, dass sie eine Macke hat. Das ist sehr uncool, das macht man nicht. Nicht während einer Vorlesung, nicht auf einer Party und nicht beim Sport. Und gerade bei dieser unpassenden Gelegenheit hatte Leo es vor Kurzem erlebt. Obendrein war sie alleine zu Hause. Der Zufall wollte es, dass Jan sich für drei Tage in Sils Maria aufhielt, wo er an einem Kolloquium über die Geschichte der Alpenpässe teilnahm.

Schon als Schulmädchen hatte Leo mit Leidenschaft Volleyball gespielt. Ihre Körpergröße, ihre kraftvolle Technik und ihre elastischen Sprünge machten sie zu einer gefürchteten Gegnerin. Sie spielte bereits in der 2. Liga und trainierte in der Halle, als sie aus irgendeinem Grund das Gleichgewicht verlor und stürzte. Ihr Hinterkopf traf mit voller Wucht den Betonboden. Sie sah ein Bündel Blitze, und die Welt wurde schwarz.

Die Ambulanz brachte sie in die Notfallaufnahme. Als Leo zwei Stunden später zu sich kam, wusste sie nicht, wo sie war. An den Aufprall erinnerte sie sich kaum. Aber sie erinnerte sich an das Hupen der Ambulanz, fühlte, wie man sie auf einer Bahre festschnallte. Dann fuhr die Ambulanz los. Leo sah die Gebäude, an denen der Wagen vorbeiflitzte. Nur die oberen Stockwerke und die Dächer, die man ja sonst nie beachtet. Und sie selbst flog in geringer Höhe über der Ambulanz und beobachtete alles sehr genau. Wer war sie eigentlich? Das verletzte Mädchen auf der Bahre oder ein mitfliegender Vogel? Aber ein Vogel hat Flügel, sie nicht. Leo entsann sich gut, dass sie erfolglos versuchte, die Arme zu bewegen. Auf diese Weise begleitete sie sich selbst und sah alle Dinge gestochen scharf. Aber wie war das möglich? Sie war doch bewusstlos! Später erzählte man ihr, dass man sie festhalten musste, damit sie nicht von der Bahre fiel. Sie empfand nicht den geringsten Schmerz, sie hielt einfach nicht still. »Lasst mich los!«, murmelte sie immer wieder. »Ich will fliegen!« In der Klinik wurde ein Elektroenzephalogramm erstellt, um ihre Gehirnaktivität zu untersuchen. Man gab ihr eine Beruhigungsspritze. Leo schlummerte vor sich hin, träumte, dass sie durch die Wolken flog, und nahm kaum mehr Notiz von dem, was man mit ihr machte. Als sie endlich zu sich kam, hatte sie entsetzliche Kopfschmerzen. Ihre

Sicht war verschwommen. Und wie sie später erzählte, musste sie sich mehrmals übergeben. Man wechselte die Bettwäsche und gab ihr eine Beruhigungsspritze. Sie schlief ein, erwachte erst am nächsten Morgen und fühlte sich – tatsächlich – wieder gut. Ein Schädeltrauma, sagte die Neurologin. Doch Leo hatte Glück gehabt. Es würden keine Nachwirkungen eintreten, und sie würde bald wieder auf dem Damm sein.

Die Neurologin, eine kompetente, aufgeschlossene Frau, erzählte ihr, sie hätte eine sogenannte »Dissoziation« erlebt.

»Was ist das?«

»Ein Zustand, den wir aus der Trauma-Therapie gut kennen. Bei akuten Stresssituationen löst sich das, was wir Geist nennen – und religiös geprägte Menschen die Seele – vor lauter Angst aus dem Körper. Die Seele gibt den Körper also auf. Egal, was jetzt mit ihm passiert, sie geht das alles nichts mehr an! Bemerkenswert ist, dass dieser Zustand bisweilen auch bei Tieren auftritt. Sie fallen wie tot um, erwachen aber später wieder. Zu Dissoziationen kam es früher auch bei Operationen, wenn der Patient nur mit Chloroform betäubt wurde und die Schmerzen unerträglich waren. Heute gibt es zum Glück wirkungsvollere Betäubungsmittel.«

Es war immerhin eine Erklärung. Leo hörte zu in ihrer abwesenden Art, wobei ihr kein Wort entging.

»Wird mir das nochmals passieren?«

»Das kann ich nicht sagen«, erwiderte die Ärztin. »Haben Sie einen Wagen?«

»Noch nicht. Aber ich habe schon meinen Führerschein.«

»Sie sollten sich nicht ans Steuer setzen.«

»Aber ich will doch ein Auto haben!«

»Stellen Sie sich vor, Sie bauen einen Unfall. Ob die Versicherung zahlt, bleibt dahingestellt.«

Leo starrte sie betroffen an. Sie fühlte sich unbehaglich. Eine Veränderung war in ihr vorgegangen. Eine tiefe Veränderung sogar, wie sie sich eingestehen musste, und was sollte sie mit dieser Tatsache anfangen? Gut, Großmutter hatte ihr die Sache erklärt, aber Leos Verstand wehrte sich noch dagegen. Sie war von etwas Elementarem eingeholt worden, schattenhaft und dennoch genau definiert, ein urzeitliches Geheimnis. Sie riskierte zusehends, die Kontrolle über ganz alltägliche Dinge zu verlieren. Der Zustand ging ihr enorm auf die Nerven. Sie widerstand zum Glück der Versuchung, die Gekränkte zu spielen und sich selbst zu bemitleiden. Aber jetzt quälte sie sich mit etwas Unbekanntem, das stärker war als sie und schleichend von ihr Besitz ergriffen hatte. Etwas Fremdes, Subtiles, keineswegs Bösartiges, zum Glück. Notgedrungen ein Trost. Doch ihr Leben würde nie mehr so sein, wie es vorher gewesen war. Sie konnte nicht darüber hinwegsehen.

Leo blieb zwei Tage zur Beobachtung im Krankenhaus. Dann schickte man sie nach Hause. Jan hatte angerufen, dass er auf dem Weg nach Clarens war, aber in Luzern übernachten würde. Leo erzählte, was sich zugetragen hatte.

»Nichts Schlimmes passiert?«

Es nützt ja nichts, wenn ich ihm das alles brühwarm erzähle, dachte Leo. Er wird sich nur aufregen. Und er sollte sich vorerst mal auf die Straße konzentrieren.«

»Nein, eigentlich nicht.«

Jan war erleichtert und zeigte es auf seine eigene Art.

»Dein Fehler, wenn du wie eine Irre einem Ball nachspringst.«

»Papa, du bist ein Sportmuffel.«

Leo war ziemlich müde und ging früh zu Bett. Sie vermeinte, gut geschlafen zu haben, aber beim Aufwachen sah sie, was sie in der Nacht angerichtet hatte, und war zutiefst erschrocken. Nach der dritten Tasse Kaffee konnte sie wieder klar denken. Sie musste unbedingt mit Großmutter sprechen. Nach dem, was sie erlebt hatte, brauchte sie jetzt eine Erklärung. Sie trank bedächtig ihren Kaffee aus, bevor sie Katjas Nummer wählte.

»Großmutter, kann ich vorbeikommen? Mir sind seltsame Dinge passiert.«

»Was verstehst du unter seltsam?«

»Na ja … ich würde sie dir gerne erzählen.«

»Also gut, komm um elf. Aber ich habe nicht so lange Zeit für dich. Um halb eins bin ich zum Essen eingeladen.«

13

SIE FERTIGT NACHTS EINE MASKE AN

Bis zur Großmutter waren es etwa 15 Minuten zu Fuß. Leo fühlte sich noch etwas wackelig auf den Beinen, doch die frische Luft tat ihr gut, und bald festigte sich ihr Schritt. Sie stieg etwas unsicher, aber zielstrebig die drei Stockwerke empor. Einen Aufzug gab es ja ohnehin nicht. Katja stand bereits an der Tür. Sie hatte Leo vom Fenster aus gesehen.

»So, da bist du ja. Grundsätzlich wird keine Schokolade um diese Zeit getrunken. Aber ich habe trotzdem eine gemacht.«

Leo ließ sich auf das alte Sofa fallen und schob ein Kissen hinter ihren Rücken. Das Treppenhaus war zu viel für sie gewesen. Sie war in Schweiß gebadet, und ihre Beine zitterten. Während sie die Katze kraulte, füllte Katja Leos Tasse, gab einen dicken Klacks Schlagsahne hinzu. Leo pustete in das heiße Getränk, bevor sie einen tiefen Schluck nahm und wohlig seufzte.

»Kalorien, die brauche ich jetzt!«

»Schokolade ist keine Süßigkeit«, sagte Katja in belehrendem Tonfall. »Schokolade ist ein Heilmittel! Das wussten bereits die Azteken. Sie waren es auch, die der Kakaobohne den Namen ›Xocolatl‹ gaben.«

Sie lehnte sich zurück.

»Nun? Was ist passiert!«

Leo stellte behutsam ihre Tasse auf das elegante Chippendale-

Tischchen und erzählte von ihrem Sturz in der Turnhalle und von ihrem sonderbaren Zustand im Krankenwagen, den die Neurologin als »Dissoziation« bezeichnet hatte. Dabei fühlte sie sich recht interessant und war ziemlich enttäuscht, als Katja es auf die leichte Schulter nahm.

»Ach, das wird noch öfter vorkommen. Mach aus einer Mücke keinen Elefanten. Ist das neu, oder hast du das schon früher erlebt?«

»In letzter Zeit wird mir oft übel. Ich habe einen komischen Geschmack im Mund, und mein Kopf fühlt sich irgendwie kalt an. Ich sehe blaue Tropfen vor den Augen oder auch einen großen gelben Schatten.«

Katja nickte.

»Man nennt das eine Aura.«

»Und ich sehe Bilder. Früher zwar auch schon, aber nur verwischt. Neuerdings habe ich jedoch oft das Gefühl, dass die Bilder lebendig werden wie im Kino. Und dass ich mittendrin bin. Ich habe keine Ahnung, was mit mir los ist. Und obendrein sagte mir die Ärztin, ich dürfe nicht Auto fahren.«

»Sehr vernünftig.«

»Aber ich habe doch gerade meinen Führerschein gemacht.«

»Aber was, wenn du mitten im Stoßverkehr einen Anfall hast und der Wagen sich dreimal überschlägt?«

»Hattest du nie das gleiche Problem?«

»Ich hatte stets einen Chauffeur!«

»Ich kann mir keinen Chauffeur leisten.«

»Ich konnte mir drei Männer leisten.«

Leo schüttelte irritiert den Kopf.

»Wir reden jetzt von etwas ganz anderem. Nehmen wir mal an, du gibst ein Konzert. Da kannst du doch nicht plötzlich vor dich hindösen!«

»Ich döse nicht vor mich hin. Ich spiele traumhaft schön. Die Musik scheint aus allen Richtungen zu kommen. Ich bin in einem Zustand von höchster Aufmerksamkeit und gleichzeitig ganz entspannt. Ich höre nichts anderes mehr als die Musik und ich spiele, um noch tiefer in die Musik einzudringen, die mir geschenkt wurde und die ich verschenken will.«

Das hörte sich recht lyrisch an, übertrieben auf jeden Fall, um nicht zu sagen kitschig. Aber es entsprach Katjas Mentalität und irgendwie auch der Situation.

»Also gut«, sagte Leo. »Ich lasse es gelten.«

»Du bist ganz schön überheblich, mein Kind. Und immer noch durcheinander.«

»Das dicke Ende kommt erst noch.«

»Ich bin ganz Ohr.«

»Als ich aus dem Krankenhaus kam, war ich ganz alleine in der Wohnung, weil Jan ja noch nicht zu Hause war. In der ersten Nacht habe ich gut geschlafen. Und dann – in der Nacht von gestern auf heute – habe ich etwas ganz Absurdes gemacht. Die Sache lässt mir keine Ruhe. Ich bin mitten in der Nacht aufgestanden. Wie eine Schlafwandlerin, verstehst du?«

»Und was hast du mitten in der Nacht angestellt?«

»Ich habe eine Maske geformt. Und habe auf einmal registriert, dass es der Kopf eines Vogels war. Ich weiß nicht warum. Es kam einfach so.«

»Spannend ist das Mindeste, was ich dazu sagen kann.«

»Als der Kopf fertig war, habe ich ihn schwarz und weiß bemalt, mit einem gebogenen gelben Schnabel. Der Schnabel hat mir viel Mühe bereitet. Damit er nicht schief hängt, wenn ich die Maske vors Gesicht ziehe, verstehst du?«

»Das würde allerdings komisch aussehen.«

»Ich habe die Maske mit elastischen Bändern versehen, sie gut hinter den Ohren festgezogen und mich vor den Spiegel gestellt. Ich kam mir vor wie in der Fasnacht.

Und auf einmal bin ich wachgeworden. Draußen war es schon

hell. Und ich hatte das ja alles nur geträumt. Ich musste pinkeln und ging ins Badezimmer. Und weißt du was, Großmutter? Als ich zurückkam, sah ich auf meinem Schreibtisch die größte Unordnung, Papierfetzen, Farbtöpfe, Schere, Pinsel. Überall waren Farbkleckse, sogar auf dem Boden. Und die Maske lag da, mitten auf dem Tisch. Ich hatte sie tatsächlich in der Nacht angefertigt. Und nichts davon gemerkt. Stell dir das mal vor! Ich hatte Herzklopfen vor Panik.«

»Kann ich mir vorstellen. Die Maske ist Sitz und Realsymbol der Gottheit. Nimm es gelassen. Wir bewegen uns hier in jenen archaischen Denk- und Erlebnisformen, wo das Sinnbild identisch ist mit dem Bezeichneten. Die Maske ist nicht Instrument der Verhüllung, sondern der Offenbarung.«

Was redete sie sich da eigentlich zusammen?, schoss es Leo durch den Kopf, die sich allmählich überfordert fühlte.

»Verstehst du, was ich meine?«, hakte ihre Großmutter eindringlich nach.

»Kein einziges Wort!«

»Ja, dann streng dich mal an.« Katja wedelte ungeduldig mit der Hand. »Und was geschah danach?«

»Nichts. Nur, dass ich nicht mehr schlafen konnte. Ich habe eine Dusche genommen und die Kaffeemaschine angestellt. Nach dem Frühstück fühlte ich mich dann wieder mehr oder weniger normal.«

»Ja, und die Maske?«

»Warte. Ich habe sie mitgebracht.«

Leo hatte die Maske in ein Leinensäckchen eingewickelt, das sie behutsam aus ihrem Rucksack zog und der alten Dame überreichte. Mit geschickten Fingern befreite Katja die Maske aus ihrer Verpackung und betrachtete sie eingehend, wobei sie Leos Arbeit leicht hin und her drehte. Am Ende nickte sie ihr freundlich zu.

»Hübsch. Und als du die Maske getragen hast, was hattest du für ein Gefühl?« Leo lachte verlegen.

»Im Traum? Da fühlte es sich irgendwie … großartig an! Aber hinterher, dann …«

»Mach dir deswegen keine Gedanken. Du musst nur aufpassen, dass du die Maske sorgfältig aufbewahrst. Am besten eignet sich der Bezug eines kleinen Sofakissens. Und den Schnabel solltest du besser verkleben.«

»Das ist ein Geier, nicht wahr?«

»Wundert dich das?«

Leo schüttelte den Kopf.

»Kenan, der junge Mann, den ich im Britisch Museum getroffen habe, hat ja auch einen gemalt.«

»Geier sind eindrucksvolle Vögel«, sagte Katja. »Du weißt ja, dass sie einst bei den Sterberiten eine wesentliche Funktion ausübten.«

»Das habe ich Kenan erzählt.«

»Aber Geier konnte man auch gegen Feinde einsetzen.«

»Wurden sie abgerichtet?«

»Abgerichtet? Geier, die etwas auf sich halten, lassen so was nicht mit sich machen. Geier helfen nur aus Gefälligkeit, und wenn man sie formell darum bittet.«

»Indem man eine solche Maske trägt?«

»Es gibt eine Gebrauchsanweisung.«

Leo seufzte, halb amüsiert, halb beklommen. Wenn Katja so antwortete, wusste man nie, ob sie es ernst meinte oder sich nur mokierte.

»Was nun?« fragte sie. »Soll ich eine Beruhigungstablette nehmen? Die kriege ich in der Apotheke ohne Rezept.«

»Willst du, dass ich mich kaputtlache?«

»Du findest das lustig? Ich nicht. Was mache ich, wenn das wieder vorkommt?«

»Da muss schon ein besonderer Grund vorliegen.«

»Mir fällt keiner ein!«

»Jetzt hör ein für alle Mal gut zu. Sonst geht mir die Geduld aus!«

Katjas Gesicht wirkte auf einmal ernst, fast feierlich. Ihre Wangen waren nach innen gezogen, sodass sie plötzlich ihr wahres Alter zeigte.

»Wie alt bist du wirklich?«, wollte Leo schon fragen. Doch ihre Großmutter ließ sich nie in die Karten blicken. Sie schwieg also, und Katja sprach weiter.

»Heutzutage kann dir jeder Neurologe sagen, wie das funktioniert. Der veränderte Zustand der Gehirnaktivität bewirkt, dass sich auch die Wahrnehmung verändert. Aber das wussten schon die Gelehrten im Altertum. Damals wurden Menschen wie du hoch verehrt. Für das Wort ›Trance‹ verwenden die ägyptischen Hieroglyphen das Zeichen für ›Brotlaib‹, das gleichzeitig das Symbol für eine gute Ernte ist, umrahmt von der Uräusschlange, die das göttliche Wort zu den Menschen leitete. Solche Trance-Zustände nannte man später ›das hohe Leiden‹. Das hört sich doch gut an, oder?«

Leo verzog das Gesicht. »Und soll ich jetzt einen Luftsprung machen?«

»Nur zu. Allerdings hatte die Sache auch Nachteile. Bei den Römern durften solche Männer keiner Legion beitreten. Im Mittelalter wartete mit Ave-Maria der Scheiterhaufen. Und im 18. Jahrhundert die Zwangsjacke. Aber die Gabe, von der wir reden, ist so alt wie die Menschheit selbst. Sie gehört zum raffinierten Mosaik der Evolution. In dieser Beziehung haben wir viel mit den Tieren gemeinsam. Aber die Fledermaus kann hohe Frequenzen hören, was der Mensch nicht kann. Die Katze kann im Dunkel gut sehen, aber tagsüber sieht sie die Welt verschwommen. Und der Hund spricht nicht, aber er spürt unsere Gedanken. Ganz allgemein spüren Tiere eine Gefahr im Voraus.«

»Aha. Wir Menschen sind da eindeutig benachteiligt.«

»Stimmt. Allerdings hat unsere Spezies etwas, was die Tiere nicht haben, und zwar rationale Intelligenz. Aber Intelligenz birgt Risiken. Und ich rede hier nicht von der künstlichen Intelligenz, die kommt erst noch, mit ihrem unvermeidlichen Anteil an Katastrophen. Nein, ich rede hier von unseren natürlichen Sinnesleistungen.«

»Kann man die nicht trainieren? Ich meine, mit ein bisschen Übung …«

»Schwierig, aber nicht unmöglich! Solche Gene machen dich mental stark, aber bis es so weit ist, brauchst du noch viele Kalorien. Auch Jan hat einen Teil davon mitbekommen. Aber ihm fehlt das Unverfälschte, das Naturbelassene. Er ist nicht von unserer Art. Er ist ein sachlicher Typ. Er forscht um des Forschens willen. Und das ist gut so. Er denkt schneller als viele andere. In seinem Kopf entstehen fortlaufend neue Sequenzen, die sich zu weiteren Phasen erweitern. Hugo konnte das auch, weil er Indianer war. Indianer leben nach wie vor in einer Welt der Geister. Man hat versucht, sie zu bekehren. Vergeblich, zum Glück. Sie waren nie richtige Christen. Sie haben nur so getan, damit man sie in Ruhe ließ. Sie waren Vogelmenschen. Sie sind es heute noch. Bei traditionellen Festen schmücken sie sich nach wie vor mit Federkronen. Sie tragen die gleichen Umhänge, mit Federn verflochten, die auch wir einst getragen haben. Und ihre Fächer aus Adlerfedern wippen im Wind. Sie sehen grandios aus. Federn sind für sie die Insignien der Macht, hast du das gewusst? Und Traumbilder gehören zu ihrer inneren Welt. Indianer wissen, dass man sich mit gewissen Übungen in diesen Zustand versetzen kann. Ich erzählte Hugo von den griechischen Feuerläufern, die Ikonen schwenken und auf glühenden Kohlen tanzen. Sie drehen sich zu einem bestimmten Rhythmus im Kreis und verbrennen sich nicht die Füße. Für Hugo Cloud Singer war das nichts Neues. ›Aber das machen wir doch auch!‹, erwiderte er mir. Und was in unserer Familie vorkommt, hat er ohne Erstaunen, dafür aber mit tiefem Respekt zur Kenntnis genommen. Er war eben ein Indianer.«

Leo war immer noch nicht beruhigt.

»Leute wie ich, können die in diesem Zustand Dummheiten machen? Ich meine … was soll Papa von mir denken, wenn ich um Mitternacht mit Klebstoff und Schere hantiere?«

»Er wird dir ein Glas warme Milch bringen. Aber du kannst beruhigt sein. Ich sagte dir ja bereits, Absenzen, wie du sie erlebst hast, sind bei dir eigentlich nicht vorprogrammiert.«

»Und wenn sie trotzdem passieren?«

»Dann hat dir dein Gehirn einen Streich gespielt. Bleib cool. Und bilde dir bloß nicht ein, dass du den Lauf der Dinge beeinflussen kannst. Du wirst handeln müssen, auf die richtige Art und Weise.«

»Wie damals dein Vater?«

»Ja. Er war mutig, großzügig, loyal. Es war für ihn ein Akt des Vorwärtskommens.«

»Und wenn ich nicht will?«

»Du kannst nicht von der Linie abweichen.«

»Warum um Himmels willen habe ich diesen Zustand geerbt?«

»Eben deswegen – weil der Zustand erblich ist. Verflucht noch mal, ich habe dir alles lang und breit erklärt. Und wenn du nicht zuhörst, kann ich dir nicht helfen.«

»Ich habe zugehört. Aber was werden die Leute sagen?«

»Das sollte dir gleichgültig sein. Aber es dürfte ihnen nicht allzu schwer fallen, dich zu mögen. Sie werden auch neugierig sein, aber sie müssen nicht alles wissen. Sei nicht zu mitteilsam, und sie werden dich unwiderstehlich finden … du wirst schon sehen. Mein Gott, Leo, wie könntest du nicht unwiderstehlich sein mit all diesen guten Erbanlagen?«

14

DIE ERSTEN ZEITEN
DIESER WELT

Seit dem Vorfall wusste Leo, dass ihr der Führerschein so gut wie nichts nützen würde. Adieu der Traum vom eigenen Wagen! Dass sie ihr Leben lang auf die die öffentlichen Verkehrsmittel angewiesen sein sollte, war für eine Zwanzigjährige hart zu schlucken. Sie tröstete sich mit dem Gedanken, dass sie im Bereich Klimaschutz und Nachhaltigkeit ein nahezu vorbildliches Verhalten zeigte. Heutzutage verzichteten ja viele junge Leute auf den Führerschein. Zum Glück fuhr sie gerne Fahrrad. Recht gut sogar, um nicht zu sagen waghalsig.

Indessen, sie verstand Großmutters Argumente, und ebenso die von Frau Sanders. So unangenehm das Ganze auch war, fühlte sich Leo gleichwohl erleichtert. Sie hatte sich etwas viel Schlimmeres eingeredet, irgendetwas Konfuses und Unvorstellbares. Bisher gab es in ihrem scharfen Verstand eine Grenze, die normale und nicht normale Ereignisse oder Empfindungen gut voneinander trennte. Damit war vorläufig Schluss. Sie fragte sich nicht mehr, was wahr sein könnte und was nicht, sondern richtete ihr Augenmerk auf das, was noch geschehen würde. Sie erwog alles wohl überlegt im Voraus mit dem Ziel, sich vor Vorfällen abzuschirmen, die ihr nicht geheuer waren. Sie wollte unentwegt bereit sein, man konnte ja nie wissen. Doch nichts Aufregendes geschah. Sie bemerkte erleichtert die langsame Rückkehr ihrer

Aufmerksamkeit und Energie. Und nach einer gewissen Zeit hörte die Sache auf, sie zu bekümmern. Ihre Großmutter hatte ja auch unbeschwert damit leben können.

Gleichwohl kehrten Leos Gedanken immer wieder zu ihrem Geburtstag zurück, als Großmutter ihr das Amulett mit dem Türkis geschenkt hatte. Sie hatte noch keinen Namen für den Stein gefunden, aber Katja hatte ja gesagt, das sei nicht dringend. Zum Glück, denn im Moment hatte sie anderes im Kopf. Was hatte ihr Großmutter an jenem Tag erzählt? Als sie zu reden begann, war Leo die Materie zunächst so vertraut, dass sie glaubte, die Stimme ihres Vaters zu hören. Alt- und Jungsteinzeit, Naturkatastrophen, langfristige Sternenzyklen, Mythologie und Religionen. Allerdings gab es einen erheblichen Unterschied. Für Jan zählten nur die Fakten. In seinen Worten lag immer eine Distanz. Er hätte ebenso gut einen Vortrag in einem Auditorium halten können. Aber Großmutter hatte von alldem ganz anders gesprochen. Leo erinnerte sich, dass es sehr warm in ihrer Wohnung war, weil die Frühlingssonne grell durchs Fenster schien. Zunächst döste Leo vor sich hin, unterdrückte ein paarmal ein Gähnen. Doch während Großmutter sprach, fiel die Schläfrigkeit von ihr ab. Es war, als ob Großmutter die Begebenheiten, die sie schilderte, in ihren Traum-Erinnerungen gesehen hatte. Und sie war noch mitten drin, sie beschrieb, was sie sah. In ihrer Stimme lag etwas, das Leo als völlig fremd empfand, eine Art von vermittelnder Kraft, als ob sie ihre Enkelin dazu zwingen wollte, die Geschichte für bare Münze zu nehmen. Das Ganze überstieg Leos Fassungsvermögen. Sie blickte überhaupt nicht durch. Ihr war, als verstehe sie die Welt nicht mehr.

»Jetzt rede ich«, hatte Großmutter gesagt. »Und falle mir bitte nicht ins Wort, sonst setze ich dich vor die Tür. Also, wer war zuerst da, das Huhn oder das Ei? Irgendwo muss ja die Sache einen Anfang haben. Vielleicht als Forscher in Sibirien eine Höhle entdeckten, ein bisschen in den Ablagerungen kratzten und einige Knochen und Zähne zutage förderten, Überreste eines archaischen, noch unbekannten Menschentyps.

Was damals entdeckt wurde, war nichts von dem, was wir wissen oder ahnen konnten. Wer waren diese Wesen, die es eigentlich nicht geben durfte? Die Natur stellte uns vor ein Rätsel. Gewiss gab es mitunter die eine oder andere fiktionsreife Überlieferung, aber so irrational und vernunftwidrig, dass keiner sie für bare Münze nahm. Und auf einmal fand man heraus, dass die Funde diese Vermutung bestätigten. Dass diese menschlichen Versteinerungen den Kern eines Mythos enthielten, die Spuren einer vitalen Wahrheit. Aber wie hätten wir ahnen können, dass diese Wahrheit krass und markant war und auch dich und mich betraf?«

Ihre Großmutter nahm einen Schluck Wasser. Leo versuchte vergeblich, etwas zu sagen. Katja schnitt ihr gnadenlos das Wort ab.

»Mund halten! Ich habe dich gewarnt! In meinem Alter muss ich mich konzentrieren.«

Sie gab Leo das leere Glas zurück und hüstelte.

»Kurzum, die Forscher gaben diesem Steinzeitvolk den Namen Denisovaner. Für uns klingt das belämmert, aber für sie war die Sache ganz easy. Sie brauchten nicht einmal ihr Gehirn anzustrengen. Unter Forschern ist es üblich, ihre Funde nach dem Ort zu benennen, an dem sie entdeckt wurden. In diesem Fall die Denisova- Höhle im Altai-Gebirge nördlich des Schwarzen Meeres. Die Fossilien stammen aus der Zeit der Jüngeren Dryas, als die halbe Weltkugel noch mit Eismassen bedeckt war. Was sofort auffiel, war ihre Körpergröße. Über zwei Meter, stell dir das mal vor. Vermutlich eine Sache der Genetik. Die Ursache mochte auch eine Explosion von Gammastrahlen sein, ausgelöst durch einen Zusammenprall von Asteroiden in Erdnähe. Solche Gammastrahlen können Veränderungen in der DNA auslösen, also Mutationen. Denkbar war auch eine Verschiebung der Zentrifugalkraft der Erdmasse, die eine positive Beschleunigung nach oben bewirkt, und damit eine stärkere Entwicklung von Skelett und Muskulatur. Ob die Gammastrahlen auch Einfluss auf die Gehirnkapazität nahmen? De facto gab es im oberen Paläolithikum noch keine anderen Wesen mit ähnlicher Intelligenz und vergleichbarem Denkvermögen.

Wie sie aussahen? Ihre Köpfe waren lang und breit, die Nasen extrem lang. Dazu starke Kiefer und vorstehende Zähne. Keineswegs sexy, da muss ich dich enttäuschen. Für die Evolution gab es da noch einiges zu verbessern.

Diese Leute hatten ausreichend Muße gehabt, um viele Jahrtausende lang den Nachthimmel zu beobachten, den Aufgangs- und Untergangspunkt der unglaublich leuchtenden Sterne. Dabei hatten sie, ganz ohne Computerprogramm, eine bewusste Wahrnehmung des Unendlichen erworben. Offenbar benutzten sie den Kreislauf gewisser Sterne als Markierung in einem primitiven Zeitkalender. Ihnen war schon damals klar, dass die Vorgänge am Himmel keineswegs den Launen irgendwelcher Götter entsprachen – die es außerdem ja noch zu erfinden galt.

Aber ihrer menschlichen Natur entsprechend, mussten sie ja etwas verehren. Und folglich verehrten sie die vier Elemente: Luft, Erde, Feuer und Wasser. Und natürlich auch die Tierwelt. Ihre Kultstätten schmückten sie mit geschnitzten Reliefs, die Panther, Eber, Schlangen und Vögel – vornehmlich Geier – darstellten. Sie verfügten bereits über eine präzise Steintechnologie und zeigten dabei einen erstaunlichen Sinn für Proportionen, unserer heutigen Kunst durchaus ebenbürtig.

Es wird vermutet – und jetzt rümpfe gefälligst nicht die Nase –, dass sich die Denisovaner zu Beginn ihrer langen Geschichte mit dem Neandertaler genetisch vermischt haben. Einverstanden, die Neandertaler sahen auch nicht besonders attraktiv aus, eher von der zoologischen Sorte. Doch sie waren keineswegs die Keulen schwingenden Rohlinge, wie man sie in Schulbüchern darstellt. Sie waren sanftmütig, scheu und klug. Sie hatten offenbar schon eine Sprache entwickelt. Sie kannten die heilende oder schädliche Wirkung gewisser Pflanzen, von Blättern und Körnern. Sie kannten auch den Gebrauch von Feuerstein, ernährten sich von Fleisch und waren fähig, ausgeklügelte Jagdtechniken zu entwickeln, am liebsten solche, die sie nicht in Gefahr brachten. Zum Beispiel fingen sie Robben, wenn diese aus dem Wasser stiegen, um Luft zu holen. Die Jäger warteten einfach mit einer Harpune vor ihren Luftlöchern. Die heutigen Eskimos machen es nicht anders.

Und natürlich waren sie auch hin und wieder Kannibalen. Vornehmlich die getöteten Feinde wurden genüsslich verspeist, um sich ihre Kräfte … na ja, einzuverleiben. Und davon zu profitieren wie von Vitaminen. Eigentlich logisch, wenn man sich die Sache überlegt.

Die Neandertaler lebten in engen Familienverbänden. Ihre Kinder blieben bei den Müttern bis zur Pubertät. Sie gingen besonders rücksichtsvoll mit alten Leuten um. Fielen diesen die Zähne aus und erwischten sie nicht rechtzeitig einen Termin beim Zahnarzt, wurde ihnen das Fleisch vorgekaut. Eine Angewohnheit, die man bei Naturvölkern auch heute noch findet. Bei drohender Gefahr allerdings konnte man sich ja nicht mit den Alten belasten. Folglich legte man sie in eine Höhle, versorgte sie pietätvoll mit Nahrung und machte sich schleunigst aus dem Staub. Großpapi ade!

Leider brachte ihnen dieses nette Familienleben wenig Vorteile. Die Evolution hatte keine Verwendung mehr für sie. Das Aus für die Neandertaler! Im Lauf ihrer kurzen gemeinsamen Geschichte hatten sich unsere Ahnen jedoch gewisse Eigenschaften der Neandertaler erworben. Zum Beispiel ihren Sinn für Empathie. Und sie hatten auch von ihren medizinischen Kenntnissen profitiert und diese beachtlich verbessert. Dann, aus iirgendeinem Grund, vielleicht wegen einer Klimaveränderung, verließen sie ihre ursprüngliche Heimat Südsibirien und gingen auf Wanderschaft. Das geschah nach unserer Zeitrechnung etwa 10 000 Jahre vor Chr. In kürzeren oder längeren Zeitabschnitten zogen sie durch den europäischen Kontinent. Sie trafen natürlich auf andere Völker. Und natürlich galten sie als Störenfriede und sahen sich Angriffen, Gefechten und Massakern ausgesetzt. Das Übliche. Aber niemand konnte sie aufhalten. Sie hatten die besseren Waffen. Und offenbar auch die besseren Gehirne.

Denn dort, wo sie hinkamen, geschah konstant etwas Eigenartiges: Die Menschen erlebten einen sprunghaften Fortschritt. Jetzt warte, wenn ich ›sprunghaft‹ sage, meine ich nicht von heute auf morgen. Hier ist von einigen Jahrtausenden die Rede. Aber in diesem Zeitabschnitt war es, als ob die Evolution, die zuvor alles Mögliche – und Unmögliche – ausprobiert hatte, unversehens ihr Ziel erreichte: eine vollständige Leistungsstärke des menschlichen Gehirns. Nur noch etwas Geduld – ein paar Generationen würde ich sagen –, und unsere Gattung brachte den Homo sapiens hervor. Angeblich gibt es diese Spezies noch heute, woran man bisweilen zweifeln kann.

Ist es also unseren Ahnen zu verdanken, dass sich die Menschen zu Beginn des Neolithikums auf einmal so schnell entwickelten? Man darf es vermuten. Einst waren sie Jäger und Sammler, doch inzwischen hatten sie Fähigkeiten entwickelt, die sie an ihre Nachkommen weitergaben. Sie kannten das Spinnrad und wussten, wie man aus Leinen und Flachs Kleider herstellen kann. Sie konnten Metalle schmelzen und bearbeiten. Sie konnten Töpfe und Schalen aus gebranntem Ton herstellen. Und nach und nach wurden sie sesshaft, lebten in Behausungen aus Stein. Sie verehrten die Vögel, die zwischen Himmel und Erde schwebten.

Mensch und Natur stimmten in ihren Augen überein. Der Mensch vermochte die Schöpfung unmittelbar zu verstehen, weil er sich selbst als Teil dieser Schöpfung empfand.

Und bei den Denisovanern waren es die Schamanen, Frauen und Männer, die diese Verbundenheit immer wieder bestätigten. Sie waren Magier, Ärzte, Sterndeuter, Künstler und Wissenschaftler, alles in einem. Diese Geschöpfe waren also ziemlich ›sapiens‹ und hätten mit Plato und Leonardo da Vinci liebenswürdig debattieren können. Sie hatten sich längst von ihren obskuren Ahnen gelöst, verkörperten jedoch nach wie vor etwas Prähistorisches. Sie redeten untereinander in einer Gebärdensprache, ähnlich wie heutzutage die Taubstummen, die keiner verstand. Dazu bogen und verdrehten sie die Finger auf merkwürdige Weise. Sie wirkten gebildet und geheimnisvoll, aber eher sanft. Sie waren immer noch hoch gewachsen, doch ihre Statur hatte sich zunehmend angepasst. Ihre länglichen Gesichtszüge waren nach wie vor fremdartig, aber durchaus harmonisch. Alles in allem wirkten sie recht smart. Es war, als lebten sie in der akuten Erkenntnis ihrer selbst. Kein Wunder, umfasste doch ihr kollektives Unbewusstes den Erfahrungsschatz der ganzen Menschengeschichte bis in die Tiefe des animalischen Substrats. Im Traum und in Gegenwart der Sterne hörten sie die Geräusche von fließendem Wasser, raschelnden Blättern und rauschenden Flügeln im niemals endenden Wind. Sie wagten sich über die Grenzen der Welt hinaus. Zu Beginn der Zeiten gab es keinen Unterschied, Menschen konnten sich in Vögel verwandeln und Vögel in Menschen. In ihren Träumen waren sie Vogelmenschen.

Und eigentlich fürchtete man sich vor ihnen. Sie waren undurchschaubar, weder gut noch böse, sondern ambivalent. Sie lasen die Zukunft in der Handfläche oder aus dem Wurf der Kiesel. Sie zogen mit ihrem Wanderstab Linien in die Erde, und Schlangen krochen diese Linien entlang. Die Schamanen sprachen zu ihnen oder sangen leise uralte Beschwörungsformeln, und die Schlangen rollten sich dicht vor ihren Knien zusammen. Im Laufe vieler tausend Jahre hatten sich die Schamanen das Wissen der Neandertaler zu eigen gemacht und es erheblich verbessert. Aus Pflanzen und Körnern fertigten sie Salben an, die Wunden und Blutergüsse heilten. Sie behandelten Knochenbrüche, indem sie die Fraktur mit Stäben schienten. Bauchschmerzen heilten sie mit verschiedenen Kräuterauszügen. Sie leisteten Geburtshilfe, bei Menschen wie bei Tieren. Sie konnten auch Schmerzen durch Handauflegen lindern. Sie kannten eine Tonerde, die, mit Wasser vermischt, kühlend und heilend wirkte. Sie wussten es noch nicht, aber diese Tonerde entwickelte das ursprüngliche Penicillinum – später als Penizillin bekannt.

Ja, die Schamanen taten viel Gutes. Natürlich kannten sie sich auch mit Giften aus, sonst hätten sie als Heiler nichts getaugt. Und wer ihren Langmut exzessiv strapazierte, dem ließ man keine Zeit, sich zu entschuldigen. Nix da! Der Unglückliche verlor im Nu den Verstand oder war am nächsten Tag tot.

Diese mächtige Magie wurde am meisten gefürchtet.

Darüber hinaus gab es die Sterberiten, die vor vielen tausend Jahren in der Welt verbreitet waren, von Sibirien bis nach Australien. Die vier Elemente Luft, Feuer, Erde und Wasser galten als die Elemente des Lebens. Und das Leben war heilig. Deshalb begrub man die Verstorbenen nicht. Sie wurden auf Pfahlgerüste oder Türme aus Stein – die Türme des Schweigens – gebettet, wo sie nicht verwesten, sondern den Geiern überlassen wurden. Diese kamen ohne Hast, zogen ganz ruhig ihre Kreise. Die Angehörigen standen abseits und sahen zu, wie sich die Geier ihren Teil holten. Das Geschehen prägte sich tief in ihren Herzen ein, und zwischendurch weinten sie. Doch alle kannten das Ritual. Sie wussten, wozu es gut war. Die Geier ließen nur die Gebeine und den Schädel übrig. Der Schädel war Sitz des menschlichen Geistes und wurde respektvoll in einer Urne aufbewahrt. Die Schamanen erklärten den Toten, dass die Heiligen Vögel ihren Geist in den Himmel tragen würden. Sie würden fortan im Zentrum der Milchstraße ruhen, wie der Embryo im Mutterleib, und neue Kräfte sammeln für die Wiedergeburt.

Ja, die ›Luftbestattung‹ war ein zentraler Brauch. Erde und Gewässer wurden nicht verunreinigt, und Seuchen konnten sich nicht ausbreiten. Die Vögel waren Ausdruck des ›Doppelbereiches‹ des menschlichen Geistes, sie waren das in der Tiefe wirkende Leitbild auf dem Weg der Evolution.

Aber die Geier wachten auch über die Lebenden. Das Volk, das ihnen Ehre erwies, konnte sich auf ihren Schutz verlassen. Wenn Krieg herrschte, kamen sie den Menschen zu Hilfe. Aber nicht sofort. Es gab bestimmte Regeln. Zunächst musste ein Geier geopfert werden. Der Vogel wurde eingefangen und musste seine Zustimmung geben, indem er dreimal den Kopf senkte. Sträubte sich der Vogel, wurde er wieder freigelassen. Das Schlachten war den Schamanen vorbehalten, der Geier durfte auf keinen Fall leiden. Die Schamanen rupften dem toten Tier die Federn aus. Anschließend wurde es zu einem heiligen Mahl zubereitet.

»Und die Federn?«, fragte Leo.

»Die wurden an einem Umhang aus ungefärbter Ziegenwolle befestigt. Ein ausgewählter Schamane – Frau oder Mann – kleidete sich in den Umhang und bewegte sich wie ein tanzender Vogel. Somit verwandelte er sich selbst in einen Geier. Man spielte Flöte, schlug die Trommel und tanzte die ganze Nacht, der Ausgewählte immer in der Mitte. Auf diese Weise erwies man den Geiern Respekt: ›Seht, wir sind aus dem gleichen heiligen Geheimnis, einander würdig und im Wesentlichen mächtig!‹ Und damals – in diesen Urzeiten der Menschheit – gab es durchaus eine Verbindung.

Bei Tagesanbruch versammelten sich die Geier, von einem sonderbaren Licht umgeben, und kreisten über den Tanzenden.

Die Schamanen riefen sie an: ›Seit gut zu uns und böse zu unseren Feinden‹, worauf sich die Geier, die ja von oben alles beobachteten, im Sturzflug auf das feindliche Lager warfen. Sie attackierten in großen Schwärmen aus allen vier Himmelsrichtungen, zerfleischten die Feinde oder jagten sie in die Flucht.

Und so lebte der Planet, mit den ersten Menschen und den ersten Tieren, kreiste blau und unversehrt im All, im Glanz des Mondes, im strahlenden Gold der Sonne und in allen Farben der Morgen- und Abenddämmerung.

Diese Welt ging weiter in der dahinfließenden Zeit, entfernte sich von Jahreszeit zu Jahreszeit und kehrte niemals wieder.«

15

DIE VOGELMENSCHEN TRETEN IN ERSCHEINUNG

Leos Großmutter erzählte weiter: »Doch allmählich entstand eine neue Welt.

Man sagt, es sei die Blütezeit der Menschheit gewesen. Man sagt, es sei die erste Welt gewesen und niemals würde ein zweites Mal eine ähnliche Welt entstehen, eine Welt der Schönheit und der Selbstherrlichkeit. Niemals würde ein vergleichbarer Einklang zwischen Menschsein, Kultur und Wissenschaft erreicht werden. Eine wunderbare Zivilisation, der leuchtende Mittelpunkt vollkommener menschlicher Befähigung. Noch Jahrtausende später wirkte ihr Einfluss nachhaltig. Woher hatten die Weisen von Sumer, im Zweistromland, ihre astronomischen Kenntnisse, die sie später an die Assyrer weitergaben? Wer lehrte die Ägypter die heilige Geometrie, nach deren Prinzipien sie ihre Pyramiden bauten? Wir – die Menschen von heute – haben nichts unversucht gelassen, um es zu erfahren. Aber unendlich fern wie die Sterne sind unsere Erinnerungen. Und nur die großen Greifvögel – Adler, Geier, Kondore –, die über die Grenzen der Welt hinausschauen, kennen die Antwort.

Wir aber stellen uns etliche Fragen. Wir sind verunsichert, wer kann es uns verübeln? Wir bezweifeln, dass es dieses goldene Zeitalter je gegeben hat. Und wir denken letzten Endes: Wie kommen wir dazu, an solche Dinge zu glauben? Und in dieser Situation mag es opportun gewesen sein, eine neue Geschichte zu erfinden: die Geschichte, wie die Welt erschaffen wurde und die Menschheit entstand. Und als diese Geschichte erzählt wurde, hörte man ihr respektvoll zu, mit Verehrung sogar, handelte es sich doch um eine Erklärung, die einfach und natürlich und kinderleicht zu verstehen war. Ein kleiner Hauch von Argwohn vielleicht, in unsicheren Zeiten, aber die Herzen nahmen bereits diese Geschichte wahr. Und man kam zu der Überzeugung, dass es alles, was vorher gewesen sein sollte, in Wahrheit nie gegeben hatte. Und diese Ansicht war gut und richtig und rechtfertigte sogar das Unfassbare. Ein Gott – so hieß es – wollte den menschlichen Hochmut strafen, setzte den Himmel in Brand und entfesselte die Weltmeere. Und nach dieser furchtbaren Strafe, als die Erde verwüstet war und es kaum noch Leben gab, versprach dieser Gott seinen Anbetern, es nie wieder zu tun. Und er versprach ihnen darüber hinaus ein wunderbares Land, in dem sie nach ihrem Tod ewig leben würden. Die Menschen fanden diese Versprechen tröstlich. Sogar in ihren Träumen wollten sie niemals mehr sehen, wie Flammen vom Himmel fielen, wie die Ozeane entfesselt wurden, wie die Erde überschwemmt und alles Leben vernichtet wurde. Die Tatsache, sich nie mehr erinnern zu müssen, gab ihnen ihren Frieden zurück.

Und die Vogelmenschen?

Gewiss gab es nur noch wenige von ihnen. Und sie hüteten Kenntnisse, die ohne sie unwiederbringlich verloren wären. Sie hatten die gigantischen Feuer am Himmel erlebt, die brodelnden Wolken und vierzig Tage lang die Riesenwellen. Nach diesem Zeitpunkt senkten sich die Wasser, doch der Himmel blieb ein schwarzer Vorhang, die Erde bestand aus Schneewolken, und die Meere trugen Eisschollen. Die Menschen, die es noch gab, überlebten in Grotten und in Erdlöchern. Kranke und Verletzte starben zu Tausenden. Ihr Blut war blau gefroren. Bevor sie lernten, mit Silex-Steinen ein Feuer zu entfachen, lebten sie vom rohen Fleisch der Tiere, die sie erlegen konnten. Diese Zeitepoche – als Jüngeres Dryas bekannt – war eine Folge des Kometen-Einschlags, der riesige Staubmassen und Schwefelwolken aufwirbelte, die das Sonnenlicht jahrhundertelang verdunkelten. In dieser Zeit wuchsen nur Moose und Nadelbäume. Sie bildeten eine Steppenlandschaft, die sogenannte Tundra. Hier konnten die Menschen überleben und auch jene Tierarten, die sich an die Kälte angepasst hatten. Die ersten Siedlungen entstanden, Handwerker nahmen ihr Gewerbe wieder auf. Zögerlich verbreitete sich eine primitive Zivilisation, die sich im Laufe der Jahre weiterentwickelte.

Die Vogelmenschen sahen den Augenblick gekommen, sich wieder in den Dienst der Kreatur zu stellen. Sie nahmen ihren Stab und machten sich auf den Weg. Sie übten überall ihre Heilkraft aus, ohne Bezahlung, denn das hätte ihnen nicht zur Ehre gereicht. Ganz gleich, ob bei einem Bauer oder einem Fürsten, sie baten lediglich um einen Platz am Herdfeuer und einen Ort zum Schlafen. Das sprach sich schnell herum, und bald waren sie überall willkommen. Wenn sie bisweilen Müdigkeit oder Furcht verspürten, blickten sie nach oben, sahen die breiten Schwingen der Geier kreisen und fühlten sich beschützt.

Zeit verging, und noch mehr Zeit. Und eines Tages sahen die Wanderer einen Bergkamm vor sich, der grün war und nicht braun, und ein fernes Blau am Rande der Steppe, wo das Gras wieder begann zu wachsen.

In der Jungsteinzeit erholten sich die Menschen, erbauten die ersten Städte. Herrscher ergriffen die Macht. Einige zeigten sich weise und milde, aber die meisten waren nur auf ihre eigenen Vorteile bedacht. Sie hoben Soldaten aus, vernichteten ihre Gegner und das Volk der Besiegten noch dazu. Man wollte reinen Tisch machen für einen neuen Anfang. Die Vogelmenschen sahen dies mit Besorgnis. Aber Konfrontation gehörte zu allen Lebewesen, der Schwache wurde zur Strecke gebracht, und der Stärkere siegte. Das war auch in der Natur nicht anders. Die Vogelmenschen konnten wenig dagegen tun. Da sie nicht zur semitischen Sprachgruppe gehörten, sondern eine viel ältere, unbekannte Sprache ihr eigen nannten, folgten sie nach wie vor den geheimen Botschaften der Sternbilder. Zwischen dem heutigen Anatolien und dem Kaspischen Meer hatten sie eine Anzahl Bauten errichtet. Es waren keine Heiligtümer, denn sie dienten nicht der Ausübung einer sakralen Macht. Die Vogelmenschen dienten keiner Gottheit, sondern fanden ihre Aufgabe in der unermüdlichen Beobachtung der Gestirne, die das Fortbestehen oder die Zerstörung der Erde bestimmten. Deswegen würde man sie in einem späteren Zeitalter die »Wächter« nennen.

Allerdings veränderte sich der Standort der Sternbilder mit der Präzession der Tagundnachtgleiche. Dies mag erklären, warum sie ihre Sternwarten in regelmäßigen Zeitabschnitten unter vielfachen Erdschichten begruben. Die alten Bauten hatten ihren Nutzen verloren. An der gleichen Stelle wurden neue errichtet.

Und wieder verging die Zeit. Im Zweistromgebiet zogen sich nach Ende der zweiten Eiszeit die Gletscher zurück. Das Meer erwärmte sich, urbare Erde wurde freigelegt. Im 5. Jahrtausend war zwischen den beiden Flüsse Euphrat und Tigris das Land bis zum Meer besiedelt. Die Wälder waren reich an Wild, in den Gewässern tummelten sich unzählige Fischarten. Getreide lieferte Nahrung für alle. Die vor den Pflug gespannten Rinder, die den Menschen Wohlstand brachten, galten als heilige Tiere. Das sollte lange Zeit so bleiben. Im späteren Ägypten war es der Rindergott Apis, der die Sonnenscheibe zwischen seinen Hörnern trug.

Der älteste organisierte Staat war Sumer. Als die Vogelmenschen erschienen, wusste keiner, woher sie stammten, noch kannte man die Herkunft ihrer Sprache. Mythen aus viel späterer Zeit bezeichneten sie als »jene, die vom Meer kamen«. Die Vogelmenschen galten als Kinder einer mächtigen Himmelsgottheit, die ihr Antlitz hinter Wolken verbarg. Sie waren Ärzte, Astronomen, Wissenschaftler, Architekten und Schmiede. Mit Hammer und Amboss bezwangen sie die Feuer der Unterwelt, machten sich die Metalle gefügig. Und nach wie vor waren ihre Schutzgeister die Geier, die mit ihren rauschenden Schwingen die Luft aufwirbelten und die Seelen der Verstorbenen in den Himmel trugen. Dies geschah nach unserer Zeitrechnung zwischen dem 7. und dem 8. Jahrtausend vor Chr.

In dieser Zeit lebten die Menschen in ständiger Furcht vor Dürre oder Hochwasser. Die Natur war unberechenbar, die Erde unstabil. Das Wissen der Vogelmenschen implizierte eine ungeheure zeitliche und kulturelle Erfahrung. Die Vorkommnisse einer versunkenen Welt prägten noch ihre Erinnerung. Sie wussten, wie Vulkanausbrüche und Erdbeben entstehen. Warum man Häuser und Schutzwälle nicht aus Stein, sondern aus Tonziegeln bauen sollte, damit sie stärkere Erdbeben aushielten. Sie lasen die Vorzeichen am Himmel und übertrugen den Herrschern ihre astronomischen Kenntnisse. Sie lehrten sie die Kräfte der Metalle und wie aus verschiedenen Schichten ein Spiegel wurde. Sie brachten ihnen den Schiffsbau bei, zeigten ihnen, wie man die Segel benutzt. Und vieles mehr. Mit einem Kiel aus Schilfrohr, auf Tontafeln keilförmig eingedrückt, hatten sie ein Alphabet von hundert Silbenzeichen verfasst. Auf diese Weise lernten die Könige die Schrift, und die Vogelmenschen ersuchten sie, dieses Wissen auch dem Volk zu übertragen. Sie hatten längst erkannt, dass sich mit rechtzeitig erworbenen Kenntnissen das urtümliche Chaos bewältigen ließ. Doch die Herrscher befürchteten, ihre Macht zu verlieren, und behielten dieses Wissen lieber für sich. Das Volk blieb dumm und lebte in großer Armut. Daran änderte sich während der nächsten Jahrtausende nichts.

Die Vogelmenschen hatten auch im späteren Reich von Akkad ihre Hand im Spiel. Ein paar von ihnen waren Berater des Königs Sargon. Hier wurden die Vogelmenschen als die ›überaus Weisen‹ geachtet. Und überaus Weise nehmen wenig Rücksicht auf königliche Seelenzustände. Gerüchten zufolge war Sargon das Kind einer Priesterin, die das Baby in einem Binsenkorb dem Tigris überlassen hatte. Kommt dir das bekannt vor, Leo? Moses, nicht wahr? Es geschieht nicht selten, dass eine gute Story ihr Eigenleben entwickelt.

Aber Sargon wurde, der Realität wohl angemessener, nicht von einer schönen Prinzessin gefunden, sondern ersatzweise von einem Gärtner. Wie dem auch sei, er muss ein überaus scharfsinniger Mensch gewesen sein, der unbeirrten Schrittes – und zweifellos auf Kosten etlicher Mordtaten – den Königsthron erreichte. Da saß er nun, fürwahr ein schlauer und umsichtiger Herrscher, der klug regierte und keine leichtsinnigen Kriege führte. Das Volk mochte ihn sehr. Leider verfiel er ziemlich bald dem Größenwahn, was ihm kein Glück brachte. Eines Tages war er spurlos verschwunden und tauchte nie wieder auf. Sic transit …«

Ihre Großmutter seufzte. »Schau mich nicht so an, Leo! Aus deinen Augen spricht Unwissenheit. Oh Gott, was bringt man euch denn in der Schule bei?«

»Und dann?«, fragte Leo, um sie auf andere Gedanken zu bringen.

»Ja, und dann rückten die Assyrer in den Vordergrund. Imposante Typen, übrigens, mit einem tollen Look, Kopfhaar und Barthaar akribisch geflochten. Es gab dafür extra ausgebildete Sklavinnen. Ob auch andere Körperhaare geflochten wurden, entzieht sich meiner Kenntnis.

Indessen, mit ihnen war nicht zu spaßen. Sie waren Krieger, Jäger, Sklavenhändler, tollkühne Seefahrer. Das ganze Mittelmeer war ihr Revier, ihre Schiffe kehrten stets reich beladen in die Häfen zurück. Sie waren ein herrisches Volk, tyrannisch, dominierend, gewinnsüchtig. Es stand ihnen zu. Sie zogen Nutzen aus jeder sich bietenden Gelegenheit. Doch es war wohl so, dass diese Vermessenheit von ihnen erwartet wurde. Sie waren eine Militärmacht, jahrhundertelang unbesiegbar. Sie hatten auch besonders raffinierte Foltermethoden entwickelt. Ich erspare dir die unappetitlichen Einzelheiten.

Nachdem sich die Vogelmenschen erfolglos bemüht hatten, diesen Leuten freundlichere Sitten beizubringen, versuchten sie es anders. Sie brachten es fertig, im Zweistromland einen Brauch zu etablieren, demzufolge die jungen Herrscher, bevor sie von den Priestern gesalbt wurden, eine Reihe von Prüfungen zu bestehen hatten. Sie mussten symbolisch den Tod erleiden, in den Mutterschoß zurückkehren und die Wiedergeburt zu einer höheren Existenz erlangen. Nach bestandenen Prüfungen – die keine Spaziergänge im Rosengarten waren – wurden die Könige als Merkmal ihrer Legitimation mit der Symbolik der Flügel beschenkt. Diese galten als Zeichen der Tugend und der weisheitslehrenden Aufklärung. Obwohl die Machtwechsel so unberechenbar waren wie Trockenheit und Regenfälle, blieb das Leben der Herrscher von Ritualen geprägt. Egal, wie hart und grausam sie später regieren mochten, ihre Legitimität wurde stets in Verbindung mit den einst verliehenen Tugenden gebracht: Ehre, Weisheit, Barmherzigkeit. Da hatten die Vogelmenschen gute Arbeit geleistet.

Dieses Idealbild blieb unantastbar und verbreitete sich auch. Über die persischen Achämeniden erzählte eine Sage, dass der mythologische König Dschamschid den Sturz seines geflügelten Thrones ohne Bauchlandung überstand und an Ort und Stelle die heilige Stadt Persepolis gründete. Und im Land der Pharaonen führte die Vogelfrau Isis ihren Brudergemahl Osiris wohlbehalten durch das Tal des Todes. Als mächtige Göttin gewährte sie ihm die

Wiedergeburt und geleitete ihn in sein neues Reich zwischen Himmel und Erde.

Nun, wiedergeboren wurden auch die Vogelmenschen. Ihre Geschichte glich einer Reise durch Raum und Zeit. Und während einiger tausend Jahre waren sie so präsent wie später nie mehr. Sie trugen noch in sich die archaische Wucht der Steinzeit, was bedeutete, dass man sie besser nicht reizen sollte, stellten aber gleichzeitig eine anordnende Instanz dar, eine Macht, die aus der Ursprungssituation der menschlichen Gemeinschaft die großen Zivilisationen begründete.«

16

AUF DEM FESTUNGSTURM BRENNT EIN FEUER

Großmutter Katja fuhr fort mit ihrer Erzählung: »Irgendwann kam eine Zeit, in der die Vogelmenschen vom ewigen Wandern müde wurden und sich dauerhaft irgendwo niederlassen wollten. Sie entschieden sich für ein Hochtal auf dem Berg Kharsag. An diesem Ort, wo die Quellen von vier Flüssen ihren Ursprung fanden, errichteten die Vogelmenschen eine Festung in quadratischer Form und gaben ihr den Namen ›Festung der Gerechtigkeit‹. Die Existenz dieser Festung bestätigt ein Gründungszylinder aus Tonerde, der in Nippur im Südirak deponiert wurde. Die Erbauer bildeten Handwerker aus. Sie brachten ihnen bei, ihre Begabung zu nutzen und ihre Fähigkeiten zu unübertroffener Meisterschaft zu entwickeln. Diese Handwerker mussten einen Eid ablegen, der sie zur strikten Geheimhaltung verpflichtete. Es war ein sehr gewichtiger Eid. Die Handwerker kommunizierten untereinander mit Schlüsselworten und in der uralten Gebärdensprache ihrer Lehrmeister. Auf diese Weise entwickelte sich eine einflussreiche Erbauer- und Handwerkerelite. Die Spuren dieser Geheimlehre existieren bei den Freimaurern noch bis in die heutige Zeit.

Im Umkreis der Festung wurde ein großer Garten angelegt. In der Mitte wuchs ein uralter Immergrün, aller Wahrscheinlichkeit nach einer der letzten Zeugen einer ausgestorbenen Baumgattung. Ein riesiges Naturwunder, ein urzeitliches Geheimnis. In seinem Zweiggeflecht wohnten Schlangen, die dort ihre Nester bauten. Vielleicht fanden sie Gefallen am besonderen Geschmack der Blätter. Die Schlangen, Symbol der Weisheit, galten als Schutztiere der Heilkundigen. Um diesen Baum entwickelten sich später zahlreiche Legenden und Mythen. Man nannte ihn den ›Baum des Lebens‹, weil aus seinen Blättern und Zweigen ein herrlich duftendes Öl gewonnen wurde, das, mit Myrrhe und anderen Kräutern vermischt, Verletzungen und Krankheiten heilte.

Aber die Vogelmenschen vergaßen nie, dass sie in erster Linie ›Wächter‹ waren. Vom Turm der Festung aus beobachteten sie die Gestirne und lasen die guten und bösen Zeichen am Himmel. Auf göttliches Versprechen war ja kein Verlass, das wussten sie aus eigener Erfahrung. Es durfte nie wieder vorkommen, dass eine neue Katastrophe spätere Generationen unvorbereitet traf.

Die Eingeborenen blickten zur Festung empor und sahen das Feuer, das Tag und Nacht auf dem Turm brannte. Nachts erleuchtete der Feuerschein den Berg, tagsüber war nur eine Rauchwolke sichtbar. Und über dieser Wolke kreisten in großer Höhe die Geier.

Die ›Wächter‹, die über das Schicksal der Menschen wachten, waren gleichsam gefürchtet und verehrt. Man brachte ihnen Opfer dar. Aber die Eingeborenen opferten nicht nur Früchte und Körner und Weihrauch, sondern auch ihre erstgeborenen Kinder. Man gab ihnen zu verstehen, dass diese Opfer nicht willkommen waren. Die Eingeborenen reagierten betroffen. Waren ihre Kinder nicht das Kostbarste, das sie hatten? Doch sie gehorchten und legten fortan Lämmer und Ziegen mit aufgeschlitzter Kehle auf dem Steinaltar ab.

In dieser Zeit kamen die Vogelmenschen zu Beratungen zusammen. Wäre es allmählich nicht angebracht, ihre Erkenntnisse mit den Eingeborenen zu teilen? Diese waren impulsiv und grausam, mit einer Neigung zu devotem Aberglauben, gemischt allerdings mit Intelligenz und einem zähen Lebenswillen. Sollte man sie unterweisen, auch auf das Risiko hin, dass sie irgendwann versuchen könnten, die Macht an sich zu reißen? Die Meinungen gingen stark auseinander. Und im Laufe der vielen Beratungen kam es zu einem heftigen Streit. Jene, die den Kontakt ablehnten, zwangen ihre Widersacher, ins Exil zu gehen. Es handelte sich vorwiegend um waghalsige junge Männer, etwa zweihundert an der Zahl. Im Umgang mit den Einheimischen merkten sie schnell, dass es gefährlich sein konnte, ihnen zu viel Wissen in die Hände zu geben. Doch ihre Töchter waren schön, sanft und klug. Die Verbannten fanden Gefallen an ihnen. Und so kam es, dass die Vogelmenschen ihr Blut mit dem Blut der Eingeborenen mischten. Kinder kamen zur Welt. Sie waren ungewöhnlich groß und kräftig, mit schräggestellten Augen und länglich geformten Köpfen. In den Augen der Eingeborenen galten sie als Riesen. Tatsächlich erinnerte ihre Statur an die Körpergröße ihrer Ahnen aus der Steinzeit. Sie waren aufbrausend und selbstherrlich, aber auch großzügig, loyal und barmherzig, wenn es darauf ankam. In ihnen war eine intensive Energie, die ihre Angehörigen oben in der Festung nicht mit ihnen teilten, obwohl auch sie stolze Männer und Frauen waren. Vogelmenschen eben – mit einer solchen Macht.

Ja, die jungen Riesen liebten es zu prahlen. Man legte sich besser nicht mit ihnen an. Aber es kam oft vor, dass sich die Eingeborenen gegen feindliche Stämme verteidigen mussten. Und dann kämpften die jungen Riesen mit ihnen. Sie waren starke, unerschrockene Krieger. Das Volk verehrte ihren Heldenmut. Man erzählte sich, dass die Riesen mit Flammenschwertern kämpften. Sie gingen in die Legenden eines Volkes ein. Ihre Feinde fürchteten sie sehr. Sie verglichen sie mit Vipern und nannten sie ›die Kinder der Schlange‹.

Merkwürdig war, dass sie nur wenig Nachkommen zeugten. Und zwei oder drei Generationen später war ihre hybride Lebenskraft verbraucht und ihre Blutlinie erloschen. Obwohl die Riesen aus der Geschichte verschwanden, so hielt doch das Volk ihr Andenken in Ehren. Und irgendwann begruben die Vogelmenschen ihren Zwist. Sie waren Boten einer versunkenen Welt, Lehrmeister und Beschützer der Menschen. Immer noch trugen sie bei Zeremonien jene Federmäntel, die ihren Geist mit dem Geist der Vögel verbanden. Doch diese Zeremonien fanden fortan im Geheimen statt. Sie wussten, dass sie immer weniger wurden. Sie wollten nicht, dass ihr Wissensschatz irgendwann endgültig verloren ging. Deshalb sahen sie es als ihre Aufgabe an, von jetzt an ihr geistiges Erbe mit den Menschen zu teilen. Und weil sie die Menschen vieles gelehrt hatten, gewährte ihnen das einfache Volk die Funktion der Beschützer. Die allgemeine Vorstellung berief sich dabei auf eine seltsame Analogie. Breiten nicht die Vögel ihre Flügel über ihre Nester aus, um die Jungvögel zu wärmen und zu beschützen? Man sagte ihnen nach, dass sie fliegen konnten, dass sie Botschaften aus dem Jenseits brachten. Sie wurden überall mit großen Ehren empfangen. Sie tafelten am Königshof oder teilten das einfache Mahl der Nomaden. Sie waren Männer und Frauen wie alle anderen auch, mit einer profunden Kenntnis der menschlichen Seele. Ihre besonderen Fähigkeiten machten aus ihnen schlaue Politiker. Und seit Jahrtausenden waren sie es gewohnt, die Menschen zu beraten und ihnen in schweren Zeiten beizustehen. Auf diese Weise lenkten sie Schicksale, beeinflussten die Geschichte. Sie waren nach wie vor die geheimen Herrscher der damals bekannten Welt – jedoch ohne Illusionen. Ihnen war völlig klar, dass die Menschen jener Zeit noch nicht zu abstraktem Denken fähig waren. Dass sie starke Vorbilder brauchten, mit denen sie sich identifizieren konnten. Und strikte Gesetzte, die Halbwilde in Schranken hielten und zivilisierten Moralvorstellungen entgegenführten.

Später, in der Stadt Nazareth, tauschten sie viele Male Gedanken mit einem Seher. Er war jugendlich, sanft, aber seine Milde ließ Willensstärke und Kraft erkennen. Er redete in einer schlichten und klaren Sprache, die selbst ein Kind verstehen konnte, aber seine Augen blickten gleichsam in eine unsichtbare Welt. Sein Angesicht war schön wie ein Bild, das man mitnehmen konnte, als Trost für finstere Tage. Noch vor seiner Geburt hatten die Vogelmenschen die Vorzeichen am Himmel erkannt und einen von ihnen als Boten zu seiner Mutter geschickt. Diese füllte ihren Krug mit Wasser, als der Bote sie aufsuchte und ihr die Geburt eines wunderbaren Kindes ankündigte. Das Volk verehrte diesen Weisen über dreißig Jahre lang, aber den Machthabern war er ein Dorn im Auge. Und wankelmütig, wie Menschen nun mal sind, wandten sie sich am Ende von ihm ab. Nur seine engsten Vertrauten hielten ihm die Treue. Seinen tragischen Tod allerdings konnte niemand verhindern, brachte er sich ja selbst als Opfer dar.

Indessen, Königreiche kamen und gingen. Die Zahl der Vogelmenschen nahm ständig ab. Man fand bisweilen noch ihre Spuren, beispielsweise in Griechenland, zur Zeit der Kriege zwischen Karthago und dem jungen römischen Reich, das als Sieger daraus hervorging. Es waren unruhige Zeiten. Die Vogelmenschen leisteten Hilfe, wo immer sie gebraucht wurden. Weil es ihre Bestimmung war. Weil sie nicht anders konnten. Sie vermittelten zwischen den Machthabern. Sie waren die ersten Diplomaten. Und als Rom im Chaos zerfiel und das neue oströmische Kaiserreich sich zum Christentum bekannte, waren die Vogelmenschen noch aktiv. Sie waren da, als die Seldschuken Jerusalem einnahmen. Sie hatten eine Pflegestätte eingerichtet, die Kranke und Verletzte jeglichen Glaubens aufnahm. Als Seelenkundige kannten sie die fatale Neigung der Menschen, den anderen ihre eigene Religion aufzuzwingen. Was unweigerlich zu Feindschaft und Krieg führte. Sie hatten das oft genug mitgemacht. Und somit erlebten sie, wie

Papst Urban II. auf dem Konzil von Piacenza den Befehl gab, Jerusalem zu befreien, und den ersten Kreuzzug verkündete. Und natürlich sahen sie voraus, dass zu den Tausenden, die sich zu Pferd oder gar zu Fuß aufmachten, nicht nur tugendhafte Glaubenskämpfer gehörten. Dass viele aus Gewinnsucht oder politischem Opportunismus gingen. Der erste Kreuzzug forderte dann auch unzählige Opfer, bis der französische Herzog Godefroy de Bouillon im Jahr 1099 die Seldschuken besiegte. Jerusalem war wieder in christlicher Hand, was die Sache allerdings nicht besser machte. Im Gegenteil: Die Kreuzritter vergriffen sich an der Bevölkerung, plünderten und mordeten. Die Vogelmenschen fanden das schlimm. Sie kamen den wehrlosen Menschen zu Hilfe, wobei sie sich bisweilen in die Nesseln setzten, aber sie gerieten selten in ernstliche Gefahr. Ihr dominantes Auftreten verschreckte ihre Widersacher. Ihrem Einfluss war es Jahre später zu verdanken, dass der Papst einen neuen Orden gründete: ›die arme Ritterschaft Christi und des salomonischen Tempels zu Jerusalem‹. Auf diese Weise entstand der militärische Orden der Tempelritter. Ihr Symbol war ein rotes Kreuz auf weißem Grund. Und somit blieben die Vogelmenschen ihrer Aufgabe als Krankenpfleger treu. Sie waren fähig, Amputationen vorzunehmen oder den grauen Star mit einem ganz feinen Messer aus Lavastein zu operieren. (Die Araber sollten diese Operation noch bis ins 13. Jahrhundert durchführen.) Sie brachten Kinder durch Kaiserschnitt zur Welt und konnten sogar Tumoren entfernen. In einer Zeit, wo man es mit der Hygiene nicht so genau nahm, war bei ihnen Sauberkeit oberstes Gebot. Die Laken der Kranken wurden täglich gewechselt, sie erhielten ihr Essen in Silberschalen und speisten mit silbernen Bestecken. Man hatte herausgefunden, dass Silber Ansteckungen verhinderte.

Nach dem Fall Jerusalems und dem Aufstieg des Osmanischen Reiches in den nächsten Jahrhunderten nahm der türkische Sultan Suleiman der Prächtige auch Europa ins Visier. Im Laufe der vielen Auseinandersetzungen hatten die Großmeister des Ordens die diplomatischen Fähigkeiten der Vogelmenschen recht gerne in Anspruch genommen. Leider schwand ihr Einfluss dahin, und der Templerorden wurde aufgelöst. Und später, als die mächtige christliche Armada unter Spaniens Führung die türkische Flotte bei Lepanto zerschlug, mussten sich die wenigen, die es noch gab, vor der spanischen Inquisition hüten, einer Macht innerhalb der Macht, die überall nur Ketzerei und Verworfenheit sah: ›Mein Kind, hast du gesündigt? Und ab in den Kerker!‹ Die Vogelmenschen waren sich nicht ganz sicher, ob sie gesündigt hatten oder nicht. Wahrscheinlich recht oft. Aber sie waren nicht mehr mächtig genug, um die Fanatiker mit Erfolg auszutricksen. Und folglich hielten sie es für angebracht, sich unauffällig zu verdrücken. So unauffällig, dass man definitiv ihre Spur verlor. Was aus den Letzten von ihnen wurde, ist unbekannt.

Doch der Glaube an die Vogelmenschen blieb unauslöschlich eingeprägt im kollektiven Unbewussten. Die Erinnerung bediente sich verschiedener Methoden, um ihr Andenken in Ehre zu halten. Sie traten in Erscheinung einerseits in Gedanken, Träumen und Visionen, anderseits in Mythen, Märchen und religiösen Symbolen. Sie kamen aus dem Reich der Archetypen, des Unbewussten, des Hintergründigen. Sie waren Kraftkerne, die seelische Energien um sich sammelten. Eine klare Form nahmen sie jedoch erst an, als sie sich in Bilder von geflügelten Menschen konkretisieren ließen. Sie wurden zu Statuen und Gemälden, man gab ihnen einen festen Platz in Gotteshäusern und Feierlichkeiten. Und das war gut. Denn nur in neuer Gestalt konnten sie aufs Neue begriffen werden.

Sie existieren schon lange nicht mehr, aber sie implizieren eine Realpräsenz. Man erbittet sich von ihnen Hilfe oder Schutz. Und für viele Menschen tragen sie eine persönliche Botschaft. Sie versenken sich in ihren Anblick wie vor einem Heiligenbild. Selbst Kindern ist ihre Präsenz so vertraut, dass diese bereits überirdischen Wesen für sie konkret und von vitaler Bedeutung sind.

Doch sind sie wirklich ausgestorben? Vielleicht nicht allesamt. Vielleicht nicht überall. Noch heute wundern sich die Leute, wenn sie Menschen begegnen, irgendwo, irgendwann, die schon in ihrer äußeren Erscheinung anders sind. Sie sind hochgewachsen, freundlich und schön. Aus ihnen strömt ein Licht, das Licht des Geheimnisvollen. Und es ist den Leuten ein Rätsel, warum sich jeder wie durch ein geheimnisvolles Einverständnis mit diesen Fremden verbunden fühlt. Und jeder fragt sich: Was haben diese Menschen an sich, dass sie so besonders macht?

Aber keiner weiß eine Antwort.«

17

KENAN MALT BILDER
IN EINER GARAGE

Das – oder etwas Ähnliches – hatte Großmutter Katja ihr erzählt. Leo hatte sich von Anfang an ernstlich gefragt, ob Katja das nicht alles erfunden hatte. Aber die Stimme der alten Frau hatte sich vollkommen nüchtern und sachlich angehört. Ob Religion im Spiel war? Nein, von Religion war eigentlich nicht die Rede gewesen. Dafür gab es reichlich Fakten, eine Überlagerung von Erfahrungen, aus denen sich am Ende eine Religion entwickeln konnte, was ja in diesem Fall auch tatsächlich eingetroffen war. Fakten, von Menschen geprägt, waren zum theologischen Postulat avanciert. Ein typischer Vorgang allemal. Man konnte darüber denken, wie man wollte. Der Mensch ist überfordert, hatte Großmutter damals erklärt. Er wagt sich an Dinge heran, die er nicht versteht, und erfindet schließlich ein allwissendes Gottesbild, das Antwort gibt.

Leo hatte von Jan längst erfahren, wie das Schema funktioniert. Trotzdem fühlte sie sich nicht wohl in ihrer Haut. Alles, was sie an dieser Geschichte selbst betraf, war – gelinde ausgedrückt – höchst beunruhigend. Und auch hinsichtlich Kenan fühlte sie sich unwohl, die ganze Situation rief ein gewisses Misstrauen in ihr hervor. Die Geschichte mit dem Geier zum Beispiel. Was, wenn sie ihm sagte, dass diese Geschichte etwas mit ihr zu tun hatte? Und nicht nur etwas, sondern recht viel?

Sie stellte Großmutter die Frage. Katja zuckte unbeeindruckt mit den Schultern. »Du hast eine Vogelmaske geformt. Und dein neuer Freund hat einen Geier gemalt. Was, glaubst du, hat das zu bedeuten? Dass er dir mit seiner Malkunst imponieren wollte?«

»Er hat mir imponiert.«

»Er hat noch andere Fähigkeiten, du wirst schon sehen.«

Leo zögerte.

»Könnte es sein, dass wir zusammenpassen?«

»Für eine intelligente junge Frau bist du manchmal recht naiv.«

»Ich bin drauf und dran, es nicht mehr zu sein«, erwiderte Leo.

Kenan war stets in ihren Gedanken. Sie standen ja auch kontinuierlich in Verbindung.

»Wann kommst du nach London?«, fragte Kenan jedes Mal.

»Bald. Aber im Augenblick geht's nicht«, antwortete Leo, leider jedes Mal mit einem triftigen Grund. Und so auch jetzt.

»Jan ist in Chile. Die Maschine landete gestern Abend in Santiago.«

»Was hat er denn in Chile zu suchen?«

»Alte Ruinengräber, was sonst? Ein Auftrag vom Heidelberger Institut für Ur- und Frühgeschichte. Er ist erst in zwei Wochen wieder zurück. Ich hüte das Haus, zahle die Rechnungen, leite seine E-Mails und seine Post weiter. Solche Dinge eben. Komm doch! Wir hätten das ganze Haus für uns.«

Aber diesmal war es Kenan, der nein sagen musste. Und zwar aus einem guten Grund.

»Ich würde dich ja so gern besuchen, aber leider kann ich hier nicht weg. Stell dir vor, ein Galeriebesitzer aus dem Barbican-Center hat mich einem Kunstkritiker vorgestellt. Thomas Ridley – so heißt er – sagte, dass meine Bilder ihn an Emil Nolde erinnern. Nur moderner. Die Bilder ließen sich gut vermarkten, meinte er. Und ich soll bei ihm ausstellen.«

Leo war begeistert. Kenan durfte diese Chance nicht verpassen. Er erzählte weiter, dass er ein Triptychon malen sollte. Großformatig obendrein: »Ich habe noch nie auf Knopfdruck gemalt. Aber für mich steht so viel auf dem Spiel.«

»Wo arbeitest du? Im Atelier oder draußen?«

»In der Garage. Meine Eltern haben mir Platz gemacht. Ich werde hinterher alles wieder aufräumen.«

»Hast du gutes Licht?«

»Mit offener Garagentür geht's. Sobald ich Geld habe, miete ich ein Atelier.«

»Hat dein Vater dir inzwischen den Hintern versohlt?«

»Meine Mutter drohte mir mit Konsequenzen, wenn sie mich noch einmal beim Betteln erwischen!«

»Hast du endlich eine Visitenkarte?«

Eine halbe Minute später war die Antwort schon da.

»Um Himmels willen! Die habe ich ganz vergessen.«

Kenan, der zunächst keine Ahnung von der Welt der Galeristen und Kunsthändler gehabt hatte, begriff recht schnell, wie berechnend sie waren. Er stand ganz am Anfang, hatte noch keine Zeit gehabt, hochmütig oder arrogant zu werden, fand aber immerhin schon Anerkennung. Was er dabei fühlte, war eine tiefe Genugtuung. Es war von dem ausgegangen, was er tatsächlich sah – das Digitalfoto eines Geiers –, und es war ihm gelungen, auf einer begrenzten Fläche etwas Neues zu schaffen. Malen war etwas zutiefst Ursprüngliches. Jedes Bild war eine Schöpfung. Kenan malte mit Begeisterung um des Malens willen, war aber zum Glück nicht naiv. Er wollte seine Bilder verkaufen und davon leben können.

Leo war froh, dass Kenan realistisch dachte und nicht irgendwelchen Träumen nachhing. Er würde sich nicht so leicht auf die Füße trampeln lassen.

18

LEO HAT NICHT IMMER IN DER SCHULE GESCHLAFEN

Leo hatte keine Zeit mehr, sich weiter darüber Gedanken zu machen. Jan meldete sich schon ein paar Tage später. Er hatte sich einen bösartigen Virus eingefangen. Jetzt saß er mit 39 Grad Fieber in Santiago am Flughafen und wartete auf den nächsten Flug.

»Morgen um 17.30 Uhr in Genf. Holt mich ab!«

Katjas Wagen war in der Werkstatt: ein Problem am rechten Scheinwerfer. Doch ihre Großmutter zeigte, dass bei ihr noch einiges lief. Sie rief die Garage an, und man stellte ihr einen Leihwagen zur Verfügung. Am nächsten Tag fuhren beide rechtzeitig zum Flughafen. Katja hatte bereits einen Parkplatz reserviert. Danach saßen beide hinter der Passkontrolle, futterten dunkle Schokolade und warteten. Es dauerte ziemlich lange, denn das Flugzeug hatte Verspätung.

»Wie kann es anders sein?«, brummte Katja ärgerlich. »Heutzutage fliegen ja Krethi und Plethi. Und jeder Idiot sitzt in der Business-Klasse.«

Leo ließ sie meckern und starrte auf ihr Smartphone. Sie hatte Kenan mitgeteilt, dass Jan seinen Aufenthalt frühzeitig abbrechen musste, aber Kenan hatte noch nicht von sich hören lassen. Wahrscheinlich stand er in seiner Garage und malte.

Endlich landete die Maschine, und zwanzig Minuten später

wankte Jan durch die Sperre. Sein Gesicht sah eingefallen aus, das Weiße seiner Augen war grünlich verfärbt.

»Du siehst aber nicht nach Strandurlaub aus«, meinte Katja.

Jan bewegte mühsam die Lippen.

»Gelbsucht.«

Das Gepäck kam. Leo nahm die zwei prall gefüllten Taschen und schleppte sie vom Flughafengebäude zum Wagen, den er stöhnend betrachtete.

»Das ist nicht dein Wagen«, sagte er zu Katja.

»Nein, das ist eine Rolls.«

Leo verbiss sich ein Lachen und half Jan, sein Gepäck im Kofferraum zu verstauen. Jan stieg in den Wagen und lehnte sich zurück.

»Schlafen«, murmelte er. »Nur noch schlafen!«

»Du stinkst! Zuerst eine Dusche«, erwiderte Katja streng. »Du kommst mir nicht in diesem Zustand in ein frisch überzogenes Bett! Und morgen fahre ich dich zu Dr. Huber.«

Katja hatte bereits einen Termin vereinbart. Der Arzt, der Jan gut kannte, fackelte nicht lange und verschrieb ihm Antibiotika.

»Tropenwälder scheinen Ihnen nicht zu bekommen.«

Jan musste liegen, Medikamente schlucken. Als es ihm etwas besser ging, erzählte er Leo von seinen Erlebnissen:

»Die Ruinen waren fast gänzlich mit Gestrüpp überwuchert. In Südamerika setzen wir Lidar-Systeme ein, wie du weißt. Wir hatten einen Hubschrauber gemietet und konnten die Ruinen aufspüren. Ein Gebäude mitten im Dschungel. Keine Stufenpyramide, sondern eine viel ältere Konstruktion, eine Art von Labyrinth. Leider konnten wir die Luftaufnahmen nicht auswerten. Dr. Pedro Sanchez, mein chilenischer Kollege, bekam keine Bewilligung mehr. Militärisches Gebiet. Top Secret. Die übliche Paranoia. Und man kann die Ruinen auch nicht von heute auf morgen freilegen. Man wird Monate dazu brauchen.«

Leo nickte vor sich hin.

»Früher befand sich da eine Nekropole.«

»Das sagt Pedro auch. Er meint, dass dort Priesterinnen beigesetzt wurden. Aber woher weißt du das? Du warst ja nicht dabei.«

»Nur so eine Eingebung!«

Jan zeigte keineswegs Erstaunen.

»Dein üblicher sechster Sinn?«

Leo zog die Schultern hoch.

»Es könnte ja sein.«

»Nun, er mag durchaus praktische Seiten haben. Leider mussten wir die Ausgrabungen stoppen. Aber Pedro ist stur und macht den Behörden ordentlich Druck. Er wird ein bisschen Kleingeld zahlen, und vermutlich können wir bald wieder graben. Das ist eben Südamerika. Ich wollte noch bleiben, aber inzwischen hat mich dieser verdammte Virus erwischt.«

Jan blieb fünf Wochen zu Hause, konsignierte die vorläufigen Ergebnisse seiner Recherchen. In dieser Zeit schien er nur in seinem Büro zu leben. »Wie eine Schnecke in seinem Schneckenhaus«, sagte Leo. Sie machte ihren eigenen Kram, brachte ihm das Essen auf einem Tablett und störte sich nicht daran, wenn er sich mit einigen Grunz-Lauten dafür bedankte. Sie kochte sowieso miserabel.

Morgens und abends joggte Jan ein paar Runden am Seeufer, langsam kam er wieder zu Kräften.

In seiner schlafmützigen Art war er durchaus ein willensstarker Mann. Er stand regelmäßig mit Pamela und Christian in Verbindung, die am Göbekli Tepe nach wie vor die Ausgrabungen vorantrieben und Grubenarbeiter schuften ließen, die jedoch gut dafür bezahlt wurden. Die beiden leiteten an die Fachkollegen die Einzeldarstellungen der Ergebnisse weiter. Jan erhielt die gleichen Informationen. Und er ließ sich – wie schon tausendmal – von jenem tranceartigen Zustand zwischen Begeisterung und Tatendrang packen, den Leo etwas abschätzig als seine »Tendenz zur Hyperkinese« bezeichnete.

Sie hörte ihn vor sich hin murmeln.

»Es wird mal wieder Zeit, dass ich mich dort blicken lasse.«

Er murmelte es oft. Was ihn besonders beschäftigte, war die grundsätzlich theoretische Frage, ob die ausgegrabenen Baustrukturen getrennte Einheiten bildeten oder ob sie zu einem großen Baukörper verbunden waren. Die Frage lag ja auch in seinem Ressort. Dazu kam, dass die Anlagen nicht wie üblich kreisförmig errichtet waren, sondern oval mit quadratischen Grundrissformen, was eindeutig auf geometrische Kenntnisse schließen ließ.

Leo sah allerdings voraus, dass mit dem Regenwald vorläufig Schluss war. Jetzt wartete die Wüste, wo das Klima eindeutig gesünder für ihn war.

Solange ein Projekt mit Leos Ferienzeit zusammentraf – was gerade der Fall war –, wollte sie dabei sein. Die Diskussion nahm ein schnelles Ende. Gefahr hin oder her, Jan konnte nicht anders, als Leo ihren Willen zu lassen. Es war ein Trugschluss, sich einzubilden, dass man einer resoluten Zwanzigjährigen vorschreiben konnte, was sie zu tun oder zu lassen hatte. Jan, der an etwas anderes denken wollte, entschloss sich zu einem resignierten Rückzieher. Und dachte anschließend, die Sache sei erledigt. Aber da gab es noch etwas, worüber Leo mit ihm reden wollte. Sie nützte die Gelegenheit, um endgültig reinen Tisch zu machen.

»Jan, ich muss dir eine Geschichte erzählen.«

»Keine Zeit für Geschichten. Ich muss Notizen aufarbeiten.«

»Diese solltest du dir anhören. Sie fällt ein wenig aus dem Rahmen.«

»Im Augenblick befasse ich mich mit Göbekli Tepe.«

»Ich auch«, sagte Leo.

Er merkte ihren veränderten Tonfall und blieb einen Augenblick stumm, bevor er bedächtig seine Brille abnahm und sich die Augen rieb.

»Ja, ja«, murmelte er. »Du warst bei Katja, nicht wahr?«

»Sie hat mir Schokolade vorgesetzt.«

»Mir auch, damals. Das ist ihr bewährter Trick. Ich sollte die Fabel schlucken. Alles geht durch den Magen. Lena war übrigens anwesend.«

»Und wie denkst du darüber?«

»Ich bin Wissenschaftler.«

»Alles klar. Was sonst noch?«

Er antwortete mit einem Zitat.

»Es gibt mehr Dinge im Himmel und auf Erden, als eure Schulweisheit sich erträumt.«

»Hamlet«, sagte Leo.

»Ich dachte, du hättest in der Schule geschlafen.«

»Nicht immer. Wann habt ihr mit Großmutter gesprochen?«

»Das ist schon lange her. Du warst nicht dabei. Zum Glück, würde ich meinen.«

»Und Lena?«

»Lena hat sich die Ohren zugehalten. Sie war der Sache nicht gewachsen.«

Leo senkte den Blick.

»Hat sie zumindest die Schokolade ausgetrunken?«

»Zwei Tassen. Mit viel Sahne. Sie brauchte Kalorien, sie war völlig verstört. Katja sprach von einem Vermächtnis aus der Jungsteinzeit, das in unserer Familie durch die Blutsbande von einer Generation auf die nächste übergehen sollte. Lena hörte etwas, was sie noch nie gehört hatte. Sie wollte kein Wort davon glauben. Die Geschichte kam ihr suspekt, ungehörig, peinlich und nicht salonfähig vor. Sie meinte, wir seien alle psychotisch veranlagt. Und Katja, du kennst sie ja. Sie hat kein Blatt vor den Mund genommen.«

Jan war offenbar zum Reden aufgelegt. Leo nahm die Gelegenheit wahr.

»Und du, was hast du gedacht?«

»Nicht, dass ich alles für bare Münze genommen habe, aber mich hat die Sache interessiert. Was Katja damals erzählte, war für mich als Ausgräber wie die Entdeckung eines seltenen Fundes. Am Anfang kann man sich keinen Reim darauf machen. Die Geschichte der archäologischen Erforschung ist voll von Fehlinterpretationen. Ich habe mich lange Zeit in Spekulationen vertieft, habe mich in die Erwartungshaltung der Wissenschaftler festgebissen, bis Katja sagte, hör auf, lass die Dinge so, wie sie sind, oder sie machen sich selbstständig und rauben dir den Schlaf. Nach und nach habe ich das eingesehen. So, wie diese Dinge lagen, war es besser, daran zu glauben, als nicht daran zu glauben. Und zudem einfacher.«

»Es tut mir leid«, sagte Leo. »Die Sache geht mir gehörig gegen den Strich.«

Er machte ein bejahendes Zeichen.

»Natürlich. Mir auch. Ich persönlich kann mit Esoterik wenig anfangen. Aber jeder Mensch besteht aus zwei Menschen, und bei dir fiel mir schon lange eine Anomalie auf, die mir zu denken gab. Deine Art, auf einmal nicht mehr da zu sein. Untergetaucht, weit weg! Die Sache kam mir seltsam vor, aber ich dachte, na ja, solange sie keinen Unfug anrichtet ...

Katja sprach von einem alten Geheimnis. Ich ließ es dabei bewenden. Was mich beschäftigte, war die Frage, wieso ein solches Geheimnis – falls es überhaupt existierte – seit etlichen Zeiten noch bestehen konnte. Trotz der Umwälzungen auf unserem Erdball, trotz Kriege und Massenfluchten. Ungeachtet meiner Skepsis registrierte ich die Tatsache. Schließlich kennen wir unsere Gesamtgeschichte ja nur in Bruchstücken. In unserem Fall handelte es sich um eine Gewissheit, meinte Katja, mit theologischen und metaphysischen Auswirkungen. Und etliche Absurditäten, ließ ich sie wissen, die ich alle als regressiv bezeichnete. Aber Katja störte sich nicht daran. Sie meinte, dass das Vermächtnis genetisch sei. Und am Ende kam ich zur Ansicht, na gut, diese Pseudo-Legitimität kann akzeptabel sein, solange sie keinen heiligen Krieg anzettelt und humanistische Verpflichtungen in den Vordergrund stellt.«

Was Leo an ihrem Vater schätzte, war seine Geradlinigkeit. Er hatte keine Vorurteile, wies nichts von sich, was außerhalb seines Weltbildes lag. Daneben nutzte er in seiner pragmatischen Art die Gelegenheit, um ein für alle Mal das Thema aus der Welt zu schaffen. Leo konnte ihm nur beipflichten. Es handelte sich um eine Sache, die einfach da war. Es war – grob gerechnet – achttausend Jahre zu spät, um etwas daran ändern zu wollen oder sich darüber den Kopf zu zerbrechen.

»Sonst noch was?« fragte er, als sie schwieg.

Sie trat rasch auf ihn zu, umarmte ihn kurz.

»Danke, Papa.«

Er räusperte sich vernehmlich.

»Nichts zu danken. So, und jetzt lass mich arbeiten.«

Er wandte sich ab, setzte seine Brille auf und richtete sein Augenmerk auf den Computer.

Leo lächelte kurz, bevor sie lautlos das Zimmer verließ.

19

EINE MINUTE KANN
SEHR LANG SEIN

Leo und Kenan tauschten täglich E-Mails, die kurz und recht nüchtern waren. Ihren nächtlichen Spaziergang im Regent Park hatten sie schon lange mit keinem Wort mehr erwähnt. Vielleicht wollten beide vermeiden, sich etwas ins Gedächtnis zu rufen, das sie zutiefst berührt hatte. An diesen Abend allerdings begann Leo das Gespräch mit einer Frage.

»Wann ist deine Ausstellung?«

Eine halbe Minute, und die Antwort war da.

»Erst im Dezember. Die Galerie wird renoviert. Sonst fällt den Leuten der Mörtel auf den Kopf.«

»Und deine drei Bilder?«

»Fast fertig. Ich male Melek Taus, unseren Engelspfau, den die Moslems hassen. Dreimal aus wechselnder Perspektive. Wer sich nicht auskennt, sieht nur einen Pfau und findet ihn smart.«

Leo zögerte. Aus irgendeinem Grund fiel es ihr schwer, ihm mitzuteilen, dass sie mit Jan zu den Ausgrabungen fuhr.

»Ab nächsten Montag bin ich weg«, tippte sie. »Und schwer zu erreichen.«

»Wohin gehst du?«

»Mit Jan in die Türkei. Du weißt ja, dass er ein türkisch-deutsches Projekt am Göbekli Tepe fördert. Angeblich ein Ruinenhügel, der die Chance hat, in naher Zukunft als Weltkulturerbe eingestuft zu werden. Er hat mir Fotos gezeigt. Jetzt will er mit eigenen Augen sehen, wie weit es mit den Ausgrabungen steht. Und ich will dabei sein.«

»Wie lange wirst du wegbleiben?«

»Zwei Wochen, meint Jan.«

Pause. Eine Minute oder so.

Leo wartete. Eine Minute kann ziemlich lang sein. Sie wippte mit dem Fuß, überflog die Tagesnachrichten, bis ihr der Geduldsfaden riss.

»Hey, noch da?«

Immer noch Pause. Und dann endlich die Antwort, aber eine ganz andere, als Leo erwartet hatte.

»Ich will mitkommen. Geht das?«

Leos Atem setzte kurz aus.

»Im Ernst?«

»Es sei denn, du willst mich nicht dabeihaben. Und damit du gleich Bescheid weißt, die Reise zahle ich selbst. Ich habe ja ein paar Bilder verkauft.«

Leo spürte, wie ihr Herz klopfte, aber nicht in der Brust, sondern oben in der Kehle.

»Kenan, also … ich weiß nicht. Ich würde mich ja freuen. Aber das kann gefährlich für dich sein.«

»Warum gefährlich?«

»Nach alldem, was du mir erzählt hast. Du bist zur Hälfte Jeside. Schon vergessen?«

»Das steht mir doch nicht ins Gesicht geschrieben.«

»Und deine Eltern?«

»Die werden sagen, ich spinne.«

»Und es dir verbieten.«

»Können sie nicht. Ich bin erwachsen.«

So oft hatte Leo davon geträumt, dass er zu ihr kam und sie zusammen verreisten. Sie hatte immer geglaubt, dass solche Dinge nicht passieren könnten. Die Welt war sonst nie so freundlich. Aber die Welt hatte bestimmt Hintergedanken.

»Und warum willst du unbedingt mitkommen?«

Wieder eine Pause, bevor Leo die Antwort auf dem Bildschirm las.

»Ich will die Heimat meiner Mutter sehen. Weil sie so oft davon erzählt. Ich glaube, sie hat Heimweh. Ich werde ein Video für sie drehen. Und ich will auch die Jesiden kennenlernen. Die mit dem Schnurrbart. Solange es sie noch gibt. Kommt dir das albern vor?«

»Eigentlich nicht.«

Leo war, als hätte sie plötzlich keine Spucke mehr im Mund. Sie tastete nach der Wasserflasche neben den Computer und trank gierig. Einige weitere Worte erschienen auf dem Bildschirm.

»Und ich will echte Geier malen. Werde ich welche sehen?«

Leo verschluckte sich und hustete. Sie schrieb:

»Wenn sie unten etwas zum Fressen entdecken.«

»Super. Ich reserviere den Flug. Am Sonntag bin ich in Genf. Wirst du mich abholen?«

Viel Zeit bleibt ihm nicht, dachte Leo. Nur ein paar Tage, um alles vorzubereiten. Und angenommen, er würde mit ihnen in die Türkei kommen, müsste er auch noch ein Visum beantragen. Vielleicht konnte er das rechtzeitig in die Wege leiten. Er hatte ja schließlich einen türkischen Vater, der Diplomat war.

Alles erschien ihr plötzlich so wirklich. Und Leo wusste überhaupt nicht, woran sie war.

»Ich kann das nicht selbst entscheiden«, schrieb sie. »Ich muss zuerst meinen Vater fragen.«

»Und was wird der sagen?«

»Dass du spinnst.«

»Hat er zufällig auch einen Teppichklopfer?«

»Hätte er bloß einen«, sagte Leo laut vor sich hin, und dachte:

Ist es nicht komisch, wie es einem manchmal so ergeht? Ich sollte mich doch freuen. Es gab ihr einen Stich, dass sie sich nicht wirklich freuen konnte. Sie nahm noch einen großen Schluck Wasser, bevor sie zu ihrem Vater ging.

Jan saß in seinem Büro, natürlich vor dem Computer. Leo blieb an der Tür stehen. Ihr Herz pochte immer noch in der Kehle, ein rhythmisches Klopfen, das eine Art verborgene Botschaft für sie enthielt, die sie nicht deuten konnte.

»Jan, erinnerst du dich an Kenan?«

»Nein. Wer ist das?«

»Der junge Mann, den ich dir in London vorgestellt habe. Wir haben zusammen gegessen.«

»Ah ja, ein intelligenter junger Mann. Er hat gesagt, dass er Panflöte spielt, was mir schnurzpiepegal war. Aber war er nicht auch Kunstmaler?«

»Das ist er immer noch. Und er hat dir das Bild eines Geiers gezeigt.«

»Ja. Ich entsinne mich. Hübsch.«

Ein Lob. Ein Lob aus dem Mund ihres Vaters. Leo holte tief Atem.

»Ich möchte ihn gerne dabeihaben.«

»Wir haben schon einen Filmemacher und einen Experten für Bautechnik. Wozu brauchen wir noch dazu einen Maler?«

»Malerei ist die ursprünglichste Ausdrucksform. Kenan malt nicht nur, was er sieht, er malt, was er empfindet.«

»Seelenzustände haben in der Archäologie nichts zu suchen.«

Sie hätte am liebsten gesagt, du hast recht, und die Sache wäre damit erledigt. Doch sie hörte sich gleichsam Argumente vorbringen, als ob jemand neben ihr stand und ihr die Worte zuflüsterte.

»Im Gegenteil. Archäologen wollen ihre Funde analysieren. Sie wollen wissen, wie die Dinge wirklich waren. Ihre Aufgabe besteht darin, Erinnerungen ans Licht zu bringen. Aber Künstler machen das anders. Sie sehen Bilder in ihrer Seele und geben sie wieder, damit auch andere sie sehen können. Wenn Archäologen eine Versteinerung finden – zum Beispiel einen Fisch –, nimmt dieser Fisch vor den inneren Augen eines Malers Gestalt an. Er kann den Fisch lebendig machen und ihn malen, wie er im Meer schwimmt.«

Jan stutze leicht. Leo sagte bisweilen Sonderbares. Und wenn er sich für einen Augenblick die Mühe nahm, über ihre Worte nachzudenken, musste er sich eingestehen, dass in ihnen ein tieferer Sinn lag, der Kern einer Aussage, die auch seine eigene Arbeit betraf. Jan wunderte sich. Metaphysik war nicht seine Sache. Aber was Leo sagte, hatte stets Hand und Fuß.

Jan dachte darüber nach. Seine Stimme wurde freundlicher. »Wir haben schon einen Filmemacher und einen Fotografen. Auf einen Musiker verzichten wir gerne. Aber ein Maler könnte interessant sein. Und wer zahlt ihm die Reise?«

»Er selbst.«

»Hat er denn genug Geld?«

»Er bettelt in der Fußgängerzone«, antwortete Leo.

Sie spürte, dass sie innerlich zitterte. Es war allzu leicht gewesen. Sie konnte es sich eigentlich nicht erklären, warum, aber sie wäre froh gewesen, wenn ihre Vater »Schlag dir das aus den Kopf« gesagt hätte. Meinetwegen auch schroff, dachte sie, es hätte mir nichts ausgemacht. Aber Kenan wollte mitkommen, und sie wünschte sich nichts sehnlicher als das. Und inzwischen kam die Frage, die sie so tief aus ihrem Bauch holte, dass es ihr fast schlecht wurde, beharrlich immer wieder und ließ ihr keine Ruhe: Was, wenn ihm etwas passiert? Wäre es dann meine Schuld?

20

GEHEIMNISVOLLE
ALTE GESCHICHTEN

Fünf Tage später, um 16.30 Uhr landete die Maschine der British Airways aus London in Genf. Leo wartete hinter der Sperre. Sie war mit dem Zug gekommen und hatte auch für Kenan eine Fahrkarte gekauft. Schon von Weitem sah sie ihn, weil er so groß war, und winkte ihm zu. Er winkte zurück. Als Gepäck hatte Kenan nur den Schlafsack und einen Rucksack dabei. Nichts zu verzollen. Man ließ ihn durch, und vier Minuten später hielten sie einander in den Armen und tauschten einen filmreifen Kuss. Was beide nach wie vor verwirrte, war das seltsame Gefühl, dass sie zusammengehörten, dass sie aus irgendeinem kuriosen Grund eine Einheit bildeten. Jetzt, da Kenan bei ihr war, wurde Leos Geist klar und hellsichtig. Sie musste mit ihm reden, es gab keinen Aufschub mehr. Was für eine verdammte Geschichte, die Katja ihr in den Kopf gesetzt hatte! Katja hatte genau gewusst, wie eine solche Historie plausibel erzählt werden konnte, und hatte es irgendwie geschafft, dass sie überzeugend klang. Diese Rhetorik! Leo wäre nicht dazu fähig gewesen. Rhetorik war nicht ihre Stärke. Und was, wenn Kenan sich davonmachte und den nächsten Flug zurück nach London buchte? Ja, dann wäre sie auf der einen Seite entschieden erleichtert, auf der anderen so traurig, dass sie mit gebrochenem Herzen stundenlang geheult hätte.

Gleichwohl ließ sie sich nichts von ihren Befürchtungen anmerken, zeigte ihm ein heiteres Gesicht, sprach locker über den Genfer See, über die Weinberge und die Waliser Alpen, an denen der Zug vorbeifuhr.

Eine Stunde später saßen sie auf dem Balkon in der milden Nachmittagssonne. Jan hatte Kenan freundlich begrüßt. Alle drei hatten sich den Aprikosenkuchen geteilt, den Leo noch schnell aus der nahen Bäckerei geholt hatte. Sie hatten Tee getrunken und eine Weile von dem Fundort am Göbekli Tepe gesprochen. Danach war Jan, der es eilig hatte und zu Hause immer in Socken herumlief, wieder in sein Arbeitszimmer geschlurft.

»Da verbringt er fast den ganzen Tag«, erklärte Leo. »Wie ein Maulwurf in seinem Bau. Aber ich bin froh, dass er jetzt nicht dabei ist.«

»Weil du mir Dinge zu sagen hast, die er nicht hören soll?«

»Ach, Großmutter hat ihm die Sache schon beigebracht, ohne dass er sich verkrümelte. Aber was sie sagte, war ihm nicht geheuer. Und wenn ich ehrlich sein soll, mir auch nicht.«

Kenan antwortete nichts. Leo sprach weiter.

»Großmutter erzählte so locker! Ich wollte sie immer wieder unterbrechen, aber sie ließ es nicht zu, sondern würgte mich sofort ab, sagte nur kurz: ›Mundhalten, Leo!‹ Ich merkte allmählich, dass ihre verrückte Schilderung auf einem nahezu enzyklopädischen Wissen gründete. Das imponierte mir. Ich meine, sie erzählte keinen Stuss. Sie wusste genau, dass ich neugierig war. Nun, so einfach war das nicht. Beim ersten Mal, als ich die Geschichte hörte, habe ich mich gefragt, ob Großmutter nicht senil sei. Und ob ich sie jetzt in einem Seniorenheim anmelden sollte. Aber die Sache ließ mir keine Ruhe. Sie hat mir dann das Ganze noch einmal erzählt. Differenziert und in allen Einzelheiten.«

»Hast du ihr am Ende geglaubt?«

»Ich kam mir wie ein Fossil vor.«

»Sie ist noch ein älteres Fossil.«

»Ja, aber man sieht es ihr nicht an. Sie hat einen guten Zahnarzt. Und ich denke, dass sie auch ein bisschen mit Botox nachhilft.«

Er sah sie abwartend an. Leo gab sich einen Ruck.

»Los jetzt, dann habe ich es hinter mir!«, sprach sie sich innerlich Mut zu. Doch ein Zweifel blieb: »Und was wird er gleich denken? Dass die Alte tatsächlich einen Dachschaden hat? Und in der Folge auch ich? Wird er sich fragen, ob denn alle Mitglieder dieser Familie geistig geschädigt sind? Sorry, wenn er das denkt, ist er für mich erledigt.«

Während sie sprach, achtete Leo genau auf Kenans Gesichtsausdruck. Aber da war nichts, was es zu interpretieren gäbe, weder positiv noch negativ. Und als sie fast am Ende der Geschichte war, lagen ihre Nerven blank. Kenan hatte sich nicht gerührt, noch immer nicht. Impulsiv rückte sie näher an ihn heran, streichelte seinen Arm den Ellbogen hinauf. Die Liebkosung war gleichsam resolut, sinnlich und erstaunlich unsicher. Er zog den Arm nicht weg.

Ein langes Schweigen folgte, bis Leo etwas unsicher fragte:

»Und wie fühlst du dich jetzt?«

Er antwortete ruhig.

»Danke, recht gut. Warum fragst du?«

»Weil ich keine Ahnung hatte, wie du darüber denkst.«

»Ich habe gedacht, das ist eine alte Geschichte. Alte Geschichten sind immer geheimnisvoll, und manchmal ist etwas Wahres dran. Für viele Menschen hat die Vergangenheit keine Bedeutung mehr. Das ist eigentlich schade. Und du bist Teil einer sehr alten Geschichte.«

Er sagte das so selbstverständlich, dass sie im Moment nicht wusste, was sie darauf antworten sollte. Schließlich lachte sie ein wenig gezwungen auf.

»Es tut mir leid, ich bin etwas aus den Fugen. Sobald ich darüber rede, flattern ganze Schwärme von irgendwelchen Wesen in meinem Kopf herum.«

Kenan nickte verständnisvoll. »Autosuggestion und Telepathie, was denn sonst? Solche Tagträume, die hat nicht jeder. Mit etwas Erfahrung allerdings, wenn nicht gar Glück, kannst du die Schatten in menschliche Geschöpfe verwandeln mit allen Einzelheiten.«

»Das meinte Großmutter auch. Ich hab's versucht, bis alles genau an der richtigen Stelle war. Ich glaube, diese Leute trugen Federmäntel und hielten einen langen Stab in der Hand.«

»Federmäntel kühlten im Sommer und wärmten im Winter. Heute gehen wir vom gleichen Prinzip aus und tragen Daunenmäntel. Und auch der Stab ist ein nützliches Requisit, wenn man stundenlang wandern muss.«

Sie traute ihren Ohren nicht.

»Sag mal, woher kennst du dich so gut aus?«

»Weil geflügelte Wesen für mich nichts Neues sind. Malek Taus, du erinnerst dich? Eine hübsche Legende. Aber woher kommt der Name? Und woher die Auffassung, dass es früher Menschen gab, die fliegen konnten? Und jetzt will ich dir etwas sagen: Kein Mensch konnte jemals fliegen! Aber diese Leute – nenne sie, wie du willst – zogen von Dorf zu Dorf und waren immer zur Stelle, wenn man sie brauchte. Und Malek Taus war einer von ihnen. Aber es kann sein, und jetzt fabuliere ich einfach mal, dass er einen besonders schönen Mantel trug, aus grünen und blauen Federn. Wenn man ihm allerdings gesagt hätte, dass er Jahrtausende später als Muster für die Teppiche der Nomadenfrauen verewigt werden sollte, hätte er sich vermutlich an den Kopf gegriffen.«

Er streichelte sanft Leos Rücken.

»Soviel ich feststelle, wachsen dir noch keine Flügel.«

Leo holte tief Luft.

»Um ehrlich zu sein, ich fühle mich jetzt besser. Und du?«

»Wieso? Ich habe mich ja nie schlecht gefühlt. Und übrigens, Göbekli Tepe. Ich habe mich im Internet schlau gemacht. Der Ort war bereits vor 15 000 Jahren besiedelt. Und sämtliche Archäologen zerbrechen sich den Kopf darüber, ob die Erbauer schon zivilisiert waren oder nicht. Was mich noch interessieren würde: Wie wurde dieser Fundplatz eigentlich entdeckt?«

»Die Gegend war sehr trocken. Täglich führte man Ziegen und Schafe aus dem nahen Dorf zur Weide, aber es gab kaum Gras. Doch oben auf einem der Hügel wuchs ein Baum, den die Hirten den ›Wunschbaum‹ nannten. Sie gruben eines Tages nach Wasser und fanden eine unterirdische Sickerquelle. Das sprach sich schnell herum. Arbeiter waren dabei, einen Schacht zu bauen, als sie auf Mauerreste stießen. Jetzt mussten sie natürlich vorsichtig sein. Die türkische Antikenbehörde ließ Archäologen kommen, und die Bauarbeiten wurden definitiv gestoppt. Seitdem forschen europäische und türkische Wissenschaftler gemeinsam.«

»Und wer ist diesmal dabei?«

»Nur ein kleines Team. Leute, die Jan gut kennt und die Mumm in den Knochen haben.«

Sie zählte an den Fingern auf.

»Christian und Pamela Hagen. Die sind seit fast einem Jahr vor Ort und bleiben vorläufig da. Offenbar gefällt es ihnen in der Wüste. Franz Kowalski, ein polnischer Geologe, wird uns in Istanbul treffen. David Fabian ist ein guter Freund meines Vaters und kommt aus Tel Aviv. Er arbeitet für das Fernsehen und dreht einen Dokumentarfilm im Auftrag von CNN. Und Sibel Ardalan, vom deutsch-türkischen Institut in Istanbul, wird die ganze Sache leiten und dafür sorgen, dass nichts schiefläuft. Die Gegend ist ein politischer Saustall.«

»Und wen haben wir sonst noch dabei?«

»Kurdische Wächter, mit Gewehren im Anschlag. Die Grabungsarbeiten müssen Tag und Nacht bewacht werden. Die Terrormilizen können jederzeit auftauchen. Zum Glück sind die Kurden knallhart.«

»Die Jesiden auch.«

»Die mit dem Schnurrbart? Kann ich mir vorstellen.«

Kenans Gesicht verwandelte sich. Leo hatte noch nie diesen schwermütigen Ausdruck bei ihm gesehen.

»Ich hoffe, dass ich ihnen begegne. Leider stehen die Chancen schlecht. Sie haben so viele Gründe, um verzweifelt zu sein. Die meisten haben schon die Hölle erlebt. Und viele sind längst nicht mehr da. Sie können ja nicht ewig kämpfen. Schließlich sind sie für die Frauen und Kinder verantwortlich.«

Leo schwieg.

»Was ist?«, fragte er zärtlich.

Sie sagte eine Weile lang nichts, nickte nur wie abwesend mit dem Kopf. Endlich meinte sie:

»Es ist meine Schuld, dass du gekommen bist.«

»Nein, warum? Ich war es ja, der kommen wollte.«

»Ach, Kenan … ich mache mir Vorwürfe.«

Er lächelte. Seine Traurigkeit war ebenso schnell verflogen, wie sie gekommen war. Es war, als ob er diese Traurigkeit einfach nicht zulassen wollte.

»Du willst mich doch wohl nicht loswerden? Stell dir vor, ich habe mir endlich eine Visitenkarte machen lassen. Extra für die Reise! Und ich habe auch meine Flöte dabei.«

»Deine Panflöte?«

»Ja natürlich, die Syrinx. Ich reise niemals ohne sie. Sie würde mir fehlen. Außerdem würden meine Finger steif. Ohne meine Flöte läuft gar nichts. Du hast gesagt, dass wir im Camp übernachten. Da habe ich mir gedacht, ein bisschen Show könnte nicht schaden. Mit Federn und mit El Condor pasa. Ich stelle mir das ganz idyllisch vor.«

»Konkurrenz aus Peru, also?«

»Ja, die Geier werden auf mein T-Shirt kacken.«

Leo brach in Lachen aus. Ihr mulmiges Gefühl verschwand ein wenig. Ihr Verstand hatte ihr von Anfang an gesagt, dass Kenan leichtsinnig war. Und die Gefahr für ihn war nicht zu unterschätzen. Aber sie empfand es zugleich als merkwürdig beruhigend, dass er an ihrer Seite war. Nicht nur, weil sie sich in ihn verliebt hatte. Dass Kenan auf Leugnung der Gefahr beharrte, ohne sich im Mindesten um die Konsequenzen zu scheren, gab Leo ihre Selbstsicherheit zurück. Es entsprach ihrem Bedürfnis nach Gewissheit. »Ohne Kenan würde ich nicht viel taugen«, schoss es ihr durch den Kopf. Kenans Anwesenheit bestärkte etwas, von dem sie eigentlich schon wusste, was es sein könnte, nämlich ihre unverbrauchten Kräfte. »Ohne Kenan wäre ich ziemlich aufgeschmissen«, dachte sie. Mit Logik hatte das alles nichts zu tun, und Leo wollte stets logisch sein. Doch Sachverstand und Gefühl waren schon immer zwei grundsätzlich verschiedene Dinge.

21

LEO SCHÄTZT FEINGEFÜHL IM BENEHMEN

Katja rief an: Sie wollte, dass Leo sie mit Kenan besuchte.

»Warum hast du mir nicht gesagt, dass der junge Mann schon da ist?«, meckerte die alte Dame. »Ich will ihn sehen und mir einen Eindruck von ihm verschaffen.«

Leo schlug sich an den Kopf. Mensch, wie konnte ihr das passieren? Sie hatte ein schlechtes Gewissen. Sie hatte es nie so offenkundig gespürt, dass es eigentlich ihre Pflicht gewesen wäre, Kenan ihrer Großmutter vorzustellen. Es war ihr einfach nicht in den Sinn gekommen. Und jetzt waren ihre Gefühle sehr zwiespältig. Wenn Katja sich einmischte, konnte es für Kenan eine wunderschöne Erfahrung werden – oder auch total in die Hose gehen.

Leo brachte also Kenan mit zu Katja. Er trat vor sie hin, unbefangen, lächelnd, wartete respektvoll, dass er vorgestellt wurde, und überreichte ihr höflich eine Dose englischer Plätzchen.

Katja musterte ihn, von dem wirren Haarschopf bis zu den ausgetretenen Baskets.

»So«, sagte sie zu Leo. »Für gewöhnlich suchst du dir deine Freunde stets von der gleichen Sorte aus. Dieser ist wohltuend anders.«

Leo fand den Kommentar taktlos. Das fing ja gut an. Doch Kenan überhörte gleichmütig die Bemerkung.

»Die Plätzchen schmecken etwas bitter. Das macht der englische Ingwer.«

Katja nestelte an dem rosafarbenen Bändchen.

»Ich kenne dich in gewisser Weise«, brummte sie.

Kenan zog leicht die Stirn kraus.

»Leo hat mir auch von Ihnen erzählt.«

»Schwierig, mir vorzustellen, dass Leo etwas von mir erzählen kann«, entgegnete sie. »Sag, magst du heiße Schokolade?«

Neben dem Silberkännchen standen bereits drei Tassen auf dem Tisch. Und eine hübsche alte Schüssel mit Sahne. Großmutter gab Leo ein Zeichen, die Tassen zu füllen. In der Zwischenzeit schüttete sie die Plätzchen in eine Schale und steckte sich eines in den Mund.

»Schön bitter«, kommentierte sie.

Eine Pause trat ein, während Leo ungeschickt die Tassen füllte. Sie hasste das, weil stets ein Tropfen danebenging und einen hässlichen Fleck auf dem Spitzendeckchen hinterließ. Und natürlich auch jetzt.

»Nimm dir Sahne«, sagte ihre Großmutter zu Kenan. »Du bist dünn und kannst Sahne vertragen.«

Während er sich bediente, ließ sie ihn nicht aus den Augen.

»Leo hat mir das Bild gezeigt, das du gemalt hast.«

»Das hätte sie vielleicht nicht tun sollen, ich bin noch kein guter Maler.«

»Nächsten Monat stellt er zum ersten Mal aus«, warf Leo ein und empfand bei den Worten ein komisches Gefühl, so etwas wie Besitzerstolz.

»Ich bin ein bisschen aufgeregt«, sagte Kenan, »ich stehe ja erst am Anfang.«

»Zumindest ist er bescheiden«, murmelte Katja.

Noch während sie das sagte, tauchte plötzlich, wie aus dem Nichts, die Perserkatze auf. Sie ging schnurstracks auf Kenan zu, sprang lautlos auf seine Knie. Sie drehte sich ein paarmal im Kreis, bevor sie sich bequem zusammenrollte.

»Oh!«, sagte Kenan und kraulte sie zögernd zwischen den Ohren. »Wie heißt sie?«

Katja lächelte.

»Bijou sucht sich ihre Freunde immer sehr sorgfältig aus.«

»Ich mag Tiere«, sagte Kenan.

»Und die Tiere spüren das natürlich. Auch die Geier«, sagte Katja in beiläufigem Ton. »Den Geiern wird das Bild gefallen.«

Kenan wehrte lachend ab.

»Sie machen sich über mich lustig!«

»Nein. Gegen die Geier ist nichts auszurichten. Besonders, wenn sie genau das wollen, was man selbst will.«

Kenan überlegte, was ihre Worte wohl bedeuten mochten. Man sah es ihm an. Er hatte aufgehört zu lachen. Aber Großmutter achtete nicht auf ihn und sprach unbeirrt weiter.

»Geier spüren, ob wir glücklich oder zornig sind. Und ob sie uns lieben oder nicht.«

Ihr unentwegtes Anstarren hätte Leo nervös gemacht. Doch Kenan wirkte ganz entspannt. Vielleicht missdeutete er ihren Blick und amüsierte sich. Katja war in dem Alter, wo sie nur noch gutaussehende Männer um sich haben wollte, als Erinnerung sozusagen.

Die anderen nahm sie gar nicht mehr wahr. Aber es ist nicht nur das, dachte Leo. Sie sieht etwas in ihm, was ich nicht sehe. Noch nicht.

Katja lächelte kaum merklich, als ob sie in Leos Gedanken las, und gab ihr erneut ein Zeichen. Leo hob die Silberkanne und schenkte Kenan zum zweiten Mal ein. Sie verursachte wieder einen Fleck und murmelte innerlich »Scheiße!«.

»Noch etwas Sahne?«, fragte Katja. »Sie ist aus dem Bioladen.«

»Oh danke, sehr gerne!«

Katja wartete, bis Kenan den ersten Schluck getrunken hatte. Dann nickte sie ihm zu.

»Du hast den Vogel perfekt gemalt. Die einzelnen Federn, die Farben, die Spannweite der Flügel, alles stimmt. Und ich möchte wetten, dass du ihn nicht irgendwo abgemalt hast, weder im Internet noch im Fernsehen noch im GEO. Du hattest nur eine Vorlage und hast ihn dann aus dem Kopf gemalt.«

»Das war schon immer so«, sagte Kenan und setzte erstaunt hinzu: »Wie haben Sie das herausgefunden?«

»Mitunter weiß man solche Dinge. Und meine Beobachtungen sind in ihrer Genauigkeit streng. Du hast noch nie einen lebenden Geier gesehen, du weißt von einem solchen Vogel so gut wie nichts. Und trotzdem hat er als Gedanke vor deinem inneren Auge Gestalt angenommen. Malen entsteht aus dem Unbewussten, wo auch die Musik ihren Ursprung findet. Und übrigens – ich habe mir sagen lassen, dass du Panflöte spielst.«

Kenan nickte bejahend, und Leos Großmutter, die sich stets kerzengerade hielt, lehnte sich leicht zurück.

»Aha. Die Musik der alten Völker. Die Flöte passt sich dem Wind an und dem atmenden Wasser. Jede Musik verwandelt sich. Die Flöte stammt noch aus der Zeit, als die Geier-Königin die Seelen der Verstorbenen unter ihre Flügel nahm und ins Jenseits geleitete. Sie ist als Muttersymbol unsterblich. Sie bewacht die Welt der Himmelsgeister, und alle Geier gehorchen ihren Befehlen. Vielleicht hast du sogar – und das ohne fremde Hilfe – die Geier-Königin gemalt?«

»Die Geier-Königin? Ich wusste überhaupt nicht, dass es eine gegeben hat!«

»Oh doch, und es gibt sie noch. Sonst hättest du sie ja nicht gemalt!«

Leo und Kenan tauschten einen überraschten Blick und wandten sofort die Augen ab.

Beide dachten das Gleiche und wagten nicht, es laut auszusprechen. Ein ironisches Lächeln umspielte Katjas Mundwinkel.

»Ihr denkt natürlich, dass ich einen Pieps habe. Das wäre wohl in Anbetracht der Umstände der passende Ausdruck.«

Leo rutschte unbehaglich hin und her, und Kenan räusperte sich.

»Eigentlich nicht. Aber …«

Katja schnitt ihm mit einer Handbewegung das Wort ab.

»Sag, woran glaubst du?«

Sie warf ihm die Frage direkt ins Gesicht. Er zögerte. Unabhängig davon wäre das Gespräch in jedem Fall verwirrend gewesen.

»Woran ich glaube? Das kann ich nicht genau sagen. An die Seelenreise, vielleicht?«

»Warum?«

»Weil ich den Gedanken schön finde.«

»So. Und würdest du für die Geier-Königin spielen?«

Ein Schweigen folgte. Kenan überlegte, wie sich die sonderbaren Worte deuten ließen. Schließlich zeigte er ein kleines Lächeln.

»Ich kann es ja versuchen. Wenn Leo mir hilft.«

»Leo weiß, was sie zu tun hat«, sagte Katja. »Und sie ist intelligent.«

Leo schätzte Feingefühl im Benehmen. Aber sie wusste auch, dass Katja sich oft und sehr bewusst einen Ausrutscher leistete und dass die Worte, mit denen sie sie lobte, keinerlei Bedeutung hatten. Aber diesmal war es richtig peinlich. Kenan schien es auch zu bemerken, denn Leo fing seinen Blick auf, der ihre stumme Verärgerung registriert hatte, und gleichzeitig sein Lächeln, nachsichtig, spöttisch. »Mach dir nichts draus«, schien er zu sagen.

Katja nickte, als ob sie Leos Gedanken las.

»Das Interessante an euch ist, dass ihr den Wert des anderen erkennt. Eines Tages wird sich erweisen, dass dies dem Schicksal schon bekannt ist. Und ihr werdet begreifen, dass ein Schicksal nicht besser ist als das andere, aber dass der Mensch zu dem, was er in sich trägt, stehen muss.«

Seltsam: Leo hatte in diesem Moment das Gefühl, als dringe etwas an die Oberfläche ihres Bewusstseins: ein Erkennen, eine Wahrheit. Sie wollte sagen, Kenan und ich sind eine gemeinschaftliche Erinnerung, ein gemeinschaftliches Buch. Das hatte sich richtig gut angehört. Literarisch und gelehrt. Aber ihr fehlten die Worte, und sie kam sich ziemlich blöd vor. Dabei war sie sonst nicht auf den Mund gefallen. Schließlich brachte sie es fertig, ihr Gefühl in einem vernünftigen Satz auszudrücken.

»Wir gehören zusammen.«

»Schön, dass ihr das so empfindet«, antwortete Katja heiter. »Belassen wir es dabei. Und jetzt, wie wär's zur Abwechslung mit Mozart?«

»Mozart wäre nicht schlecht«, meinte Leo.

Katja stützte sich leicht an den Armlehnen ihres Sessels auf und kam fast mühelos auf die Beine.

»Das Problem mit Mozart ist, dass er Gefühle in uns weckt, für die wir noch nicht bereit sind.«

Sie ging zu ihrem Flügel, schlug den Deckel auf und stimmte das Klavier, absolut konzentriert und sehr präzise, ihr feines Profil unbeweglich. Dann berührten ihre Finger die Tasten, kräftig und trotzdem federleicht. Die Musik erklang. Kenan streichelte selbstvergessen die Katze, und Leo lauschte aufmerksam, das Kinn auf die Hand gestützt, denn Mozart klang immer anders durch die Art, wie seine Musik gespielt wurde. Und das in allen Konzertsälen der Welt. Diesmal war die Musik nicht heiter, sondern verträumt und traurig. Und plötzlich wurden Schemen sichtbar, die mit den Lichtreflexen von draußen kamen und über die Wände strichen. Leo musste an Amöben denken, die über eine Wasser-haut gleiten und ständig ihre Form verändern. Kenan bemerkte sie fast zur gleichen Zeit. Offenbar sah die Katze sie auch, denn sie versteifte sich, ihr Schwanz schlug wie ein Pendel, und ihre Augen wurden starr.

Nein, unmöglich, dachte Leo, und Kenan dachte das Gleiche, denn sie blickten einander an und schüttelten leicht den Kopf. Alles nur Einbildung! Aber beide sahen ganz deutlich die Geier-Königin, die mit weit ausgebreiteten Schwingen lautlos durch die Wolken glitt. Sie hielt nach den Seelen der Verstorbenen Aus-schau, während das Tageslicht sank und der Himmel über Göbekli Tepe sich rot färbte. Rot wie Blut, dachte Leo und erschauerte. Und als sie stumm Kenans Hand ergriff, sprang Bijou lautlos von seinen Knien und verließ den Raum.

22

SIBEL ARDALAN
IST SCHÖN
UND TRAURIG

Das Flugzeug von Genf nach Istanbul hatte fast drei Stunden Verspätung. Alle waren erschöpft, bevor die Reise überhaupt startete. Das Warten, das Gedränge, das beharrliche Schubsen raumfüllender Reisegruppen – einfach scheußlich. Endlich wurde das Flugzeug bereitgestellt; man wartete angeschnallt in der Kabine, bis der Start erfolgen konnte. Doch die Erleichterung war nur kurz: Massive Windstöße schüttelten die Maschine. Das Flugzeug sprang scheppernd von einem Wolkenloch ins nächste. Einigen Passagieren wurde es schlecht. Und so war es die ganze Zeit. Sie hatten bereits jede Hoffnung aufgegeben, sahen sich bis ans Ende ihrer Tage in diesem Schüttelkasten gefangen, als die Maschine schließlich doch noch landete. Sie hatten es geschafft! Fast – aber noch nicht ganz. Denn es ging wieder los: Kontrollen ohne Ende, akribisch und nervenaufreibend, die vornehmlich den Filmemacher betrafen. Dieser hatte Ähnliches schon etliche Male erlebt und war nicht aus der Ruhe zu bringen. Alle anderen warteten mehr oder weniger stoisch, während Leo das zunehmende Verlangen überkam, sich schreiend am Boden zu wälzen. Hysterie hätte man das früher genannt; heutzutage hieß es »Burn-out«, was sich eindeutig stilvoller anhörte.

Erschöpft und zermürbt konnten sie endlich die Ankunftshalle verlassen. Draußen warteten in langer Reihe die Taxis. Während sie in Stadtrichtung fuhren, blickte Kenan sich neugierig um, konnte jedoch nichts sehen. Nebel überall.

»Das kommt manchmal vor«, sagte Leo. »Der Bosporus. Morgen scheint wieder die Sonne.«

Es dunkelte bereits, nachdem es zuvor ununterbrochen geregnet hatte. Die Stadt hob sich schemenhaft gegen den dunstigen Himmel ab. Istanbul war stets voller Lärm und Autohupen. Nun verhüllte der Nebel alle Lichter, rückte die Stadt in geheimnisvolle Ferne. Kenan hatte das sonderbare Gefühl, dass sich Istanbul ihrer Wahrnehmung entzog, sich in einen Ort verwandelte, der nicht mehr ganz zu dieser Welt gehörte. Die genialen Bauten des »Glücksarchitekten« Sinan Pascha, die mächtigen Kuppeln und schlanken Minarette, schienen im Nebel zu hängen und auf diese Weise Teil einer Legende zu werden, zu erhaben für die Menschheit, weil sie der Himmel für sich selbst beanspruchte. Dann, als die Stimmen der Muezzins, verstärkt durch Lautsprecher, zur gleichen Zeit erklangen, war es, als ob rufende Vögel ihren Weg in die Ferne suchten. Und Kenan dachte illusionslos, dass eine solche Pracht nur dort entstehen konnte, wo die Machthaber die Verherrlichung ihrer Person zur religiösen Kunst erhoben. Despoten sind immer großspurig und wichtigtuerisch. Und was sie bauen, wird ihr Nachfolger, der sie mit einem Tritt in den Hintern vom Thron stößt, genüsslich zerstören. So verlief die Weltgeschichte.

Der Verkehr war ausgesprochen lebensgefährlich. Man sah kaum die Umrisse der Autos. Der Nebel verformte alle Lichter. Es dauerte mehr als eine Stunde, bis ihre zwei Taxis vor dem Hotel eine große Kurve zogen und vor dem Eingang parkten. Sie bezogen ihr Zimmer, und nach den Widrigkeiten der Reise und dem Mistwetter draußen hatte keiner mehr Lust, das Hotel zu verlassen. Es gab verschiedene Restaurants. Sie suchten eins aus, das türkische Spezialitäten servierte. Die gewürzten Gerichte weckten ihre Lebensgeister, und bald waren alle wieder in bester Stimmung. Franz, der polnische Geologe, war schon ein älterer Mann. Leo schätzte ihn weit über siebzig. Er ging in leicht gebückter Haltung, seine Schritte waren schwerfällig und vorsichtig. Wenn Leo in sein kantiges Gesicht blickte, hatte sie den Eindruck, etwas Prähistorisches zu sehen, eine alte Tonscherbe zum Beispiel, voller senkrechter Kerben. Sein Antlitz erzählte in erster Linie seine eigene Geschichte, sein Leben als Forscher, wobei er sich nicht in Schweigen hüllte, sonders gerne und ausführlich von seinen Reisen und Erlebnissen sprach. Er freute sich, wenn er Steine fand, die rund und makellos waren, ließ sie liebevoll in seinen Händen hin und her gleiten. Ebenso liebte er die Erdablagerungen, in denen er wie in einem Buch las.

David, der Filmemacher, war ein schöner Mann, etwa vierzig, mit Augen braun wie Eicheln unter langen Wimpern. Sein Lächeln kam spontan und zeigte seine ebenmäßigen Zähne. Wenn Leo ihn anblickte, musste sie immer wieder an Katja denken. David würde genau ihrem Typ entsprechen. Seine Stimme hatte zwar einen männlichen Tonfall, klang aber sanft wie die Stimme einer Frau. Trotzdem hörten ihm alle gebannt zu, wenn er bedächtig von seinem letzten Film erzählte, den er in Australien über die »Zeit der Träume« gedreht hatte – die sakrale Kunst der Ureinwohner. Man konnte ihm fast nicht glauben, was er alles Haarsträubendes erlebt hatte, aber man tat es doch.

»Archäologische Funde sind einfach das Beste, was man filmen kann«, meinte er mit schiefem Lächeln. »Dabei beleidigt man keinen Gott, hat wenig Kontakt zu den Einheimischen und mit etwas Erfahrung pirscht man sich nicht zu nahe an militärisches Gebiet heran.« Antonio, sein Assistent, ein lebhafter Italiener aus Mailand, war ursprünglich Fotograf. Ein sehr guter sogar, aber bevor er zum Film kam, hatte er diverse, sehr verschiedenartige Berufe ausgeübt. Jetzt arbeitete er bei privaten Produktionsfirmen und beim Fernsehen, allerdings nur freiberuflich, was ihn flexibel machte. Wenn es an irgendetwas fehlte, Antonio wusste Rat. Er war Beleuchter, taugte auch als Mechaniker. Aber bei all seinem lässigen Charme blieb er doch ein Hitzkopf. David, der gerne mit ihm arbeitete, wusste genau, wann er die Zügel straff anziehen musste.

Sie bestellten Rotwein, und nach einiger Zeit waren alle ein wenig beschwipst. Jeder hatte etwas zu erzählen, was kurios oder einzigartig war, aber jeder debattierte sachverständig, keiner sprach nur für sich allein, und es wurde viel gelacht. Leo, die wie immer gut zuhörte und scharf beobachtete, mochte ihre neuen Reisegefährten, die sie zum ersten Mal sah. Sie war zumindest bereit, sie zu mögen. Es kam selten vor, dass sie gegen Freunde ihres Vaters eine Aversion entwickelte. Jan arbeitete nie mit einem zerstrittenen Team. Er war ein Mensch, der seine Sympathie keineswegs jedem schenkte.

Am nächsten Morgen war der Dunst auf wundersame Art verschwunden. Die Sonne strahlte, und der Himmel war tiefblau. Gleich nach dem Frühstück ging Leo mit ihrem Vater zum deutsch-türkischen Archäologischen Institut. Sibel Ardalan, die Leiterin des Projektes, empfing sie in ihrem Büro. Leo sah vor sich eine schöne Frau, hochgewachsen, mit einem melancholischen Ausdruck im Gesicht. Ihre Mundwinkel waren leicht nach unten gezogen und bewahrten diesen Ausdruck von Schwermut, selbst wenn sie lächelte.

Sie sprach ein perfektes Deutsch. Nach ein paar Jahren in Tübingen, wo sie einen Lehrstuhl für mittelorientalische Frühgeschichte innehatte, war sie nach Istanbul zurückgekehrt. Im Institut schätzte man ihre Erfahrung und hatte ihr – wie sie ironisch bemerkte – keinen Chef vor die Nase gesetzt.

Jan hatte ihr rechtzeitig alle benötigten Informationen geschickt. Ihr Laptop stand bereits auf ihrem Bürotisch, und sie loggte sich sofort in den Server ein. Das Potenzial der 3-D-Darstellung für räumliche Verhältnisse hatte Jan perfekt genutzt, um anhand der gesammelten Daten das Innere des Hügels zu visualisieren. Dabei trat Erstaunliches zutage. Mittlerweile arbeiteten alle Archäologen mit dem 3-D-System, aber Jan hatte ganz am Anfang die Grabungsarbeiten geleitet, was ihm einen gewissen Vorsprung gab. Seine Entdeckung mochte ziemlich bahnbrechend sein und unter Kollegen viel Staub aufwirbeln. Archäologen blieben die meiste Zeit unter sich, wurden jedoch recht selten miteinander vertraut. Es herrschte Futterneid. Manche waren absolute Champions in der Kunst, eine Datei zu rekonstruieren. Wichtige Funde waren eine Sache von Prestige, bedeuteten Geld für sich selbst und für weitere Recherchen.

Jan bat Sibel um Diskretion in eigener Sache.

»Auf jeden Fall«, beantwortete sie sein Anliegen.

»Sonst haben wir bald die ganze Welt hier«, ergänzte Leo, die bisher geschwiegen hatte, »und es könnte das Gerücht aufkommen, dass die Ruinen von Außerirdischen errichtet wurden.«

Sibel lachte leicht auf. Leo fand, dass ihr Lachen einen schönen Klang hatte.

»Das hätte sich längst herumgesprochen. Ohnedies hatten wir tatsächlich schon die ganze Welt hier, es gab sogar eine Modenschau. Ein türkischer Couturier hat sich durch die Motive inspirieren lassen. Aber das war, bevor in Syrien der Krieg ausbrach und Nationalisten die neue kurdische Selbstverwaltung zerschlugen. Ich war dabei, als es losging. Sie griffen uns mit Napalmbomben an. Viele Menschen wurden schwer verletzt oder getötet. Ich sah, wie ihre Kleider verglühten, wie ihre Haut zu Fetzen schmolz. Jetzt herrscht in Syrien das Gesetz des Dschungels. Wir wollten da auf keinem Fall hineingeraten. Und im Irak haben die regierungstreuen Truppen zwar den islamischen Staat besiegt, aber der Krieg tobt nach wie vor in den Hinterhöfen und in den Köpfen. Nun, bis auf Weiteres können die Archäologen noch arbeiten. Sehen wir uns die Sache mal an!«

Sie gab das Programm ein, und das Innere der Hügellandschaft erschien virtuell auf dem Bildschirm. Gebilde aus Stein wurden sichtbar, die tief in die Erde reichten und immer komplizierter wurden wie verschlungene Knoten.

»Aus rationaler Sicht«, kommentierte Jan, »betrachten wir hier ein Gebilde, das wie eine Zwiebel aus verschiedenen Schichten aufgebaut ist. Wir sehen durch die einzelnen Erdschichten bis zum Kern des Gebildes. Und trotzdem bleibt uns das Geschaute unverständlich. Deshalb fällt es uns so schwer, erklärende Theorien zu entwickeln.«

»Ein magischer Ort«, sagte Sibel leise.

»Als Baufachmann musste ich mich mit dem Gedanken vertraut machen, dass unter dem Göbekli Tepe weitere Anlagen verborgen sind. Bisher habe ich acht gezählt, aber es könnten sogar mehr sein. Und sie sind nicht, wie ich eine Zeit lang dachte, miteinander verbunden. Jede Anlage stand für sich und wurde einzeln vergraben.«

Sibel drehte langsam den Bildschirm.

»Entweder haben wir jetzt ein Riesenglück oder ein massives Problem.«

»Ich würde eher sagen ein massives Problem.«

Sie betrachteten beide den Bildschirm.

»Die Seele des Menschen sehnt sich danach, zu ihrem Ursprung zurückzukehren«, sagte nachdenklich Sibel. »Verlieren wir unser kulturelles Gedächtnis, verlieren wir auch unsere seelische Heimat.«

Jan teilte ihre Meinung.

»Nun, solange keine Chinesen in Dutzenden von Bussen anrücken und Souvenir-Shops eröffnen, bleibt uns noch eine Chance.«

Sibel war in Gedanken versunken.

»Es könnte sein, dass die Anlagen als astronomischer Kalender genutzt wurden und im Gebrauch waren, solange sie den zeitgenössischen Berechnungen entsprachen. Die Fixsterne bewegen sich ja in einem Zeitraum von ungefähr 2000 Jahren. Dann ändert sich die Himmelskarte. Und folglich wurde der Kalender nutzlos. Der nächste wurde den veränderten astronomischen Berechnungen entsprechend gebaut.«

Jan starrte sie hocherfreut an.

»Dies würde ja bedeuten, dass diese Monumentalbauten etwa 10 000 Jahre älter sind als die Hochkultur der Sumerer, die als erstes zivilisiertes Volk der Erde gelten. Das gibt Raum für jede Menge Spekulationen. Wer waren diese Menschen, die vor der großen Flutkatastrophe, etwa 8 Jahrtausende vor unser Zeitrechnung, eine organisierte Gesellschaft bildeten? Sie waren offenbar zu astronomischen Berechnungen fähig und zeigten einen enormen Arbeitseinsatz im Kollektiv. Dazu kommt die steinerne Bildsprache, diese surreale Welt von Skulpturen und Reliefdarstellungen, deren Bedeutung uns nach wie vor ein Rätsel ist.«

»Und wie lange würde es dauern, bis alle diese Bauten ausgegraben sind?«, fragte Sibel.

»Sagen wir mal … etwa 100 Jahre.«

Sie lächelte. Der schöne, echte Klang in ihrer Stimme machte es Leo schwer, ihren eigenen Gedanken zu folgen.

»Also, bis dahin bleibt uns noch etwas Zeit. Ich habe die nötigen Papiere bereits ausgestellt. Dass ich selbst Kurdin bin, ist Ihnen bekannt. Allerdings bin ich in freundlicheren Zeiten aufgewachsen. Heutzutage wird in der Türkei die kurdische Sprache nicht mehr unterrichtet. Und wir – die Kurden – benehmen uns, als hätten wir nie ein Wort türkisch gehört. Nun, wir sind gute Kämpfer, aber wir haben ein weiches Herz. Wovor die Türkei wirklich Angst haben muss, sind die Dschihadisten, die sogenannten

Gotteskrieger. Die Türkei sollte es sich lieber nicht mit uns verderben und unseren Führer Abdullah Öcalan endlich aus dem Gefängnis entlassen, wo er seit mehr als 20 Jahren einsitzt. Sonst bleiben ihre Grenzen ungeschützt.«

Ja, die Türken hatten allen Grund zur Sorge. Die selbst ernannten Gotteskrieger des Islamischen Staates hassten jede Lebensart, die älter als ihre Religion war. Sie hassten alle Traditionen und Bräuche, ob sie überholt waren oder nicht. Sie hatten schon die antike Stadt Palmyra zerstört, die zum Weltkulturerbe der Menschheit gehörte. Ihre Gesinnungsgenossen, die Taliban in Afghanistan, hatten die wundervollen Buddhastatuen von Bamiyan in die Luft gesprengt, diese segensbringenden Riesen, Zeugen vieler Jahrhunderte. Die Gotteskrieger ließen nur ihre Auslegung des Islam zu, manipulierten ihre Anhänger und verstrickten jedes Individuum in ein Geflecht komplexer, unberechenbarer Beziehungen. Sie kannten nichts anderes als ein verlogenes Gottesbild, das aber sehr genaue Befehle fantasierte. Ihre Gedankenwelt war die Konsequenz einer Rotation, ein Negativ der menschlichen Vernunft. Jedes Mal, wenn Leo von diesen Leuten hörte, hatte sie das Gefühl, als ob sich ihr Magen umdrehte. Was empfinden sie wohl dabei?, fragte sie sich. Genugtuung? Rache? Den wilden Drang, etwas zu zerstören, was für andere Menschen seit Jahrtausenden wichtig war? Kannten sie keine Scham? War in ihrem Hirn etwas, das wir Wahn nennen, das sie selbst jedoch als ihre Aufgabe, ihre Mission betrachten? Welche Zukunft hatten sie vor Augen? Ernährten sie sich von ihrer eigenen Herzen, bis nur noch ein Organ da war, das den Körper funktionsfähig hielt? Und nur Antworten aus der Retorte, die keine Erklärungen für etwas Seltsames, Ungewohntes zuließen. Allah ist groß.

Leo wusste, dass Sibels Mann einem islamistischen Attentat zum Opfer gefallen war, als er seine zwölfjährige Tochter zur

Schule brachte. Man hatte Sprengstoff unter seinem Wagen ge-
zündet.

Doch Sibels ruhiges Gesicht, ihre gefasste Stimme, ließen keinerlei Gefühl erkennen. Schmerzabwehr? Zurückhaltung? Stolz?
Eine Mischung von alldem, nahm Leo an.

23

WO KARPFEN SCHWIMMEN, SPRICHT DIE GESCHICHTE HÖFLICH

Am nächsten Morgen sollte es losgehen. Sibel hatte alles vorbereitet, zwei Taxis würden sie nach ihrer Ankunft in Urfa zum Fundort bringen. Am Abend, als Leo ihren Rucksack neu packte, holte sie behutsam die Vogelmaske hervor. Oft werden unsere Entscheidungen von ganz merkwürdigen Ideenverbindungen beeinflusst, die langes Nachdenken überflüssig machen. Leo hatte die Maske, Katjas Empfehlung folgend, in einem gut ausgepolsterten Kissenbezug aufbewahrt und behutsam gefaltet. Und eigentlich nahm sie nur ganz wenig Platz ein. Leo drehte die Maske leicht in ihren Händen hin und her und betrachtete sie von allen Seiten. Sie stellte sich vor den Spiegel und setzte die Maske behutsam auf. Sie war aus Pappmaché, schlicht und trotzdem eindrucksvoll. Sie umschloss Leos Kopf ganz eng, als ob es sich tatsächlich um ihren eigenen Kopf handelte, und wirkte daher ziemlich echt.

Leo war mit ihrer Arbeit ganz zufrieden. Und – nein, der Schnabel hing nicht schief, Leo hatte ihn gut befestigt. Sie nahm die Maske wieder ab und schüttelte leicht den Kopf. Sie hatte Katja nicht erzählt, dass sie die Maske mitnahm. Wozu auch? Hatte ihr Katja nicht immer wieder eingeschärft, dass sie auf ihre Gefühle hören sollte? »Die Maske begleitet mich mit einer bestimmten Absicht«, dachte Leo. Es handelte sich eigentlich nur

164

darum, ein bisschen Hokuspokus zu machen, während Kenan Flöte spielte. Konnte ganz lustig sein.

Endlich war es so weit! Die Sonne war gerade erst aufgegangen. Hinter dem Minarett der Hagia Sophia leuchtete der Himmel aprikosenfarbig. Um diese Zeit war Istanbul noch ruhig. Nur vereinzelte Fahrzeuge oder Busse wirbelten Staub auf und störten mit ihrem Hupen die Stille. Die Brunnen sprudelten klares Wasser. Die Rasenflächen wurden gespritzt und die Straßen gefegt. Kleine Trupps waren unterwegs, um den Müll zu entfernen. Ihre beiden Taxis fuhren den blau glitzernden Bosporus entlang, an dem breiten Hafenbecken mit seinen dicht gedrängten Schiffen und Booten vorbei. In den Vororten bauten die Händler gerade ihre Markstände auf. Hier staute sich der Morgenverkehr, die Luft roch bereits nach Auspuffgasen. Schade, dachte Leo. Istanbul war eine alte und prunkvolle Stadt, aber die moderne Zeit hatte sie viel zu schnell eingeholt und einen Teil ihrer Seele geraubt. Nahezu alle Häuser waren mit Fernsehantennen und Satelliten-Empfängern bespickt.

Und der sich überall verbreitende radikale Islam machte die Sache nicht besser. Sein wachsender Einfluss war an der großen Zahl neuer Moscheen zu erkennen. Der »Islam des Lichtes« wurde diese Religion einst genannt. Sie war ein Licht im Prozess der menschlichen Entwicklung gewesen, ihr Geist war der Geist der Literatur, der Wissenschaft, der Astronomie. Diese Zeit war unwiderruflich vorbei. Der radikale Islam war keine Religion mehr, sondern ein politisches Konzept. Zwar wussten die Gläubigen, dass es diese Zeit gegeben hatte, dass sie ihr unmittelbarer tiefer Ursprung war. Eine urtümliche Weisheit verkörperte die Weisheit aller Dinge auf der vergangenen Seite ihrer Geschichte. Aber heute verdammten Fanatiker jedes Wissen, forderten in Allahs Namen nichts als bornierte Unterwerfung. Ein bedauernswerter Gott, dachte Leo, der seiner bornierten Glaubensanhänger ziemlich überdrüssig sein musste.

Der eigentliche Flug dauerte etwas mehr als 2 Stunden, aber bevor sie in der Maschine Platz nehmen konnten, fing das Ganze von vorne an: Kontrollen ohne Ende. Man nahm es gelassen. Ein Bus brachte sie schließlich zum Flugzeug. Jan hatte seinen Fensterplatz David überlassen, der nach komplizierten Verhandlungen die Erlaubnis erhalten hatte, mit seiner Kleinkamera zu filmen. Franz, der Einzige, der rauchte, saß ein paar Reihen hinter ihnen. Sie warteten auf den Start.

»Denke nicht, dass ich schlafe«, sagte Kenan plötzlich, öffnete die Augen und lächelte Leo an. »Im Flugzeug werde ich nervös. Platzangst. Da bin ich lieber still. Was meinst du, was los ist?«

Sibel, die neben Leo auf der anderen Seite des Gangs saß, hatte die Bemerkung gehört.

»Nichts«, entgegnete sie auf Englisch. »Hierzulande sind die Kontrollen immer sehr langwierig. Man befürchtet Flugzeug-Entführungen.«

»Nein, danke!«, dachte Leo. Sibel sprach die Warnung bestimmt nicht leichtfertig aus. Das Gespenst von Terroristen, Sprengladungen, verdächtigen Koffern schwebte in der Kabine. Endlich kam die Starterlaubnis. Das Brummen der Düsentriebwerke ging in ein schrilles Pfeifen über. Leos Ohren waren wie mit Watte gefüllt. Sie schluckte ein paarmal, machte Druckausgleich, bekam ihr Gehör wieder frei. In großer Entfernung glitt die Welt unter ihnen dahin. Zuerst Hügel, mit dunkelgrünen Wäldern gesprenkelt, dann steinerne Hochebenen, von ausgetrockneten Flussarmen durchzogen, die aussahen wie eine Röntgenaufnahme des Blutkreislaufs. Der Planet lebt wie ein menschliches Wesen, dachte Leo. Ein Riesenorganismus, der im Weltenraum schwebt. Der Planet ist Gott, und alles andere nur Blabla. Doch es ist nun mal so: Der Mensch braucht ein etwas, an das er sich halten kann, weil er längst noch nicht fähig ist, alle Wunder zu begreifen.

Urfa lag inmitten einer fruchtbaren Ebene, die das Vorland des Taurus-Gebirges bildete. Und gleich hinter dem Gebirgszug begann das anatolische Hochland, ein mythisches Steppen- und Wüstengebiet, das sich bis weit hin zum Euphrat zog. In der Antike war die Oasenstadt unter dem griechischen Namen Edessa bekannt. Ein reicher Handelsort und ein berühmtes intellektuelles Zentrum. Doch der Ursprung der Stadt war viel älter und verbarg sich im Nebel einer unbekannten Geschichte. Allerdings sah sich Edessa seit Alexander dem Großen unterschiedlichsten Einflüssen ausgesetzt. Die Stadt hatte Römer erlebt, Parther, Kreuzritter, Seldschuken, Mongolen und schließlich die Mameluken. Die syrischen und aramäischen Christen des Orients hatten hier beflissen eine theologische Universität gegründet: Stopp, wir sind da, mach Platz, Allah! Er hatte es ihnen nicht übelgenommen. Und alle hatten ihre Spuren hinterlassen, die ziemlich durcheinanderliefen.

Das neue Urfa war großzügig und modern angelegt, von Parks und Gärten durchzogen. Hier sprach die Geschichte mit höflicher Stimme. Sie erzählte von der Burg mit ihren zwei ungewöhnlich hohen, schlanken Säulen. Sie erzählte von dem ehrwürdigen Turm der Moschee, einem architektonischen Wunderwerk, aus behauenen Quadern ohne Mörtel zusammengefügt. Sie erzählte von dem See zu Füßen des Kastells, in dem große Karpfen schwammen. Die Karpfen bewegten die Flossen wie Schleier, ihre Farben wechselten bei jeder ihrer geschmeidigen Drehungen. Sie galten in der jüdischen und islamischen Tradition seit den Zeiten von Abraham als heilig. Man warf ihnen Körner zu, bewunderte ihre Schönheit. Und niemand lauerte am Ufer mit einer Angel. Man sagte, dass jener, der einen Karpfen auf den Speiseplan setzte, blind wurde.

Sie verbrachten eine Nacht im Hotel und hatten Glück, dass sie in Urfa entgegenkommende Beamte vorfanden. Das war nicht selbstverständlich. Außerdem war seit einigen Monaten alles ruhig. Mit jeder Menge Stempeln im Pass und dem Segen der Behörden ging die Reise am nächsten Morgen weiter. Die Taxis warteten. Beide Fahrzeuge waren etwas klapprig, aber durchaus wüstentauglich. Der Göbekli Tepe war ja schon von Urfa aus zu sehen, nichts Weltbewegendes, nur ein sandfarbener Hügel am Rande der Wüste. Doch die Wüste war selbst am Rande tückisch. Und obwohl die Strecke nur kurz war, knapp vierzig Minuten Fahrtdauer, gab es für jeden Wagen zwei Ersatzreifen, einen zusätzlichen Stoßdämpfer sowie einen Benzinkanister. Sogar ein Sandbrett war vorhanden. »Man kann der Wüste nie trauen«, sagte Sibel. Nun, die Wüste und ihre Launen waren nicht das Problem. Das eigentliche Problem waren die islamischen Milizen, die neuerdings immer dreister wurden. Deswegen wurde die Straße zum Göbekli Tepe von bewaffneten Männern streng bewacht, und jedes Dorf hatte seine Dorfwächter, die Tag und Nacht patrouillierten. Das Ganze hätte beruhigend wirken sollen, aber man wusste nie genau, wo und wann die Bärtigen plötzlich auftauchen würden. Das war genau ihre Stärke. Sie kamen nicht nur in der Nacht, sie kamen mittlerweile auch tagsüber, das war ja das Schlimme. Nachts war man vorbereitet, tagsüber nicht immer.

Ja, es war eine gefährliche Gegend. Und als ob das alles noch nicht genug wäre, bekämpften sich Kurden und Türken seit etlichen Zeiten, ohne Aussicht, dass es in Zukunft einmal aufhören und besser werden würde. Perioden relativer Ruhe wechselten mit neuen Gefechten ab, Bomben fielen. Der Konflikt wurde zunehmend härter, weil die Türken effizientere Waffen kaufen konnten. Man gewann den Eindruck, dass beide Gegner – je länger, desto mehr – die Kämpfe als Teil ihres Lebens ansahen. Der Eindruck täuschte. Die Kurden hatten von alldem genug, aber sie fühlten sich beständig provoziert und in ihrer Ehre verletzt. Sie waren ein altes, stolzes Volk, das die Schmach nicht einstecken wollte und zurückschlug. Auge um Auge, Zahn um Zahn. Und es war kein Ende in Sicht.

Doch es lag weder im Interesse der Türken noch der Kurden, sich an Ausländern zu vergreifen oder Geiseln zu nehmen. In dieser Beziehung herrschte zumindest ein wenig Einvernehmen.

24

DIPLOMATIE KANN CHARMANT SEIN

Für die Dauer ihres Aufenthaltes waren immer die gleichen Fahrer zuständig: Yazir und Mehmet, beide aus Urfa, beide zu jeder Zeit mit dem Smartphone erreichbar. »Wir kommen auch mitten in der Nacht«, meinte Yazir gutmütig. Die Männer fuhren gut und sicher. Die Gegend war ihnen vertraut. Sibel sprach nur kurdisch mit ihnen, was sie offenbar freute. Sie trug Jeans und eine dunkelblaue Bluse. Ein buntes Kopftuch hielt ihr Haar zusammen, damit es ihr nicht ins Gesicht fiel. Sie sah überaus reizend aus. Leo bemerkte, dass Jan sie immer wieder heimlich von der Seite aus betrachtete. Umso besser, dachte sie. Es kam höchst selten vor, dass ihr Vater eine Frau attraktiv fand.

Südlich von Urfa sorgten moderne Bewässerungsanlagen für Obstplantagen und immergrüne Felder. Das Klima war angenehm, nicht zu heiß, nicht zu kalt. Korn und Weizen wuchsen auf den Feldern. Hohe Weiden, Platanen und Zypressen säumten die gut ausgebaute Straße. Doch die Landschaft veränderte sich schnell. Bald gelangten sie auf eine Hochebene, die mal grau mal gelb in der Hitze flimmerte. Nur Sträucher wuchsen hier, und Dünengras. An einigen Stellen war die Straße mit Steinen frisch aufgeschüttet worden. Die Sonne brannte heiß auf sie herab, und der Himmel zeigte eine gelbliche Färbung. Ein Stück der bergauf führenden Strecke hatten sie anfangs noch fahren können. Jetzt war es in der Sonne so heiß, dass das Blech des Wagens glühte. Nach einer Weile wurde ein dunkler Punkt mitten auf der Straße sichtbar, der sich schnell vergrößerte und die Umrisse eines Kleinlastwagens annahm. Er signalisierte unmissverständlich: Hier geht es nicht weiter! Im nächsten Moment tauchten zwei Männer, die Kalaschnikow im Anschlag, aus den Hitzewellen und näherten sich den Autos.

Yazir, der am Steuer saß, kurbelte das Fenster herunter und winkte fröhlich. Die Männer winkten zurück. Beide Taxifahrer stiegen aus und schüttelten den Männern die Hände. Sie umarmten einander stürmisch, wobei sie sich gegenseitig mit flacher Hand auf den Rücken schlugen, dass es knallte. Der ältere Mann war hochgewachsen und hielt sich fast übertrieben gerade. Ungefähr siebzig und noch gut in Form, dachte Leo, bis sie merkte, dass er einen steifen Arm hatte. Das hinderte ihn jedoch nicht daran, ziemlich gekonnt mit seinem Gewehr zu hantieren. Er stellte sich als Yazirs Schwager vor. Sein Name war Murat. Der zweite Mann hieß Karim und war Yazirs Neffe. Er hatte blondes Haar, grüne Augen und ein süßes Lächeln, vor dem jede Frau dahingeschmolzen wäre. Katja hätte ihn sofort erbeutet. Leo kniff Kenan in den Arm.

»Ist der nicht wunderschön?«

»Schöner als ich?«

»Oh ja, und pass bloß auf, gleich werde ich dir untreu!«

Die Männer bestanden darauf, dass die Ankömmlinge Tee mit ihnen tranken.

»Sie vertreiben sich die Zeit, wie sie können!«, meinte Sibel lächelnd. »Und wir können alle eine Stärkung gebrauchen.«

Sie nahmen im Schatten einiger Sträucher Platz, die auch den Taxis Schutz vor der Sonne boten. Zwischen drei Steinen entfachte Murat ein Feuer. Karim, der schöne Neffe, brachte eine silberne Teekanne, Gläser, verschiedene Kekse und Datteln. Bei

171

dem jungen Mann waren alle Gesten von erstaunlicher Eleganz. Wüstenromantik pur. Aber während sie den Tee tranken, der schaumig war und wunderbar süß schmeckte, erzählten die beiden Wächter keine Märchen aus 1001 Nacht, sondern wahre Horrorgeschichten. Rakka, die syrische Gouvernements-Hauptstadt, lag ja nur 150 Kilometer entfernt. Mit Unterstützung der USA war es den Kurden gelungen, die Stadt vor neuen Massakern zu bewahren und den IS mit einem gewaltigen Tritt in den Hintern zu vertreiben. Sie waren stolz auf ihren Erfolg. Doch die Freude währte nur kurz. Die Yanks hatten Befehle von oben und zogen ab. Ruckzuck, von einem Tag auf den anderen. Die Kurden standen da wie die Dummen. Und an Stelle der Amerikaner kamen die Russkis mit Panzern, Abwehrraketen und Spionage-Drohnen. Assad schloss ein paar Offiziere in die Arme und küsste sie auf den Mund. So etwas machte man in Syrien, in Russland offenbar auch. Allerdings sahen die Djihadisten, die keiner küssen wollte, eine neue Chance. Sie schwenkten ihre schwarzen Fahnen und krochen wie die Mistkäfer aus allen Löchern, in denen sie sich versteckt hatten.

»Sie können überall sein, hinter jedem Stein«, sagte Karim. »Die Leute haben Angst. Die Eltern wagen nicht mehr, ihre Kinder in die Schule zu schicken. Vor einigen Wochen explodierte in Urfa ein Kino. Mitten in der Vorstellung von Spiderman. Es gab über fünfzig Tote, darunter viele Kinder.«

»Sie wollten auch das Museum sprengen. Aber das haben sie nicht geschafft«, sagte Mehmet, der zweite Taxifahrer.

Karim zeigte ein schiefes Grinsen.

»Schlampige Arbeit, wie?«

»Beim nächsten Mal wird's klappen.«

Murat, der finster eine Zigarette rauchte, sagte: »Wir nennen die Gotteskrieger ›Daesh‹, das bedeutet: ›Jene, die den Boden zertrampeln‹.«

»Das hören sie bestimmt nicht gerne«, meinte Leo.

Murat hielt ihr eine Zigarette hin, die sie freundlich ablehnte.

»Sie hassen es. Sieht überhaupt nicht vornehm aus, wenn man seinen Namen auf die Gedenktafel der Geschichte setzen will. Wir Kurden sind Sunniten und blicken in die Zukunft. Die Terroristen sind Salafisten und blicken zu den frommen Altvätern. Und jetzt müssen wir Tag und Nacht unsere Dörfer bewachen. Sonst fliegen Knochen in die Luft, die wir später auf den Dächern einsammeln müssen.«

Murat und Karim sprachen Englisch. Ein wenig unbeholfen, aber immerhin. Man konnte sie verstehen. »Ist hier ein Dorf in der Nähe?« fragte David. »Wir haben keines gesehen.«

»Nein«, antworteten die Männer und schüttelten den Kopf. »Wir sind hier, um den Göbekli Tepe zu schützen.«

»Aber da oben gibt es doch nur Ruinen!«

»Für die Attentäter ein wichtiges Ziel«, erklärte Jan. »Die Ruinen gehören zum Weltkulturerbe. Und gerade deshalb soll das Monument vernichtet werden.«

Sibel konnte das nur bestätigen.

»Die selbsternannten Gotteskrieger wollen, dass die Menschen ihre Vergangenheit vergessen. Tabula Rasa. Und danach soll ein neues Zeitalter anbrechen, das am 8. Juni 632 mit Mohammeds Tod seinen Anfang nahm. Sie halten sich für die beste Gemeinschaft, die je unter den Menschen entstanden ist, und ihnen kommt es zu, die Welt zu beherrschen.«

»Oho, wer sagt das denn?«, fragte Franz, der polnische Geologe.

»Das sagen sie selbst.«

Franz lachte leise und stoßweise.

»Denen läuft ja die Weisheit aus den Eimern.«

»Sie können sich ihre utopische Seife sparen, das nimmt kein sauberes Ende«, sagte Karim grimmig. »Wir Kurden erledigen die

173

dreckige Arbeit, aber keiner unterstützt uns. Die Türken schon gar nicht.«

Leo und Kenan nickten einander zu. Sie hatten genau wissen wollen, was da eigentlich lief, und sich schon im Voraus gründlich informiert. Hier herrschte ein morbides Durcheinander.

Die Türken wollten um keinen Preis, dass die Kurden autonom wurden. Angeblich aus Sicherheitsgründen. Das ging auf 1978 zurück, als Parteiführer Abdullah Öcalan die Arbeiterpartei Kurdistans (PKK) gründete. Die militante Organisation kämpfte für ein unabhängiges Kurdistan und führte einen Guerillakrieg gegen den türkischen Staat, was nicht lange gutging und mit einem Desaster für die Kurden endete! Grob gerechnet ließen etwa 50 000 Menschen ihr Leben – mehrheitlich ihre eigenen Landsleute. Öcalan saß noch heute hinter Gittern. Man hatte ihm immerhin einen Schreibtisch erlaubt und einen Computer zur Verfügung gestellt. Inzwischen hatte er Bücher geschrieben, hatte ehrlich zugegeben, dass Gewalt ein folgenschwerer Fehler war, und Abschied von einem Kurden-Staat genommen. Er meinte, dass sich die Zeiten geändert hätten. Die Kurden hatten Öcalan geliebt, fanden ihn allmählich etwas senil, aber liebten ihn noch immer. Resultat: Die Türken trauten den Kurden alles Mögliche zu. Theoretisch musste sich eine Nato-Macht mit Panzern, Napalmbomben, Spionage-Drohnen und einem Waffenarsenal, das alles enthielt, was wirksam und teuer ist, nicht vor antiquierten Kalaschnikows fürchten. Wovor man sich fürchtete, war der kurdische Dickschädel.

»Wir verteidigen unsere Eigenständigkeit«, sagte Karim. »Nationalisten schreiben uns vor, wie wir zu denken haben, und das kommt bei uns schlecht an. Erdogan ist ein Islamist, und wir machen ihm zu viel Arbeit. Aber er wird uns nie so haben, wie er uns haben will.«

Leo hatte Sibels grauenhafte Schilderung im Gedächtnis behalten. Politische Interessen verlangten, dass man sich »comme il faut« verhielt. Immer das Gesicht wahren, auch wenn man innerlich brodelte. Das war der Charme der Diplomatie, die den Kurden egal war.

Und Leo war eigentlich nicht erstaunt, als Kenan, der bisher geschwiegen hatte, sich plötzlich einmischte.

»Wer selbstständig denkt, hat die stärkste Waffe. Das ist nicht von mir, das sagt meine Mutter.«

Die Männer sahen ihn an, mit der glimmenden Zigarette in der Hand und einem Schimmer von Interesse in den Augen.

»Ist deine Mutter Kurdin?«, wollte Murat wissen.

»Nein, Jesidin. Ihre Familie hat Schweres durchgemacht. Aber sie will nicht davon reden.«

»Woher kommst du?«

»Aus Großbritannien. Ich bin dort geboren. Mein Vater ist türkischer Konsul in Manchester.«

»Schon früher in der Türkei gewesen?«

»In Istanbul, mit meinen Eltern.«

»Lange?«

»Na ja, eine Woche.«

Murat und Karim tauschten einen Blick, den Leo – im besten Fall – als geringschätzig bezeichnet hätte. Was Kenan dabei empfand, wusste sie nicht. Die Gefahr bestand, dass er eingeschnappt war. Und doch … nein. Es lag nicht in seiner Natur, wegen einer Kleinigkeit beleidigt zu sein. Er war nur um eine Erfahrung reicher geworden. Hier sprach man nicht von Allah, dem angeblich Allwissenden, und predigte auch nicht Moral. Hier war man lediglich verbittert und wütend, weil man immer wieder verschaukelt wurde. Und für die Jesiden hatte man Respekt, was Murats nächste Worte bestätigten.

»Die Jesiden sind unsere Cousins. Sie brauchen Waffen und eigenen Boden, genau wie wir. Zusammen könnten wir Daesh in

Schach halten. Aber die Jesiden können sich nur an der Ehre erfreuen, gute Kämpfer zu sein. Das ist nicht genug.«

Karim war nicht nur schön, sondern seine Worte zeugten von einer politischen Klarsicht. Er war weit entfernt davon, zu schwadronieren; er setzte beim Sprechen Pausen und wählte seine Worte sorgfältig aus, was darauf schließen ließ, dass er gebildet war. Man hatte ihn offenbar auf die höhere Schule geschickt. Eine beachtenswerte Leistung in einer Gegend, in der die Leute mit dem Mindesten auskommen mussten, es kaum Schulen gab und an jeder Straßenecke Bomben hochgingen.

»Den Boden, den könnten wir längst haben«, sagte Karim. »Zwischen Nordsyrien und der Türkei liegt ein Gebiet, das wir ›Rojava‹ nennen, ›Demokratische Föderation Nordsyriens.‹ Wir wollten diese Region nach unserer Vorstellung verwalten. Unser Ziel ist, Frieden für alle. Araber, Jesiden, Assyrer und Turkmenen könnten bei uns nach ihrer Kultur leben und ihre eigene Sprache sprechen. Unsere Verwaltung würde Religionsfreiheit garantieren und die Gleichstellung zwischen Mann und Frau. Wir wollen uns zu den Menschenrechten bekennen und auf die Todesstrafe verzichten. »Das hört sich verdammt utopisch an«, dachte Leo. »Sie denken wie alle Freiheitskämpfer eben denken und sind sogar ehrlich dabei. Leider wendet sich das Blatt, sobald sie an die Macht kommen. Danach hat jeder nur den eigenen Vorteil im Kopf. Herrschaftsanspruch und Profilneurose. Und alles fängt von vorne an. Vielleicht auch nicht. Die große Ausnahme.« Leo bereute ihren eigenen Zynismus. Sie wollte eine Utopie haben.

Inzwischen sprach Karim weiter: »Vor drei Jahren sahen wir eine Chance. Wir standen nicht mit leeren Händen da. Seit 2017 hielten wir das Wasserkraftwerk an der syrischen Tabqa-Talsperre besetzt. Wir verhandelten mit Baschar al-Assad, und als Zeichen unseres guten Willens gaben wir das Kraftwerk der syrischen Regierung zurück. Im Gegenzug verlangten wir, dass Assad unsere

176

›Demokratischen Föderation‹ anerkannte. Endlich geschafft! – glaubten wir zumindest. Denn kaum hatte Assad das Kraftwerk zurück, vergaß er das Abkommen. Das war nicht das erste Mal, dass man uns über den Tisch zog. Schon 2003 hatte Daesh im irakischen Kirkuk das Wasserwerk gekapert und gedroht, den Staudamm zu sprengen. Die Mauer ist 40 Meter hoch. Die Folgen kann sich jeder ausdenken. Obendrein liegt Kirkuk im Zentrum der Erdöl-Industrie. Während der Schlacht von Mosul konnten wir Daesh mit amerikanischer Hilfe vertreiben, aber von Dankbarkeit keine Spur.« »Tja, was hast du denn erwartet?«, dachte Leo. »Dankbarkeit ist ein politisches Fremdwort. Konnte ja sein, dass die Kurden tatsächlich Utopisten waren. Das machte sie für Leo sympathisch. Aber was lag für sie drin? Nichts als Scherereien. Und für Leo kamen Scherereien vorläufig nicht infrage. Ich bin ein Feigling«, dachte sie und fühlte sich schäbig. Utopien waren schön und gut. Blöderweise kam man auch ohne sie aus. Karim sagte bitter: »Ein Jahr später verweigerte man uns das Stimmrecht. Man wollte vermeiden, dass wir mit dem Erdöl-Reichtum einen eigenen Staat gründeten. Mal wieder Pech gehabt. Und jetzt wiederholt sich die Sache. Assad zieht den Schraubstock an. Er will Rojava nicht vor seiner Haustür haben und schickt uns haufenweise Flüchtlinge aus Syrien, die nicht alle unsere Freunde sind.«

»Und wie reagiert die Türkei?«, fragte Jan und hustete, aber nicht nur, weil ihm die Zigarette zu stark war.

»Erdogan nützt den Abzug der Amerikaner, um im Norden Syriens einzufallen.«

»Lässt Assad sich das bieten?«, hakte Jan nach.

»Er kann nicht anders. Seit der Trockenheit der letzten Jahre deckt das Wasserwerk an der Tabqa-Talsperre nicht mehr alle Bedürfnisse des Landes. Im Gegensatz dazu ist die Türkei reich an Wasser. Erdogan hat mehrere Staudämme bauen lassen. Er kann

Assad jederzeit die Wasserhähne zudrehen. Erdogan verfolgt eine türkisch imperiale Politik. Rojava stört ihn enorm, Und jetzt greift uns Assad mit russischen Flugzeugen, Panzern und Drohnen an und erpresst uns: Freunde unseres Herzens, in Rojava ist Platz genug. Hunderttausend Flüchtlinge, was macht das schon aus? Wir sollten doch solidarisch sein! Aber wir mucksen auf, und jetzt stehen wir wie die Dummen da. Rufen wir Europa zu Hilfe, schaut Europa weg. Keiner denkt darüber nach, dass wir die einzigen sind, die Daesh den Weg über das Mittelmeer versperren. Wir haben Ehre im Leib. Europa wird es erst merken, wenn der Eiffelturm in die Luft fliegt. Aber dann ist es zu spät.«

Seine Augen glänzten dunkel von verhaltener Wut. Er sah plötzlich älter aus, als er eigentlich war. Was er sagte, war ebenso klarsichtig wie deprimierend. Murat nickte bei jedem Wort, wobei er finster auf seinen Gewehrkolben trommelte.

»Und dazu versucht die Türkei, uns international schlechtzumachen: Nicht die Gotteskrieger sind die Schlimmen, nein! Auf einmal heißt es: Die wahren Terroristen, das sind wir. Alle nur Halunken, Gottlose. Halsabschneider. Man schnürt uns von allen Seiten die Luft ab. Wir haben keine andere Wahl als weiterzukämpfen. Und haben wir keine Waffen mehr, na ja, dann nehmen wir Steine.«

Man brauchte nur in die Gesichter dieser Männer zu blicken, um ihren gerechtfertigten Zorn zu verstehen. Niemand konnte die Kurden leiden, jeder schimpfte auf sie. Diese Menschen saßen – buchstäblich – in einer Zwickmühle der Geschichte.

Leo empfand ein starkes Bedürfnis, diesen Leuten zu sagen: Lasst euch nicht die Hoffnung nehmen! Macht weiter! Doch wie käme sie dazu, sich einzumischen? Verflucht noch mal, sie konnte nichts sagen, nichts tun. Sie gehörte ja nicht einmal zu ihnen. Oder doch? An diesem Punkt angekommen, weigerte sie sich, intensiver darüber nachzudenken.

Die Männer saßen wie Wachen um Sibel herum, als ob sie darauf warteten, dass sie etwas sagte. Sibel – ja, Sibel konnte, sie musste sich einmischen. Gesellschaftlich stammte sie aus einer höheren Schicht, denn sie arbeitete in der Forschung. Das drückte sich in der Art aus, wie sie sprach. Aber sie war Kurdin. Die Männer vertrauten ihr. Letztlich waren sie doch gleich oder zumindest ähnlich genug, dass sie einander verstehen konnten. Und Sibel hatte begriffen, was diese Männer hören wollten. Man musste es ihnen nur mit den richtigen Worten erklären. Kein akademischer Fachjargon, mit dem sie nichts anfangen konnten, was für Sibel jedoch gar nicht so einfach war. Trotzdem versuchte sie es. Leo wunderte sich zunächst, warum Sibel weiterhin Englisch sprach. Aber mit einem Mal wurde ihr klar, dass sie Zeugen suchte für das, was sie sagen würde.

»Ich habe das auch mitgemacht. Ich wohne im modernen Istanbul, habe viele Privilegien, aber keine Lebensfreude. Vor drei Jahren wurden mein Mann und meine kleine Tochter von türkischen Islamisten getötet. Eine Zeit lang nahm mir der Schmerz jede Kraft. Aber man kann sich an den Schmerz gewöhnen, nicht wahr? Wie man sich an eine Krankheit gewöhnt. Und weil das orientalische Altertum mein Spezialgebiet ist, habe ich alles andere beiseitegeschoben und mich nur mit unserer Geschichte befasst. Das gab mir Rückhalt. Habt ihr euch mal Gedanken darüber gemacht, wer wir eigentlich sind?«

Die Männer schüttelten den Kopf.

»Wir haben kaum Fragen gestellt«, erwiderte Karim. »Auch nicht in der Schule. Die Lehrer hatten andere Sorgen. Türkische Sniper lauerten überall. Sie schossen gerne auf Schulkinder.«

»Was ging in solchen Momenten in euch vor?«, fragte Jan.

»Nichts. Sachen packen, loslaufen!«

»Dafür sind wir nicht verantwortlich«, sagte Sibel. »Trotzdem müssen wir es ausbaden. Man soll nicht von der Menschlichkeit der Politiker träumen, das ist nicht gut. Politiker haben eine begrenzte Laufzeit und denken in erster Linie an sich selbst. Wir jedoch haben viele tausend Jahre unsere Freiheit genossen; wir haben ein Recht dazu, denn dies ist unser Land und war es schon immer. Aber wir können unsere Ansprüche nicht mehr geltend machen. Das ist eine Sache. Die andere ist, dass es unsere Vorfahren waren, die Göbekli Tepe gebaut haben.«

Sibel hatte einen trockenen Mund. Es war schwierig, das alles diesen Männern zu erklären. Sie nahm einen Schluck Tee.

»Wann?«, fragte Yazir. »Vor hundert Jahren?«

Sie lächelte ihn an. Ein schönes, strahlendes Lächeln, wobei sie den Kopf schüttelte.

»Nein. Vor vielen tausend Jahren, bevor die Sumerer in Mesopotamien die erste Hochkultur der Menschheit schufen. Sie kannten bereits frühe Formen der Astronomie, Mathematik und Literatur. Sie schrieben auf Tontafeln. Und sie hielten unseren Namen fest und kennzeichneten uns als Weisheitsbringer und Schöpfungsgötter, was auch immer das heißen mag.«

Murat riss eine neue Packung Zigaretten auf, und Karim beugte sich vor.

»Stimmt das? Nannten sie uns wirklich so?«

»Ja.«

»Aber wie kamen sie dazu?«

»Genetische Untersuchungen zeigen, dass wir Indogermanen aus dem südsibirischen Altai-Gebirge sind. Das Klima soll so mild gewesen sein, dass große Städte entstanden und die Menschen ein hohes Wissen entwickelten. Dann fiel ein Stern vom Himmel und zerstörte die Welt. Die zweite Eiszeit brach an. Nur wenige überlebten. Auf der Suche nach Wärme und Licht wanderten sie entlang des Schwarzen Meeres nach Westen, vermischten sich mit den ansässigen Bevölkerungen und brachten ihnen bei, was sie wussten. Vieles hatten sie vergessen, aber nicht alles.«

Leo bewunderte Sibels Fähigkeit, komplizierte Vorgänge mit einfachen Worten zu erklären. Dabei kamen schon wieder Nebengedanken in ihr auf, mit denen sie sich im Moment nicht befassen wollte.

»Unser Volk hatte keinen Gott«, sagte Sibel. »Aber wir verehrten die Natur- und Himmelsgeister. Und wenn wir uns irgendwo ansiedelten, stellten wir als Erstes ein Gemeinschaftszelt auf, das wir mit Stangen befestigten. Unter dem Loch des Rauchabzugs rammten wir einen Stab in den Boden. Wir stellten uns diesen Stab als Mittelpunkt der Welt vor, verbunden mit dem kreisenden Sternenhimmel, der durch den Polarstern markiert war.«

»So etwas muss wahr sein«, unterbrach Mehmet auf einmal. »Den Polarstern sehen wir ja jede Nacht.«

Leo hatte zunächst gedacht, dass die Männer mit solchen Erklärungen wenig anfangen konnten, aber Sibel vergeudete keineswegs ihre Zeit. Nicht, dass diese Männer unwissend waren, das war es nicht. Ihr Geist war scharf und daran gewöhnt, wachsam zu sein. Sie beobachten den Nachthimmel und wussten, dass auch die Fixsterne nicht wirklich feststanden. Solche Dinge zu hören erklärte ihnen manches. Und sie verstanden Sibel aus einer Art dunklem Instinkt, der ihre geringe Schulbildung ersetzte.

Sibel sprach weiter.

»Wir waren den Mächten der Natur ausgeliefert und führten ein hartes Leben. In dieser Gegend – dem heutigen Anatolien – konnte man Korn anbauen, Früchte ernten und Fische fangen. Wir änderten unsere Lebensart: Früher waren wir Nomaden, jetzt wurden wir Bauern. Dennoch bewahrten wir unsere Traditionen. In Anlehnung an unser früheres Gemeinschaftszelt errichteten wir Bauwerke aus Stein, die sich nach dem Polarstern richteten. Vor 12000 Jahren war Wega der Polarstern. Das hing mit der Drehung der Erde zusammen, mit dem Vorrücken der Tagundnacht-gleichen. Heute wissen wir, dass unsere astronomischen und mathematischen Kenntnisse beim Bau der altägyptischen Pyramiden einbezogen wurden.«

Die Männer saßen still und rauchten. Ihre dunklen Augen blickten eindringlich. Schließlich brach Karim das Schweigen.

»Wir wissen nur wenig darüber. Man sagte uns nur, dass Göbekli Tepe von den Alten erbaut wurde.«

»Deswegen wollen die Islamisten die Ruinen sprengen«, rief Karim aufgebracht. »Weil sie wichtig für uns sind.«

»Weil sie wichtig für alle Menschen sind«, sagte Sibel.

Murat schüttelte den wuchtigen Kopf.

»Das wird ihnen nie gelingen! Göbekli Tepe gehört zu unserer Geschichte. Geben wir Göbekli Tepe auf, könnten wir auch gleich Rojava aufgeben. Dann müssten wir uns vor unseren Kindern schämen.

Karim hatte sich wieder beruhigt.

»Es ist gut, dass Sie uns das alles erzählt haben. Das ist schon sehr beeindruckend. Wir danken Ihnen.«

Sibel lächelte ihn an.

»Wir sind Individuen und keine Schafe. Finden wir uns damit ab, dass wir überall nur gehasst werden können. Man wird immer versuchen, uns den Boden unter den Füßen wegzuziehen. Mit diesem Gedanken müssen wir leben. Rojava ist nicht ein aus der Luft gegriffener Traum, sondern ein Zukunftsprojekt für emanzipierte Menschen.«

Sibels Tonfall war gleichmäßig und präzise. Sie sah schön und elegant aus, wie gemalt. Dabei hatten ihre Haltung und ihre Gesten etwas Formelles an sich, das im Gegensatz zu ihren Worten stand. Sie war es gewohnt, in einem Auditorium zu reden. Und auch – je nachdem, welches Publikum sie vor sich hatte – gewisse Gedanken nicht auszusprechen. Für diese Männer hier war sie eine der ihren. Sie hatte ihnen mit schlichten Worten eine geschichtliche Perspektive eröffnet. Die Männer brauchten Gedanken, die fest und konkret waren. Sie fühlten sich in eine Kontinuität einbezogen.

Eine Frau mit solchem Charisma hatte Leo selten erlebt. Sie bemerkte, wie Jan hinter seiner Sonnenbrille sie nicht aus den Augen ließ. Wie ein hypnotisiertes Kaninchen, kam ihr in den Sinn. Jan war sachlich und abgebrüht. Sein Leben war nicht immer rosig gewesen. War er endlich bereit, sich zu verlieben? Ein bisschen Romantik konnte ihm nichts schaden. Ohne sich selbst darüber im Klaren zu sein, hatte Jan vielleicht die richtige Frau getroffen. Eine, mit der er reden konnte, mit der er sich auf Augenhöhe austauschen konnte, ohne dass sie ihm auf die Nerven fiel. Der Gedanke weckte in Leo ein komisches, aber angenehmes Gefühl – es ging ihr zu Herzen. Sie fühlte sich gleichsam berührt und erheitert. Und als Jan sich mit leicht unsicherem Ausdruck ihr zuwandte, lächelte sie ihn rückhaltlos an, als ob sie sagen wollte: Bravo, Papa! Du bist auf dem richtigen Weg. Nur weiter so!

25

DIE GEIER FLIEGEN AUS DEN WOLKEN HERVOR

Die beiden Taxifahrer verabschiedeten sich, um nach Urfa zurückzufahren; sie wollten aber jederzeit erreichbar bleiben. Auch Murat und Karim bezogen wieder Stellung. Sie warteten auf ihre Ablösung. Sobald es dunkel war, wurde die Bewachung verstärkt. Nacht für Nacht drehte eine Patrouille ihre Runden. Es gab sogar Scheinwerfer, um das Gelände auszuleuchten. Zum Glück war bisher alles ruhig geblieben, aber man konnte nie wissen.

Die anderen machten sich auf den Weg, der ziemlich steinig war und sich bald in einen schroffen Ziegenpfad verwandelte.

Der dunkle Sandboden glitzerte, als wäre er mit Kristallen bestreut. Das Merkwürdigste war jedoch seine Farbe: ein schwärzlicher Bronzeton, der glänzte und funkelte und an manchen Stellen in Rostrot überging. Allmählich machte sich in Leo eine Unruhe bemerkbar, ein innerliches Forschen. Es war, als ob sie keine fremde Landschaft vor sich hätte, sondern einen Ort, den sie kannte. Die Sonne sank, aber das Licht blendete weiterhin und strahlte eine seltsame, beunruhigende Energie aus. Leo hatte den Eindruck, dass sie Formen vor sich sah, die sich gleichmäßig hoben und senkten. Wie Flügel, dachte sie. Die Formen schwebten Leo entgegen, verharrten und bewegten sich dann in einigem Abstand von ihr, als ob sie ihr den Weg weisen wollten. Leo blinzelte verwirrt, und im nächsten Moment waren sie verschwunden. Sie schalt sich selbst: Du bist ja beknackt, achte lieber auf deine Füße. Unwillkürlich verlangsamte sie ihre Schritte. Sie bemerkte, dass Kenan sie von der Seite ansah, bereit, ihr zu helfen, wenn sie stolpern sollte. Sie beachtete ihn kaum. Etwas Subtiles, Provokatives nahm schleichend von ihr Besitz, beanspruchte ihre ganze Aufmerksamkeit. Sie versuchte, diese Empfindung mit der Wirklichkeit zu kombinieren, sachlich wie ein Mensch, der in der Gegenwart lebt, sich seinen Träumen wohl bewusst ist, aber einen klaren Kopf behalten will. Das war gar nicht so einfach.

Inzwischen mühten sich David und Antonio mit ihrem Filmmaterial ab, außerdem schleppten sie noch Taschen und Rucksäcke. Obwohl der Aufstieg nicht allzu beschwerlich war, fühlten sich alle nach kurzer Zeit erschöpft. Sie waren es zwar gewohnt, ihre Ausrüstung zu tragen, aber selbst unter der bereits schräg stehenden Sonne war es noch derart heiß, dass die Männer oft stehen blieben, um mit vorgebeugtem Oberkörper nach Luft zu ringen.

Nach und nach veränderte sich die Landschaft. Sie bewegten sich in einer Art Filmkulisse, beherrscht von schwarzgrauen Felsen, die sich immer wieder zu Barrieren auftürmten und die sie zu umgehen hatten.

»Basalt«, meinte Franz, der immer alles erklären musste. »Basalt ist vulkanischen Ursprungs und kann beim Aufschmelzen des Erdmantels auf dem Meeresgrund entstehen. Was hier offenbar der Fall war.«

Die Felsen waren fast alle gleich groß. Leo fragte sich, ob diese Formationen Reste von behauenen Steinen waren, aber die regelmäßigen Formen konnten Zufall sein, weil alle Kanten durch Sand und Wind abgeschliffen waren. Doch im Moment konzentrierte sie sich auf etwas ganz anderes. Geier sammelten sich über ihnen. Leo fand es immer wieder rätselhaft, wie schnell das ging: Wo eben noch kein einziger Vogel zu sehen war, tauchten im nächsten Augenblick mindestens ein Dutzend auf, als sei der blaue Himmel ein Zaubermantel, dem sie entstiegen.

Kenan hatte sie ebenfalls erblickt.

»Geier?«

»Ein ganzer Topf voll«, sagte Leo nonchalant.

Sie gab sich locker, weil sich das sonderbare Empfinden in ihr verstärkte und sie es nicht zulassen wollte. Es hing irgendwie mit den Geiern zusammen, mit diesem Schwarm. Ich will damit nichts zu tun haben. Was ist es nur?, fragte sie sich irritiert.

Inzwischen zählte Kenan halblaut die großen Vögel, die sich vom Aufwind in die Höhe tragen ließen.

»… acht, neun, zehn, elf …! Es sind dreizehn! Oh, Mann! Wenn ich die nur malen könnte! Aber sie sind zu weit weg.«

Leo war froh, dass er sie aus ihrer Geistesabwesenheit in die Wirklichkeit zurückholte.

»Warte mal ab. Geier sind sehr neugierig.«

»Und immer auf der Suche nach etwas zu fressen«, ergänzte Antonio, der sie mit großen Schritten eingeholt hatte. Er nahm seine Kamera, richtete den Sucher auf die Vögel und machte ein paar Aufnahmen.

»Hoffentlich haben sie es nicht auf uns abgesehen.«

David, der am meisten schwitzte, strich sich das klamme Haar aus der Stirn.

»Nicht auf uns. Nur auf deinen dicken Bauch!«

Franz stapfte keuchend neben ihm her, die Hand voller winziger, rundgeschliffener Splitter.

»Da, sieh mal! Feuerstein. Feuerstein entsteht aus aufgelösten Skelettresten von Kieseltierchen. Wir haben hier marine Kalksedimente, die sich vor 65 bis 130 Millionen Jahren gebildet haben. Für gewöhnlich kommen solcher Mikrofossilien an der Ostseeküste vor. Erstaunlich, dass hier der Belag so dicht ist. Offenbar Spuren des Meeres, das sich im Neolithikum zurückzog.«

»Grandios!«, murmelte David, der überhaupt nicht zugehört hatte. Sie wanderten weiter, bis sie über eine kleine Anhöhe hinweg einen Hügel erblickten, der eine kegelartige Form aufwies. Über ihm stand ein einsamer Baum mit dunkelgrünem Laub und bildete einen skurrilen Anblick. Sibel steckte den Arm aus. Ihre Stimme vermischte sich mit dem Rauschen des Windes.

»Der Wunschbaum! Wir sind gleich da!«

»Das ist ein Lorbeerbaum«, erklärte Jan, der mit gerötetem Gesicht neben ihr her stapfte. »Als ich ihn zum ersten Mal sah, wunderte ich mich. Warum steht er hier, wo alles trocken ist, und verliert nie seine Blätter? Später erklärte mir ein Botaniker, dass Lorbeerbäume starke Wurzeln haben, die tief in die Erde eindringen.«

»Warum trägt er diesen Namen?«, wollte David wissen.

Sibel, die Hände auf die Hüften gestemmt, nickte ihm zu. Ihr Gesicht glänzte ein wenig.

»Spricht man unter dem Baum einen Wunsch aus, geht er in Erfüllung.«

Antonio schnalzte mit der Zunge.

»Toll! Aber was sagt der Baum, wenn ich eine Yamaha YS 125 haben will?«

»Er sagt dir ›fuck‹«, gab Leo grinsend zurück.

»Tatsache ist«, sagte Sibel, »dass in den tieferen Erdschichten noch Grundwasser fließt. Wer sein Ohr an die Erde drückt, kann hören, wie es tropft. Es kommt auch vor, dass Wasser durch den Boden sickert. Man kann das Wasser trinken, aber es schmeckt nach Salz. Und noch tiefer, in den Ablagerungen, findet man lehmige Schichten mit Versteinerungen von Fischen und Muscheln. Hier war ja ursprünglich das Meer, bevor sich eine Insel bildete, die nachher zum Festland gehörte.«

»Das erklärt auch die Feuersteine«, sagte Franz in zufriedenem Tonfall.

Den Team-Mitgliedern war bekannt, dass Forscher von der Universität Istanbul bereits 1963 mit den Ausgrabungen beginnen wollten. Dann kam das Gerücht auf, dass sich auf dem Hügel ein byzantinischer Friedhof befindet. Da islamische Friedhöfe für die Ewigkeit angelegt sind, suchte man nicht weiter. Erst im Jahr 1995 entdeckten Bauern am Südhang des Hügels große Steine, die sie beim Pflügen störten. Sie wollten die Steine zerschlagen und den Acker bereinigen, aber sie wollten keinen Rüffel einstecken und meldeten es den Behörden von Urfa. Kurz darauf wurde dem deutschen Archäologen Klaus Schmid eine Begehung mit Survey erlaubt. Die Reste eines Friedhofs waren nirgendwo auszumachen. Und somit stellte sich den Ausgrabungen nichts mehr in den Weg.

Sie setzten ihren Aufstieg fort. Kenan und Leo beobachteten vergeblich den hellgoldenen Himmel. Die Geier waren verschwunden. Kenan war enttäuscht.

»So schnell?«

»Sie kommen wieder«, tröstete Leo ihn.

Nach wenigen Schritten über eine flache Kuppe konnten sie endlich das hässliche graue Schutzdach erkennen, das auf Pfählen befestigt war und die Anlage B bedeckte. Um das Dach nach oben zu bringen und zu montieren, war sogar ein Kran nötig gewesen. Die Anlage A war bereits freigelegt. Es war ziemlich schnell gegangen, denn hier hatte sich weniger Schutt angesammelt. Die Anlage B war älter, die Pfeiler steckten tiefer im Schutt.

Die an den Ausgrabungen beteiligten Arbeiter sahen die Besucher als Erste und winkten ihnen fröhlich zu. Christian und Pamela Hagen ließen alles stehen und liegen und eilten auf sie zu, um sie zu begrüßen. Die Wiedersehensfreude war groß. Beide Forscher waren nicht mehr jung, aber ihre beschwerliche Arbeit hatte sie zäh und drahtig gemacht. Leo blickte in ihre gebräunten Gesichter, jeweils von einem Netz feiner Falten durchzogen. Sie gleichen einander wie Zwillinge, fand sie. Beide trugen den gleichen grauen Overall, von der Sonne gebleicht, und eine weiße Schirmmütze.

Das Camp befand sich in geringer Entfernung von der Ausgrabungsstelle, aber alle wussten, sobald die Sonne sank, fiel die Dunkelheit herab wie ein Tuch. Es gab Leitern, aber niemand wollte eine Sprosse verfehlen, drei Meter tief in den Füllschutt stürzen und sich ein Bein brechen. Pamela und Christian waren bereits seit drei Wochen am Ausgrabungsort. Ob das nicht beschwerlich sei, wollte man wissen. Sie verneinten amüsiert. Eher lustig, fand Christian. Sie wuschen sich in einem Kübel, und als Toilette musste der Sand herhalten, genau wie bei den Katzen. Und solange keine Maschinengewehre ratterten, schlief man hier oben wunderbar. Im Zelt oder im Schlafsack, wie man wollte. Ein robuster Dorfbewohner, der gleichzeitig als Arbeiter und als Koch fungierte, war stets als Erster auf den Beinen und bereitete jeden Tag ein reichliches Frühstück zu, das auch noch gut schmeckte: Gerstenbrei mit Rosinen und Hülsenfrüchten, dazu Fladenbrot, Rührei und stark gesüßten Kaffee, der auch den trägsten Morgenmuffel auf die Beine brachte.

Während sich die Ankömmlinge ausruhten, erhitzten die türkischen Arbeiter einen Gaskocher und streuten Teeblätter in einen Kessel. Inzwischen röstete der dörfliche Kochkünstler, der Abdullah hieß, über dem Feuer Lammfleisch, das er zusammen mit Tomaten und Zwiebeln auf kleine Spießchen gesteckt hatte. Ein verlockender Duft breitete sich aus, und alle merkten, wie hungrig sie waren.

»Wir dachten, ihr lebt von Körnern, Gräsern und Morgentau, wie die Anachoreten«, meinte Jan schmunzelnd. »Dabei tafelt ihr hier wie im Grandhotel.«

Pamela und Christian erzählten, dass man ihnen die notwendige Genehmigung für die Grabungen für einen Monat erteilt hatte. Tag für Tag wurde intensiv gearbeitet, von Sonnenaufgang bis zum Sonnenuntergang, und nur mit zwei kurzen Pausen. Die Zeit lief ihnen davon, und es gab noch so viel zu tun. Zweimal in der Woche fuhren sie mit Abdullah nach Urfa.

»Wir kaufen Proviant ein, füllen die Wasserkanister und gönnen uns eine Dusche – fertig!«

Als Nächstes sprachen sie über den kürzlich verübten Anschlag auf das Kino. In Urfa stand das Attentat noch immer im Mittelpunkt aller Gespräche.

»Die Leute sind sehr besorgt«, sagte Abdullah. »Es passieren immer wieder schreckliche Dinge.«

»Hier oben fühlen wir uns eigentlich in Sicherheit«, meinte Pamela.

»Die Bewachung funktioniert gut.«

»Wir schlafen nur mit einem Auge«, sagte einer der Arbeiter. »Und wir haben Gewehre.«

Schließlich befanden sie sich in Anatolien, im Südosten der Türkei; der Krieg war sehr nahe. Man nahm es in Kauf. Der Fundort war für die Behörden extrem wichtig. Sie ließen sich die Sache etwas kosten.

Obwohl es in der Gegend verschiedene neolithische Fundplätze gab, stand der Monumentalbau am Göbekli Tepe an erster Stelle. Die türkischen Medien hatten die Stätte bereits in den Fokus gerückt. Die Modenschau in der Anlage A? Eine Spielerei, aber eine sehr effiziente. Der Göbekli Tepe war Weltkulturerbe. Die Touristen würden kommen, allen voran die Chinesen. Sie verbreiteten Unruhe und machten viel Schmutz, aber man konnte ja hinter ihnen saubermachen. Die Chinesen brachten Devisen ins Land. Und Parkplätze für ihre Busse waren auch vorhanden.

Aber bis es so weit war, herrschte paradiesische Ruhe. Nach dem Abendessen zog sich die Grabungsmannschaft als Erste zurück. Den Männern fiel schließlich der härtere Teil der Arbeiten

190

zu. Der morgige Tag würde – wie alle anderen – bei Sonnenaufgang beginnen. Der Sternenhimmel war so schön, die Luft so warm, dass man beschloss, keine Zelte aufzustellen, sondern die Nacht im Schlafsack zu verbringen. Leo lag neben Kenan und streichelte seine Hand. Sie schauten nach oben in die Dunkelheit und beobachteten fasziniert die wundersamen, zuckenden Sternbilder. Die Milchstraße schwang von einem Horizont zum anderen. Jeder einzelne, mit bloßem Auge sichtbare Stern war eine Welt für sich, jeder hatte einen Namen und eine Geschichte. Andere waren nur winzige Nebelflecken am Himmel.

»Sie gehören alle dazu«, sagte Leo.

»Ich weiß«, erwiderte Kenan. »Soll ich dir etwas sagen? Ich hatte immer höllische Angst vor dem Tod. Aber jetzt, wenn ich mir die Sterne anschaue, nicht mehr. Findest du das blöd?«

»Wieso? Das sind nicht zwei grundsätzlich verschiedene Dinge.«

»Ich habe eine akute Kenntnis meiner selbst.«

Leo streckte sich mit einem kleinen Seufzer.

»Weißt du was? Du bist gefährlich ichbezogen. Und ich habe Schmerzen in den Waden und will schlafen.«

»Ja, ich auch.«

Sie lachten beide. Und dann küssten sie sich zärtlich, legten sich zurück und schliefen sofort ein. Ihr Schlaf war tief und traumlos in der wunderbaren Stille der Nacht. Sie wachten erst auf, als der Himmel orangefarben leuchtete und eine schwarze Gestalt sichtbar wurde – Abdullah, der den Gaskocher anzündete und Gerstenbrei kochte.

26

SCHLANGEN FALLEN
VOM HIMMEL

Nach dem Frühstück führten Christian und Pamela ihre Gäste zunächst in die Grube A, die bereits als Kulisse für die Modenschau gedient hatte. Für solche Späße hatten die Archäologen nur ein Schulterzucken übrig. Lappalien.

»Archäologie ist das eine, Profit das andere.«

Die Filmleute schleppten ihr Material, während Franz sich immer wieder bückte, einen Stein aufhob und entzückt vor sich hin brummelte. Kenan hatte sein Skizzenbuch bei sich. Er war in seine Beobachtungen vertieft, fasziniert von dem hellen Morgenlicht und den flimmernden Schatten. Jan und Sibel standen etwas abseits und sprachen halblaut miteinander.

Vom Rand der Grube aus wirkte das Ganze zunächst wie ein Steinabbruch, mit dem Unterschied, dass man schon von oben die aufgerichteten Pfeiler sah. Man hatte die Schutzplane abgenommen, da das Gelände ja bereits freigelegt war. Eine Leiter aus Metall, von Stangen gestützt, lehnte am Grubenrand. Das Ganze sah ziemlich halsbrecherisch aus, aber der erste Eindruck täuschte: Der Abstieg war wesentlich leichter zu bewältigen als befürchtet. Leo dachte an die Models in ihren grellbunten Kaftan-Kleidern, sah sie im Geist auf ihren High Heels über die Sprossen klettern und lachte kopfschüttelnd vor sich hin. Lappalien, hatte Christian gesagt.

Jan hatte Leo die ersten Bilder auf seinem Smartphone gezeigt. Trotzdem war der Anblick, der sich ihr jetzt bot, eigenartiger als alles, was sie je gesehen hatte oder sich in Gedanken vorstellen konnte. Das Morgenlicht war magisch. Alle Dinge erschienen verschwommen und gleichzeitig gläsern klar. Die Grube hatte einen Durchmesser von 30 Metern und etwa die Form eines Amphitheaters, das von drei Mauerringen geschützt wurde. Diese waren nur einen Meter hoch, wobei die Mauern erst bis zur Hälfte der zu erwartenden Tiefe ausgegraben waren.

In der Mitte standen neun Pfeiler. Jeder erreichte eine Höhe von fünf Metern und trug eine massive horizontale Steinplatte, leicht einwärts gekrümmt, die dem Pfeiler die Form eines T gab, ihn aber auch zu einem abstrakten menschlichen Wesen stilisierte.

»Unsere Arbeiter haben großartiges geleistet«, sagte Christian. »Einige dieser Steinköpfe waren abgebrochen. Wir haben sie mit starken Seilen über ein Gerüst hochgezogen und hochkantig auf ihre Pfeiler gewuchtet. Eine Präzisionsarbeit! Die Bruchstellen beider Teile fügen sich nahtlos ineinander und werden sogar halten.«

Pamela warf ihm einen Seitenblick zu.

»Ich an deiner Stelle wäre nicht zu vertrauensselig. Fällt ein Kopf herunter, zerquetscht er dir die Zehen.«

Dicht unter den Kopfplatten, die ja eigentlich Quader waren, befanden sich kreisrunde Löcher. Sie führten durch die Kante des Pfeilers hindurch. Und oft war ein größeres Steinloch unterhalb von zwei kleineren gebohrt, sodass man unwillkürlich an ein Gesicht denken musste: zwei Augen und ein offener Mund. Was verkörperten diese steinernen Antlitze? Ahnengestalten? Dämonen? Totem-Geister? Christian vertrat die Ansicht, dass der Priester – oder die Priesterin – durch die größeren Lochsteine Orakel verkündete. Vielleicht hatte das Loch auch dazu gedient, den Toten Nahrung anzubieten. Oder glaubten die Menschen, dass die Seele der Verstorbenen durch dieses Loch die Welt der Lebenden verließ? Das übliche Rätselraten der Archäologen. Man zerbrach sich zehn oder fünfzehn Jahre lang den Kopf, bevor unvermittelt die Wahrheit wie eine Maus aus einer alten Amphore emporsprang. Und überhaupt, wer konnte beweisen, dass diese Konstruktionen Heiligtümer waren? Und wie wurden sie genutzt? Dienten sie rituellen Zwecken?

Sibel ihrerseits war nach wie vor überzeugt, dass durch die Lochsteine die Sterne und die Drehung des Himmels beobachtet wurden. Für sie war es eine Art primitiver Sternwarte. Und es könnte durchaus sein, betonte sie immer wieder, dass die damaligen Bewohner gar keine Gottheit anbeteten, sondern die kosmischen Kräfte erforschten. Es mochte ihre erste bewusste Wahrnehmung des Unendlichen sein.

Jan war mit dem meisten einverstanden, was sie an Argumenten brachte. Er war ein hartgesottener Forscher. Aber Sibel sagte, was sie für plausibel hielt. Sie hatte es stets gesagt. Er war froh, dass sie nicht von irgendeinem Gott faselte. Und womöglich hatte sie ja recht.

»Was sahen sie vor sich, wenn sie in den Himmel blickten?« Sibel richtete ihre Frage an die Anwesenden. »Sie sahen keinen leeren Raum, kein Vakuum, sie sahen funkelnde Kreise vor sich, eine ganze Reihe von Kreisen, die sich in endlosen Spiralen auf einen unsichtbaren Punkt jenseits ihres Erfassens zubewegten. Und es ist kein Zufall«, meinte sie abschließend, »dass die Erbauer ihre Konstruktionen im Kreis errichtet hatten, als symbolische Wiedergabe des Himmels. Ein Kreis oben, ein Kreis unten, und die Geschöpfe dieser Erde in der Mitte.«

Pamela sah nicht über die Bemerkung hinweg und warf ein: »Wir haben bisher erst vier im Grundriss vergleichbare Anlagen untersuchen können. Und inzwischen ist uns bekannt, dass es im Ganzen acht gibt, die ältesten so tief, dass es Jahre brauchen wird, bevor die Erde abgetragen ist. Aus diesem Grund haben wir uns entschieden, die erste Anlage freizulegen und gründlich zu erforschen, bevor wir weitermachen. Zum Glück wurde unsere Genehmigung erneuert, weil man von offizieller Seite aus genauso gespannt ist wie wir.«

Leo drehte sich stumm nach allen Seiten. Jeder Pfeiler war von oben bis unten und auf beiden Seiten mit Halbreliefs bedeckt, archaisch, ohne Schnörkel. Und über ihrem Kopf oder in Augenhöhe zogen Tiergestalten einen urtümlichen, mächtigen Kreis. Die in die geriffelten Steinblöcke geschnitzten Reliefs boten keinen Raum für überbordende Fantasien. Dafür war ihr Aspekt zu sachlich. Leo spürte so stark ihre Wucht und ihr Geheimnis, dass sie eine Gänsehaut bekam. Sie vermochte ihre Augen nicht von den Reliefs zu lösen. Hirsche, Bären, Gazellen, ein Stachelschwein, ein Keiler mit Stoßzähnen, ein Leopard, ein brüllender Löwe. Der Skorpion kennzeichnete offenbar das gleichnamige Sternbild. Na schön. Aber was konnte diese Riesenspinne mit acht Beinen bedeuten? Leo ertappte sich immer wieder dabei, dass sie keine Ahnung hatte – ein Gedanke, an dem sie keinen Gefallen fand.

Und da waren auch noch Fische und Vögel, verschiedene Arten von Vögeln, die in einem netzartigen Linienmuster einen Fries bildeten. Alle hatten sie die gleiche Blickrichtung und eine Beinstellung, die den Eindruck von Bewegung erweckte. Als ob sie zum Sprung ansetzten, bereit, den Steinblock zu verlassen und sich in den Himmel zu heben. Und alle sprangen in die gleiche Richtung: nach Norden, wo die Sonne nie aufgeht, dem Wendepunkt des Himmels entgegen. Leo vergaß alles um sich herum, jede hartnäckige Frage, bloß um sie zu betrachten, zu bestaunen – und zu bewundern.

Das Morgenlicht schimmerte wie zerknitterte Seide. Die Reliefs in ihrer Schlichtheit strahlten eine beunruhigende, provokative Macht aus. Offenbar hatten die Bildhauer die Sonneneinstrahlung berücksichtigt. Man konnte glauben, dass sich die Figuren mit dem Fortschreiten des Lichtes belebten. Leo fuhr mit dem Zeigefinger die Umrisse der einzelnen Figuren entlang. Sie betrachtete fasziniert ihre düsteren Abstraktionen und anthropomorphischen Formen. Ist das Kunst, fragte sie sich. Doch was ist das, Kunst? Eine besondere Art von Intelligenz, kam ihr in den Sinn, ein nahezu vollkommenes Erkennen der Welt. Eine aus Lebensfragmenten komponierte Einheit – ein Ganzes. Nein, dachte Leo, die damaligen Menschen waren keine primitiven Jäger, wie es in den Schulbüchern steht. Sie waren Wesen voller Kraft, ausgestattet mit einem geheimen Wissen.

David filmte unablässig, sorgfältig, konzentriert, obwohl das Licht eigentlich zu milchig war. David, der die Welt am liebsten durch seine Kamera sah, arbeitete mit größter Vorsicht, stand dicht vor den Pfeilern, kümmerte sich nicht um die kleinen Steine, die bisweilen über ihn hinwegprasselten und vor denen er die Kamera fürsorglicher schützte als seinen Schädel. Antonio stand neben ihm, stoisch und mit skeptischem Gesichtsausdruck, und reichte ihm die Objektive.

Auch Kenan hatte sich abgesondert. Irgendwelche Erklärungen waren ihm egal, er war nur in seine Skizzen vertieft. Leo brauchte ihn bloß anzusehen, um zu wissen, was sie ihm zu sagen hatte. Aber sie sagte nichts.

Sie ging weiter, blieb jedoch nach wenigen Augenblicken stehen. Neben den Pfeilern befanden sich Monolithen, aus einem einzigen Steinblock gemeißelt, manche über vier Meter hoch. Leo hatte sie bisher nicht wahrgenommen, weil sie im Gegensatz zu den Pfeilern so schlank waren. Da gab es nichts zu rätseln. Diese Monolithen stellten eindeutig Menschen dar. Ein Steinrelief deutete eine Stola an. In der Mitte der Figur war ein Gürtel herausgearbeitet, und unter der Gürtelschnalle hing ein Lendentuch aus Fuchsfell. Die vier Beine und der buschige Schwanz waren deutlich zu erkennen. Und darüber Arme und perfekt gemeißelte Hände, die den Monolithen in enger Umarmung umfassten. Leo betrachtete sie intensiv. Sie vermittelten zugleich ein Gefühl von Ordnung und die Dynamik fundamentaler Gegensätze.

»Warum ein Fuchsfell?«, murmelte sie.

Die Frage hatte sie eigentlich an sich selbst gerichtet, und sie war überrascht, dass sie eine Antwort bekam.

»Das hing mit Alkor zusammen, dem Fuchsstern.«

Pamela stand neben ihr und rauchte eine Zigarette. Eine dünne ältere Frau mit kurzen schneeweißen Haaren. Sie hatte etwas Heiteres, Koboldhaftes an sich. Irgendwie passt sie in diese Umgebung, dachte Leo.

»Der Fuchs als solcher galt ja schon immer als Trickster – als Unruhestifter«, erklärte Pamela. »Der Begriff ›schlau wie ein Fuchs‹ hat sich bis in die Moderne erhalten, und das in fast allen Kulturen. ›Meister Reinecke‹ und ›Maître Renard‹ nicht wahr? In Japan verwandelt sich die Füchsin in eine schöne Frau, betört den Mann und hintergeht ihn. Keiner weiß, wann und wo diese Anschauung entstanden ist. Vielleicht liefern uns die Babylonier, versierte Astronomen, den Embryo einer Erklärung, wenn sie den ›Fuchsstern‹ den ›Haarstern‹ nannten.« Pamela war ganz in ihrem Element.

»Warum?«, wollte Leo wissen.

»Weil er wunderschön leuchtet, aber im Grunde ein Komet ist. Und da er zum Sternbild des Großen Wagens gehört, schrieben sie ihm die Macht zu, das Siebengestirn zu stören.«

»Und wie brächte der Fuchs das fertig?«

»Indem er unermüdlich an der Achse des Großen Wagens nagt, die sich seit Beginn des Universums am Himmelspol dreht. Würde er mit seinen scharfen Zähnen den Drehmechanismus zerschneiden, käme es zum Zusammenbruch der imaginären Himmelssäule, zum Ende der Welt und zum Ende aller Zeiten.

Alkor muss symbolisch getötet werden, bevor es ihm gelingt, das Universum zu zerstören. Das ist der älteste Exorzismus überhaupt.«

Pamela rauchte nach türkischer Art, wobei sie die Zigarette nicht in den Mund steckte, sondern sie zwischen Handfläche und kleinem Finger hielt, während die übrigen Finger eine Röhre bildeten, durch die sie den Rauch einsog.

Was ist mit der Vergangenheit?, fragte sich Leo. Die Vergangenheit mag uns nicht und Punkt. Sie schiebt uns einen Riegel vor die Nase und lässt uns im Dunkel sitzen. Es ist wirklich demütigend! Leo kam ihre These in den Sinn. Die Bautechnik der ägyptischen Pyramiden folgte einer eigenen Geometrie. Nicht selten waren ihre Rätsel mathematisch Die Pyramiden forderten beharrlich eine geistige Gymnastik. Und sie hüteten Geheimnisse, die nicht leicht zu knacken waren. Das gehörte dazu. Aber man brauchte nicht mehr wie noch im 18. Jahrhundert über esoterischen Abhandlungen zu brüten. Es war eher eine Sache der Ermittlungen, und irgendwann hatte man den Schlüssel in der Hand.

Die Sarkophage hatten ohnehin keine Aura mehr. Die Mumien der Pharaonen lagen längst im Museum.

Hier jedoch war die Welt der Dämonen. Sie drückten überhaupt nichts aus, höchstens ein Erkennen des Unbekannten. Sie vermittelten Unruhe.

»Jeder Pfeiler erzählt eine andere Geschichte«, meinte Pamela.

Leo seufzte. »Und wir stehen davor wie Analphabeten, weil wir die Bildersprache nicht verstehen.«

»Nicht immer. Es gibt noch andere Pfeiler, ältere. Und ihre Sprache lässt sich vielleicht entziffern.«

Pamela lief leichtfüßig durch den Schutt. Es war, als ob sie schwebte. Sie kennt ja jeden Stein hier, dachte Leo. Sie stolperte hinter ihr her und kam sich wie ein Trampeltier vor.

Pamela ging ein paar Schritte weiter, blieb dann vor einem der Pfeiler stehen.

»So, hier wär's. Was siehst du?«

Leo runzelte die Stirn.

»Schlangen. Eine Gruppe von Schlangen. Alle mit dem Kopf nach unten. Und sie fallen auf einen Rinderschädel.«

»Auf ein Bukranion. Das sind wir. Die Menschen. Verstehst du?«

»Noch nicht ganz.«

Pamela klopfte sich Zigarettenasche vom T-Shirt.

»Das Bukranion hat die Form einer Gebärmutter mit Eileitern. Offenbar haben unsere Ahnen die Ähnlichkeit zwischen diesen beiden Formen schon in einem sehr frühen Stadium der menschlichen Entwicklung erkannt. Das Bukranion ist also ein Symbol für Geburt und Tod.«

»Eine Frage der Auslegung?«

»Wie ein Puzzle. Bevor man zur Lösung kommt, müssen alle Teile zusammengelegt werden.«

»Und die Schlangen?«

»Sie stellen die Katastrophe dar, die vom Himmel herabkam und die Menschheit vernichtete.«

War es das, dachte Leo, was diese Kunst im Grunde anstrebte, eine große wahre Geschichte der Welt? Ja, es gab nur eine einzige Geschichte, und sie handelte von der Gewalt einer Naturerscheinung und von der Vernichtung aller Menschen. Von einem Asteroiden, der zerbrach und im Meer einschlug. Und von glühenden Steinen, die vom Himmel fielen und Spuren hinterließen – wie Schlangen im Sand.

27

LEO WILL
IHRE ERINNERUNGEN
BEWAHREN

Leo schaute irritiert auf die geschnitzten Steine. Sie fand, dass sie eine lange Leitung hatte. Die Bildersprache war gar nicht so hermetisch, wie sie angenommen hatte. Pamela hatte bewiesen, dass man mit ihr Verbindung aufnehmen konnte. Wenn Pamela es geschafft hatte, warum nicht auch sie? Sie musste nur lernen, die Bildersprache auf die richtige Art und Weise zu verstehen, weil es die einzig mögliche Art und Weise war. Es ging nur darum, ihre Frustration zu überwinden und zu akzeptieren, dass diese urtümliche Welt nicht mit dem Verstand zu erfassen war, sondern nur in Allegorien zu ihr sprechen würde. Das Abc der Symbole.

Sie sah Pamela an, die schweigend neben ihr stand.

»Komisch, ich habe keine Geier auf den Pfeilern gesehen. Keinen einzigen.«

Sie erwartete, dass Pamela sich belehrend darüber auslassen würde, warum oder warum nicht, doch zu ihrem Erstaunen lächelte sie breit.

»Keine Geier? Wie kommst du darauf?«

Sie ging ein paar Schritte weiter. Leo folgte ihr und stand plötzlich vor einem Pfeiler, dessen Anblick ihr den Atem verschlug. Nicht nur, dass der massive T-Kopf Reliefschmuck trug, sondern der ganze Pfeiler war flächendeckend mit Skulpturen von Geiern dekoriert. Man erkannte sie sofort an ihrer Kopfform und an ihren gebogenen Schnäbeln. Aber das Sonderbare war, dass sie ihre Flügel über Kugeln ausbreiteten, als ob sie diese schützten. Noch merkwürdiger: Einige trugen solche Kugeln auf ihrem Rücken. Leo musste an Entenmütter denken, die mit ihren Küken auf dem Rücken schwammen. Ein paar Atemzüge lang war sie ratlos, bevor ihr Katja in den Sinn kam. Katja, die mit Kenan über das Malen gesprochen hatte. Das war kurz vor ihrer Abreise in die Türkei gewesen. Katja hatte sich aufmerksam angeschaut, was Kenan mit seinen Farben machte, und anschließend von Geiern gesprochen, von denen man sagte, dass sie die Seelen der Verstorbenen in den Himmel trugen. Katja hatte dabei den Zeigefinger gebieterisch in die Höhe gestreckt, als verkünde sie eine fundamentale Wahrheit. Aber das war nun mal ihre Art. Sie dramatisierte ihre Worte und duldete keinen Widerspruch. Leo kam der Gedanke, dass sie womöglich recht haben könnte, denn diese seltsame Darstellung machte klar, dass es sich bei den Kugeln um menschliche Köpfe handelte. Damals glaubte man, dass sich die menschliche Seele im Kopf befand. Es war die Seele, die überleben musste, und die Geier trugen sie in den Himmel. Der tote Körper war unwesentlich, er diente den Geiern als Nahrung zum Dank dafür, dass sie die Seele auf ihrer Reise ins Jenseits in ihre Obhut nahmen.

Und nicht nur, dass die Menschen die Geier verehrten. Sie wollten sich selbst in Geier verwandeln, um an ihrer Macht teilzuhaben. In ihrer Betrachtung versunken, fiel Leo ein einzelner Geier auf, genau in der Mitte des Pfeilers. Und es war augenfällig, dass diese Figur kein Vogel war. Das Wesen stand aufrecht und spreizte die Flügel wie ein Mensch seine Arme. Es hatte gebeugte Knie, seine Füße drehten sich einwärts. Die Federn auf seinem Körper ähnelten mehr einem Umhang als einem echten Vogelkörper.

Leo war unsäglich aufgeregt. Plötzlich fiel ihr die Maske ein, die sie mitten in der Nacht wie in Trance angefertigt hatte. Die

Maske war unbeholfen, rudimentär, und der Schnabel hing schief. Aber Leo hatte sie nicht zufällig, sondern aus tiefer Überzeugung geformt. Sie beinhaltete eine enorme emotionale Dimension. Es war ein sakraler Gegenstand – das Sinnbild einer Macht. Und jetzt hatte sie die Maske in ihrem Rucksack, in einem Kissenbezug, wie Katja ihr geraten hatte, und wusste nicht, was sie in Göbekli Tepe damit anfangen sollte. Sie wusste auch nicht, ob jemals die Zeit kommen würde, sie zu tragen, geschweige denn zu welchem Zweck. Jetzt musste sie sich dem Problem stellen. Sie hatte sich nie die Mühe genommen, ernstlich darüber nachzudenken. Aus fernen Zeiten tauchte eine unbekannte Geometrie auf, ineinander gefügte Teile. Menschenwesen, Tiere, Symbole und Sterne. Wie ein Puzzle, hatte Pamela gesagt. Leo hätte gerne mit ihr darüber gesprochen, musste aber feststellen, dass ihr zum ersten Mal die richtigen Worte fehlten. Sie wusste nur, dass etwas geschehen würde, wenn es geschehen musste, und genau zur rechten Zeit.

Sie schluckte und spürte, dass sie Durst hatte. Und keine Flasche Mineralwasser in Reichweite. Inzwischen hatte sich Pamela neben sie gestellt und lächelte ein wenig. Sie betrachtete Leo mit ruhigen, amüsierten Augen, die immer wieder auf ihrer Halskette verweilten.

»Schöner Türkis«, sagte sie.

»Von meiner Großmutter.«

»Hat er schon einen Namen?«

Leo schüttelte den Kopf.

»Ich bin noch nicht dazu gekommen.«

»Ja, dann setz mal dein Hirn in Bewegung. Ein Türkis sollte nicht zu lange namenlos bleiben. Sonst hilft er dir nicht, wenn es darauf ankommt.«

Leo wurde aus Pamela nicht klug. Sie erweckte den seltsamen Eindruck, dass sie genau wusste, was in ihr vorging. Oder nicht? Eher nicht, dachte Leo, auf der Suche nach Selbstschutz. Pamela erinnerte sie allzu sehr an Katja. Sie konnte sich immer noch keinen Reim darauf machen, was das alles zu bedeuten hatte. »Womöglich habe ich einen Knacks. Ich sollte mein inneres Kino abstellen, sonst drehe ich durch«, dachte sie. »Und um ganz ehrlich zu sein, der Ort bekommt mir nicht.«

Jetzt mal cool bleiben, mahnte sie sich selbst. Der Türkis, na gut. Da hatte sie etwas verschlampt. Aber alles andere … Was hatten zum Beispiel diese Skulpturen von Vögeln zu bedeuten, deren Schnäbel in menschliche Gesichter übergingen? Vor allem zwei davon erregten ihre Aufmerksamkeit. Einige Fragmente waren abgebrochen, aber man erkannte genau zwei Geier mit Menschenköpfen, die in entgegengesetzter Richtung blickten und ihre angewinkelten Arme wie Flügel trugen. Leo sah sich mit Fragen konfrontiert, die ihr nicht behagten. Katja hatte ihr eine Geschichte erzählt, die Leo immer noch nicht ganz glauben konnte. Aber manchmal spürte man einfach, dass um einen herum irgendetwas lief, ohne dass man genau den Finger drauflegen konnte. Vielleicht, weil man es einfach schön fand, solche Dinge zu hören. Klang doch wunderbar romantisch. Aber dass Katja wusste, warum Leo mitten in der Nacht eine Vogelmaske geformt hatte, eine Sache, von der sie selbst keine Ahnung hatte, war letztendlich beklemmend.

Endlich fand Leo ihre Sprache wieder. Aber sie sprach nicht von dem, was sie auf dem Pfeiler sah, sondern nur von einer Sache, die entfernt damit zusammenhing.

»Gestern haben wir einen großen Schwarm Geier gesehen.«

»Aber ja«, sagte Pamela. »Sie sind immer da.«

Leo setzte ihre Sonnenbrille auf und blickte nach oben. Nein, jetzt nicht. Oder schwebten sie zu hoch, als dass man sie mit bloßen Augen hätte sehen können? Leo fühlte sich unentwegt beobachtet. Oder bildete sie es sich nur ein?

»Kenan will sie malen, aber sie sind zu weit weg.«

Pamela zwinkerte ihr zu.

»Du musst sie rufen. Du weißt ja, wie das geht.«

Es hörte sich an, als ob sie scherzte. Aber Leo war sich dessen nicht ganz sicher. Sie zog die Schultern hoch und lachte ein wenig verlegen.

»Keine Ahnung, ob das was bringt.«

»Lass es mal darauf ankommen.«

»Okay. Ich kann es ja mal versuchen.«

Der erste Rhythmus, dem sie sich einfügten, war das langsame Schwingen von der Dämmerung zum Sonnenaufgang. Sie nahmen die helle Sonne, den kühlen Wind und die reine Luft als diejenigen Stunden entgegen, in denen sich am besten arbeiten ließ, wobei sich jeder mit seinem eigenen Aufgabenfeld befasste. Die Filmleute begannen ihre Dreharbeiten am liebsten frühmorgens, noch bevor das Licht mit seinen magischen Farben die Pfeiler umspielte. Antonio hatte einen tragbaren Generator dabei, und je nachdem, was die Lichtgestaltung verlangte, musste er einen oder zwei Scheinwerfer montieren. Auf der Hochebene kam der Morgen fast sprunghaft. Von einer Anhöhe aus warteten sie zunächst, bis die Sonne aufging. David hatte eine Vorliebe für Weitwinkelobjektive. Leo stand etwas abseits und sah zu. Alles, was mit Technik zusammenhing, faszinierte sie. David, dem das längst aufgefallen war, unterhielt sich gerne mit ihr. Sie beobachtete sehr genau. Ihre Fragen waren immer stichhaltig und brachten ihn dann und wann sogar auf neue Zusammenhänge. Sie schien vieles im Voraus zu erkennen.

»Filmemachen ist eine visuelle Umsetzung von Gedanken«, erklärte er ihr an einem dieser Morgen. »Die künstlerische Aussage liefert nur den Vorwand dazu. Wenn ich in einen Dokumentarfilm investiere, muss ich mich nicht mit Produzenten in die Haare kriegen. Ich kann mich selbst im Fokus behalten. Das ist schon mal was.«

»Eine Art von autogenem Training?«

»Besser als Yoga.«

»Weil du beim Filmen die Welt aus sicherer Distanz betrachtest?«

»Auch das. Ich kann nicht arbeiten, wenn permanent ein Dutzend Leute um mich herumwuseln. Da werde ich ganz kribbelig. Ich arbeite am liebsten mit einem einzigen Assistenten.«

»Na ja, Antonio ersetzt drei Leute.«

»Und alle drei ohne Seelenzustände.«

Sie lachte. Er wandte plötzlich die Augen ab und sah rundum.

»Moment! Das Licht ist gerade gut!«

Leo konnte sehen, wie die Lichtwelle über die Ebene flutete und die Schatten sich verzogen; alles geschah fast im gleichen Augenblick: Die Sonne kam, die Schatten lösten sich auf. Die Strahlen breiteten sich aus und leuchteten so grell, dass Leo geblendet zu Boden sah. Ein warmer Lichthauch berührte ihr Gesicht. Und als sie die Augen wieder hob, glitt der Sonnenball wie eine riesige Feuerkugel aus dem Horizont. Alle Schatten waren verschwunden. Glühende Pfeiler schossen über den Hügel hinweg. Obwohl das Sonnenlicht grell war, arbeitete David am liebsten mit offener Linse, was eine absolut genaue Lichteinstellung erforderte. Dabei verließ er sich, wie üblich, ganz auf Antonio. Er richtete die Kamera auf jeden Pfeiler, die Reliefs zogen vorbei wie eine gigantische Stickerei, von einem Lichtnebel umgeben. Nach Ende der Sequenz übergab er die Kamera wieder Antonio, stellte sein Smart ein und sprach die Kommentare, die seiner Stimmung entsprachen. Er hatte ein Drehbuch verfasst, an das er sich mehr oder weniger hielt, wobei es ihm nichts ausmachte zu improvisieren. Er filmte die Arbeiter bei ihren Ausgrabungen, zeigte die Freude der Archäologen, wenn sie etwas Neues entdeckten. Nicht selten fanden sie in den Schuttablagerungen Spitzen aus Feuerstein, bronzerot oder braun, offenbar die Reste von Pfeil- und Dolchklingen. Die Spitzen zeigten, dass an diesem Ort eine Jagdgemeinschaft gelebt hatte. Bei einer Bauernsiedlung hätte man hauptsächlich Werkzeuge für den Ackerbau entdeckt. In den Schuttablagerungen fand man auch Knochenreste von verschiedenen Wildtieren. In dieser Gegend jagten die Menschen Auerochsen, Gazellen, Wildschweine, Füchse sowie verschiedene Sorten von Vögeln. Aber keine Spuren von Menschenopfern. Es konnte sein, dass man sie an einem anderen Ort verscharrt hatte.

David stand vor einem Pfeiler und arbeitete mit Antonio in einem Nebel von Licht. Er liebte das Diffuse, Raffinierte. Leo bemerkte die schimmernde Stille, die alle Pfeiler mit einer Aura umgab. Die Stille vieler Jahrtausende, aufgelöst und verloren im Weltenraum.

Nach einer Weile hob Antonio den Kopf und nickte David zu.

»Das wird nach etwas aussehen!«

»Wir wiederholen das morgen«, sagte David.

»Was denn? Noch nicht zufrieden?«, brummte Antonio, aber er lachte dabei. Antonio war immer sehr gewissenhaft. Er packte sorgfältig sein Material ein, um die empfindlichen Linsen vor Sandkörnern zu schützen.

Leo kam näher, und David sagte:

»Antonio weiß genau, was er tut. Es sieht nur so aus, als ob er es nicht wüsste.«

Zweimal waren sie mit Abdullah und seinem Hilfskoch nach Urfa gefahren. Vor dem Göbekli Tepe blieben Murat und der hübsche Karim treu und brav auf ihrem Posten und dösten mit dem Blick auf ihre Galaxy J5. Die Männer umarmten einander und klatschten sich gegenseitig auf den Rücken, dass es nur so knallte. »Doch, doch, alles friedlich hier unten«, sagte Murat. »Kein Mensch weit und breit. Sie können in Ruhe schlafen. Wir sind ja da und halten Wache.«

In Urfa buchten sie kurzfristig ein Hotelzimmer, nahmen ein Vollbad, wuschen sich die Haare und ließen ihre Kleider reinigen. Am nächsten Morgen machten sie sich wieder auf den Weg zu den Ausgrabungen.

Das Lagerleben brachte es mit sich, dass man sich näher kam. Sie bildeten eine Gemeinschaft, gaben jeder ihr Bestes. Es mochte nicht immer so gewesen sein, dachte Leo, und es würde auch nicht immer so bleiben, aber bis auf Weiteres funktionierte ihre Gemeinschaft gut. Gewiss, irgendwann würden ihre Wege sich trennen, der Augenblick musste unweigerlich kommen. Und vielleicht würde Zeit vergehen, viel Zeit, bevor sie sich wieder begegneten – oder sich definitiv aus den Augen verloren. Doch das machte nichts. Der Augenblick blieb, eine schöne Erinnerung, ein Markstein. Leo sehnte sich danach, diese Erinnerung unversehrt zu bewahren. Aber vielleicht würde etwas dazwischenkommen, das dieses Erlebnis in viele Fragmente zerriss. Seltsam, dieser Gedanke. Das Bedenkliche war, dass sie in einem Winkel ihres Gehirns eine gewisse Unruhe spürte. Sie war sicher, sie hatte ein Zeichen gesehen oder gehört, vielleicht sogar gerochen. Ein Zeichen, so unbedeutend, dass sie glaubte, es erfunden zu haben. Und so schwach, dass sie es bewusst nicht wahrnahm. Aber es war da.

Und das bereits seit zwei Tagen. Leo versuchte vergeblich, das Zeichen zu ignorieren. Sie dachte intensiv darüber nach, war aber unfähig, zu entscheiden, was sie tun oder was sie nicht tun sollte. Sie fühlte sich ständig abgelenkt. Das war keine Entwicklung, die sich ruckzuck erklären ließ. Vielleicht war ja alles total undramatisch, eine ihrer üblichen Marotten. Aber sie hasste es, wenn etwas in ihrem Kopf nicht klar war. Ihre Gedanken und Gefühle sprangen ständig hin und her, überholten sich gegenseitig, wie auf einer vierspurigen Autobahn zur Rushhour. Sie konnte auch niemandem erklären, was bei ihr nicht in Ordnung war, weil sie es selbst nicht wusste. Sie meinte bisweilen, sie sei reif für das Neuropsychiatrische Institut in Lausanne, um sich auf Wahnvorstellungen testen zu lassen. Sie ahnte allerdings im Voraus, dass das Resultat eine Katastrophe sein würde. Sie war ja dort schon längst bekannt.

28

VIELLEICHT
GEHT ES UM EINE
VERWANDLUNG

Kenan konnte stundenlang über seinem Skizzenblock sitzen. Zeigte er Leo, was er machte, wunderte sie sich, weil er die Pfeiler ganz anders darstellte, als sie in Wirklichkeit waren. Er malte sie in verschieden Farben und aus verschiedenen Perspektiven. Das Ergebnis war im Wesentlichen abstrakt. Und über diesen stilisierten Steingebilden hingen in der Luft blaue Vögel; sie waren überproportioniert, rudimentär, drückten überhaupt nichts aus, stimmten aber dennoch mit den Pfeilern als Ganzes überein.

Leo hatte Mühe, sich ein eigenes Urteil zu bilden.

»Blaue Geier? Warum?«

Er lachte, halb verschmitzt, halb geniert.

»Na ja … Der Himmel ist ja auch blau.«

Leo überlegte.

»Eigentlich logisch.«

»Künstlerische Freiheit!«

Leo richtete ihren Blick nach oben.

»Komisch, da sind sie wieder!«

»Wer?«

»Die Geier! Sie scheinen deine Bilder zu mögen.«

»Sie sind ja noch weit weg.«

»Sie haben scharfe Augen.«

Kenan betrachtete die Geier mit einer Aufmerksamkeit, die

erkennen ließ, wie sehr ihn die großen Vögel faszinierten. Und wahrhaftig – trotz ihrer schwarzweißen Flügel schienen sie sich in blauem Wasser zu bewegen. Nach einer Weile konnte er sehen, dass diese Geschöpfe der Lüfte, auch wenn sie im steten Wechsel bald hierhin, bald dorthin flogen, wie Fährtensucher ein ganz besonderes Ziel im Auge hatten.

»Und wo ist die Geier-Königin?«, fragte Kenan.

»Ach so, die Geier-Königin. Ich stelle mir vor, dass sie Flügel von großer Spannweite hat. Und abgesondert fliegt, um die Welt zu beobachten. Aber sie will gemalt werden, soviel ist sicher. Sie ist ziemlich eitel, weißt du.«

»Dann soll sie sich gefälligst bequemen und runterkommen.«

Sie sahen zu, wie die Geier sich einer Luftsäule überließen und höher stiegen, bis sie nur noch winzige Punkte am Himmel waren.

»Sie halten uns zum Narren«, sagte kopfschüttelnd Kenan.

»Ich glaube nicht.«

Kenan klappte seinen Skizzenblock zu und wechselte das Thema.

»Was ich dich noch fragen wollte … was mache ich, wenn ich ein besonderes Objekt entdecke?«

»Dann rufst du sofort Jan oder Pamela und Christian. Die können dir auf den ersten Blick sagen, ob der Fund interessant ist oder nicht. Dazu wird Sibel ein paar Fotos machen. Lohnt es sich, wird der Fund klassifiziert.«

»Ich fürchte, so'n Ding werde ich niemals finden«, meinte Kenan seufzend. »Es sei denn, ich trample darauf herum.«

Und genau das geschah ein paar Stunden später. Kenan wanderte mit seinem Skizzenblock durch die Anlage, den Blick nach oben gerichtet, als er unter dem Fuß etwas Hartes spürte. Er sah zu Boden und erblickte einen flachen Gegenstand, etwa handtellergroß, den er unwillkürlich aufhob. Das Stück war aus Metall, mit einer schwärzlichen Patina überzogen, und trug die undeutliche Reliefdarstellung eines Vierbeiners.

Kenan sah Christian in der Nähe und ging auf ihn zu, eine Entschuldigung auf den Lippen.

»Da!«, sagte er und hielt ihm das Objekt entgegen, das ihm Christian sofort aus der Hand riss und eingehend betrachtete.

»Bronze!«, meinte er. »Ein Clan-Zeichen oder ein Siegel, schwer zu sagen. Das Bronzezeitalter ging ca. 3000 Jahre vor Christus zu Ende. Das nachfolgende Eisenzeitalter reicht bis zu den historischen Anfängen unserer Epoche.«

Pamela kam hinzu und betrachtete das Siegel auf beiden Seiten.

»Das Tier ist vermutlich ein Wolf. Schade, dass der Kopf beschädigt wurde.«

Beide sahen Kenan an, als ob er ein blaues Wunder entdeckt hätte. Dieser traute der Sache immer noch nicht ganz.

»Ist das Ding jetzt interessant oder nicht?«, fragte er unsicher. »Ich meine …Sie können es ruhig wegschmeißen.«

»Um Himmels willen!«, rief Christian entsetzt. »Das Siegel zeigt, dass diese Anlage in der Bronzezeit schon genutzt wurde. Das ist für uns ein wichtiger Hinweis.«

Auf einmal fühlte sich Kenan sehr stolz. Es war sein ganz persönlicher Fund. Und mit etwas Glück könnte er vielleicht noch mehr von diesen erstaunlichen Dingen finden.

Das Gelände hatte noch längst nicht alle Geheimnisse freigegeben. Sibel und Jan machten zusammen Begehungen, wobei sie das Terrain in Planquadrate teilten, um sie mithilfe eines kleinen GPS zu vermessen. Leo beobachtete die beiden mit einer Mischung aus Rührung und stillem Vergnügen. Jan mit seinen großen tapsenden Schritten und Sibel, die leichtfüßig an seiner Seite blieb. Das war das Wunderbare an Sibel. Sie war durchaus vom Fach, längst über vierzig und hatte Schweres mitgemacht. Sie wirkte in mancher Hinsicht älter, aber auf andere Art auch wieder viel jünger. Es machte ihr nichts aus, im Schutt herumzukriechen und nach Artefakten zu suchen. Sie war beweglich wie eine Halbwüchsige. Und sie konnte herzlich über Dinge lachen, die andere Leute wenig komisch oder überhaupt nicht komisch fanden. Sie hatte dabei ein hübsches Funkeln in ihren Augen, das ihrem Gesicht diesen jugendlichen Ausdruck verlieh.

»Die beiden scheinen sich zu mögen«, meinte Pamela, die sich zu Leo gesellt hatte. »Hast du eine Ahnung davon, wie es jetzt weitergeht?«

»Zumindest kann ich es mir ausmalen«, antwortete Leo.

Pamela legte ihr die Hand auf die Schulter

»Dein Vater hat lange genug alleine gelebt.«

Leo nickte zustimmend. Sie hatte ihre eigenen Hintergedanken.

»Es könnte ja sein, dass seine Tochter bald auszieht.«

Sie sahen sich an: zwei Frauen, die sich bestens verstanden.

Kenan stapfte durch den Schutt, blickte hartnäckig nach oben und beobachtete die kreisenden Geier. Es war ihm egal, wenn er plötzlich stolperte und auf dem Boden saß.

Leo war erstaunt, dass die Geier jetzt täglich sichtbar waren. Offenbar bewirkte ein mysteriöser Instinkt, dass sie den jungen Mann bemerkt und Gefallen an ihm gefunden hatten. »Sie kommen täglich näher«, stellte sie fest. »Kann sein, dass die Geier-Königin in dich verliebt ist.«

»Du, das stimmt. Sie will gemalt werden.«

Kenan hatte die Geier mit Farbstiften skizziert, als Richtlinie für das Gemälde, das er später in Acryl anfertigen würde. Er ging von dem aus, was er tatsächlich vor sich sah, von einer genau definierten Form. Er berechnete im Voraus Maßstab, Nebeneinanderstellung, Symmetrie und Tiefe. Sein Gefühl für Proportionen war aufs Äußerste sensibilisiert, und seine Farbnuancen waren nahezu perfekt. Und am Ende schien sein Bild so realistisch und pragmatisch wie eine Fotografie, aber vollkommener, weil er seine Hand von seinen Augen führen ließ. Auf diese Weise gelang es ihm, eine Vision auf die Leinwand zu bannen, die persönlich und einzigartig war, aus seinem innersten Wesen entstanden.

»Siehst du?«, sagte Kenan. »Ich gehe immer vom fünften Strich aus. Die Sache ist ziemlich schwierig. Ich darf nicht vergessen, dass meine Fläche begrenzt ist.«

Kenan skizzierte in raschen, ausholenden Kreisen. Wolken wurden sichtbar und zwischen den Wolken eine blaue Vogelgestalt mit menschlichem Gesicht.

»Jetzt scheint es zu stimmen. Aber du musst das Bild aus der Nähe betrachten.«

Leo studierte aufmerksam den Entwurf.

»Ist das ein Geier?«

»Das bist du«, erwiderte Kenan.

»Dann siehst du mich also als Geier? Nicht sehr schmeichelhaft.«

»Ich weiß, das hört sich spleenig an … aber … ich sehe dich eigentlich als Geier-Königin.«

»Und ich dich als durchgeknallten Gothic-Freak.«

Kenan räusperte sich.

»Was ich sagen will … das Bild ist noch nicht fertig. Wenn du es erst einmal auf der Leinwand siehst.«

»Hängt es bald im Britisch Museum.«

Leos Selbstvertrauen nützte ihr wenig. Sie spürte, wie ihre Knie zitterten; sie verspürte das dringende Bedürfnis, zu pinkeln. Ihr wurde in diesem Moment bewusst, dass Kenan, für gewöhnlich nüchtern und gelassen, etwas sehr Intimes in ihr berührte. Sie hatte nie von Geiern geträumt. Jetzt fragte sie sich, ob es die Geier waren, die in der Dunkelheit des Himmels von ihr träumten. Fotos waren meist nicht sehr aussagekräftig. Kenans Bild war eine andere Sache: geheimnisvoll, beunruhigend. Kenan hatte tiefer in sie hineingeschaut und dabei etwas freigelegt, das er deutlicher sehen konnte als sie selbst. Leo hatte in diesem Moment das Gefühl, als dringe etwas an die Oberfläche ihres Bewusstseins: ein Erkennen, eine Wahrheit, die Kenan – ohne es zu wollen – bildlich umgesetzt hatte.

Vielleicht ging es um eine Verwandlung?

Franz war mehr als alle anderen in seine Tätigkeit vertieft. Dabei machte er sich gerne über sich selbst lustig.

»Ein alter Kerl, der auf dem Boden herumkriecht wie ein Zwanzigjähriger, sollte lieber im Rollstuhl sitzen und sich von einer schönen jungen Frau schieben lassen.«

Er blinzelte Leo zu. Sie lachte.

»Mit Vergnügen. Aber wo ist der Rollstuhl?«

Der Geologe zeigte ihr die Werkzeuge, mit denen er arbeitete: Hammer, Pickel und eine besondere Harke. Größere Flächen legten die Arbeiter zuerst mit Schaufeln und Schubkarren frei.

»Eigentlich ist es wie Gartenarbeit«, meinte er. »Man braucht ebenso viel Geduld. Nur, dass man am Ende keine Brombeeren erntet.«

Franz kam mühsam wieder auf die Beine, wobei er sich ächzend den Rücken massierte.

»Körperlicher Zerfall!«

Er hatte endlich eine aufmerksame Zuhörerin gefunden und erklärte ihr lang und breit die Strukturen-Geologie.

»Er geht darum, die Beschaffenheit unserer Erde zu erkunden. Das Ur-Gestein ist reich an Partikeln, die uns viel darüber beibringen, wie unser Planet entstanden ist. Das Ganze hat mit Ablagerungen in den Gesteinsschichten zu tun und nennt sich Stratigraphie, eine Wissenschaft, die alle physikalischen und chemischen Grundmerkmale zur Korrelation von Sedimentgesteinen an der Erdoberfläche untersucht.«

»Finden Sie manchmal Fossilien?«

»Oft sogar. Reste von Insekten oder Fischen. Das eine oder andere Mal auch Knochensplitter, Schädelfragmente oder Zähne. Da muss ich sehr vorsichtig vorgehen. Für das Freilegen nehme ich meist ein Zahnarztbesteck oder Pinzetten. Im Allgemeinen kann ich nie auf Anhieb sagen, ob es sich um Tier- oder Menschenknochen handelt.

»Interessant«, meinte Leo.

Franz wischte sich den Schweiß aus den Augen.

»Für mich, ja. Für den Rest der Welt langweilig.«

Leo widersprach: »Das finde ich überhaupt nicht.«

»Welch signifikante Ausnahme! Ich selbst ertappe mich immer wieder dabei, wie ich ein Gesteinsfragment in den Händen halte, bloß um es zu betrachten und zu bewundern. Dann habe ich das Gefühl, in die Tiefe des Universums zu blicken, noch bevor unsere Erde geboren wurde. Aber du bist jung. Wer jung ist, macht sich keine Gedanken darüber. «

»Ich schon«, sagte Leo.

Franz ließ ein Kichern hören.

»Junge Dame, du imponierst mir!«

Leo lächelte ein wenig befangen. Dieser kleingewachsene, runzelige Mann schien etwas klar in ihr erkannt zu haben, das sie selbst bisher kaum beachtet hatte. Jetzt wird's aber höchste Zeit, dachte sie und schämte sich vor sich selbst.

Franz hatte nichts davon bemerkt, sondern dozierte weiter, wobei er sich mit dem Handrücken den Schweiß aus den Augen rieb.

»Eine geheimnisvolle Kraft hat den Lauf der Flüsse bestimmt, die Berge aufgerichtet, die Erde ausgehöhlt und Platz für die Meere geschaffen. Diese Kraft kann man nennen, wie man will. Viele nennen sie Gott, und manche verehren sie auf einfältige Weise. Ich bin Pole, und Polen ist ein erzkatholisches Land. Aber

Gott ist eine menschliche Konstruktion für das Unerklärliche. Anstatt das Vaterunser herzubeten, sollten wir einsehen, dass jeder Stein ein Gedächtnis ist. Das Gedächtnis unseres Planeten, eines Riesenorganismus, der sich selbst erschaffen hat und mit all seinen Kreaturen lebendig in der Galaxie hängt.«

Er nickte ein paarmal mit dem Kopf, als ob er eine Evidenz bestätigte, und zitierte:

»Es gibt mehr Dinge zwischen Himmel und Erden, als eure Schulweisheit sich erträumen lässt.«

»Shakespeare«, sagte Leo.

29

DAS LEBEN GEHT OHNE ERWARTUNGEN VORBEI

Da die Ausgräber fast ausnahmslos Türken waren, war die Stimmung gelassen. Diesen Leuten machte es nichts aus, unter schwierigen Umständen zu arbeiten. Sie hatten sich mit einem gewissen Fatalismus daran gewöhnt, dass irakische Kampfflugzeuge die Stellungen des IS unweit der Grenze angriffen und die Bomben über ihre Köpfe hinwegsausten. Je nach Windrichtung klangen die Explosionen weit entfernt oder näher; paradoxerweise vermittelten sie ein Gefühl von Sicherheit. Die Türken setzten militärische Mittel ein, um ärgerliche Zwischenfälle zu vermeiden. Neuerdings lag politischer Größenwahn weltweit im Trend, und Staatspräsident Recip Erdogan hatte sich zum Ziel gesetzt, die Macht des Osmanischen Reiches wiederaufleben zu lassen. Da hatte er noch einiges vor sich, und das Prestige der Geschichte gehörte zum Programm. Man wollte vermeiden, dass Tollwütige die Zeugen der Vergangenheit zerstörten, auch wenn sie eindeutig nicht mit Allahs Segen erbaut wurden. Man musste pragmatisch denken. Allah war milde und nachsichtig und würde Verständnis zeigen.

Was Leo seit zwei Tagen empfand, war eigentlich nichts Fremdes. Sie kannte das Gefühl von früher und kam üblicherweise ganz gut damit zurecht. Es war kein innerer Impuls, auch kein genial-esoterisches Element, das sich plötzlich bemerkbar machte. Es war eher eine Sache der Selbstbeherrschung. Das Gefühl trat immer dann auf, wenn sie eine Gefahr ahnte. Aber es gab keine Erklärung für das, was sie seit einigen Tagen empfand. Zuweilen erfassten ihre Sinne vage Vorzeichen, die sie nicht deuten konnte. Angst hatte sie eigentlich nicht – jetzt noch nicht. Im Gegenteil: Sie fühlte sich größer, stärker, von ungestümem Leben erfüllt. Vielleicht auch leichtsinniger, aber das gehörte dazu. Sie hatte das starke Bedürfnis, eine Sache in die Hand zu nehmen. Auch wenn sie bis jetzt keine Ahnung hatte, um welche Sache es sich handelte. Erst im Nachhinein würde sich zeigen, ob sie mit ihrer Ahnung richtig oder falsch lag. Bisher jedenfalls war es meistens richtig gewesen.

Leo sprach mit niemandem darüber, auch nicht mit Kenan. Sie dachte pragmatisch, wollte weder ihn noch alle anderen beunruhigen. Sie hasste Ungewissheit, nahm es aber nicht allzu tragisch. Bisher war ja noch nichts passiert, oder?

Inzwischen stand sie vor dem Bild, das allmählich unter Kenans Händen lebendig wurde. Er hatte seine kleine Staffelei aufgestellt und malte jetzt mit Temperafarben, die er selbst mischte. Später sollte das Gemälde in Acryl auf Papier seine endgültige Gestaltung finden. Das sei jedes Mal ein berauschender Augenblick, meinte Kenan, wenn er vor dem fertigen Gemälde stand und zu sich selbst sprach »Wow!«

Leo betrachtete den Geier mit dem menschlichen Gesicht, wie er sich langsam aus den Farben löste, und fand die Figur recht anziehend.

»Nun, gefällt dir dein Porträt?«, fragte Kenan.

Leo schüttelte lachend den Kopf.

»Mein Porträt? Ich erkenne mich überhaupt nicht wieder. Aber das Bild gefällt mir.«

»Es ist ja eigentlich nur ein Symbolbild«, sagte Kenan, ohne die Augen von der Staffelei zu lösen. »Eine Vision. Dein Vater wird keine Freude daran haben. Er hat Seriöseres von mir erwartet.«

»Du unterschätzt ihn. Er kann einiges vertragen. Du hast ja schon zwei Bilder für ihn gemalt. Die roten Pfeiler haben ihn nicht gestört. Auch nicht das lilafarbene Wildschwein.«

»Eben … jetzt kann ich mal etwas Neues versuchen.«

»Aus Tagträumen lässt sich Karriere machen«, sagte Leo.

Für Kenan hatte eine neue Geschichte begonnen, spannend, ganz natürlich. Und wenn er an der Hügelkuppe entlangwanderte, kam es oft vor, dass er über seinem Kopf ein Flügelschlagen hörte und die Geier sah. Neuerdings flogen sie ziemlich tief, als ob sie auf unsichtbaren Wellen auf und ab schaukelten. Mit dem Wind aus Süden kam warme Luft, blassblau, als sei sie mit Milch vermischt. Kenan fiel ein besonders großer Vogel auf, der immer abseits oder voraus flog, als ob er den Schwarm lenkte. »Die Geier-Königin«, dachte er ehrfürchtig und fühlte, wie sich seine Poren fröstelnd zusammenzogen. Dieses Mal sah er sie besser. Sie drehte den Kopf in den Wind, warf sich herum, von einer Seite auf die andere, als ob sie Kenan Zeit geben wollte, ihre Schönheit zu bewundern. »Warte gefälligst, hau jetzt bloß nicht ab!«, rief Kenan ihr im Geiste zu, bevor er die unhöfliche Formulierung bereute. »Bitte, geben Sie mir noch einen Augenblick Zeit«, wäre eindeutig eleganter gewesen. Seine Eltern hatten ihn nicht umsonst gut erzogen.

Er setzte sich auf einen Stein, holte hastig Skizzenheft und Farben hervor und malte, solange sie über seinem Kopf ihre Kreise drehte – eine Darbietung ganz für ihn allein. Kannten diese Vögel eigentlich Gedankenübertragung? Warum auch nicht?, dachte Kenan. Sie mag mich, auch wenn ich respektlos bin. Sie weiß, dass ich jung bin und aus den unterschiedlichen Entwicklungsansätzen noch lernen muss. Er blinzelte und spürte auf einmal deutlich, dass seine Augen nass waren und seine Nase lief. Er schniefte und fuhr sich mit dem Ellbogen übers Gesicht.

Sie hat mich zum Weinen gebracht, dachte er. Warum wohl? So ein Mist! Und wo ist mein Taschentuch?

Während der Mittagspause winkte Sibel Leo zu sich heran.

»Das Fladenbrot ist gut. Abdullah hat sich Mühe gegeben. Willst du ein Stück?«, fragte sie.

»Danke, gerne!« Leo setzte sich neben Sibel, die das Fladenbrot mit ihr teilte, das mit Tomatenpüree bestrichen war und stark nach Knoblauch roch. Dazu tranken sie abwechselnd Mineralwasser aus einer Flasche.

»Du isst zu wenig«, meinte Sibel.

Leo musste lachen.

»Nein, nein! Ich habe einen guten Appetit. Morgens schlage ich mir den Bauch voll, bis ich platze, aber mittags esse ich fast nichts: zu heiß!«

Sie fragte sich nicht, warum Sibel plötzlich ihre Gegenwart suchte.

Leo wusste, dass jedes Wort, das sie an sie richten würde, mit Jan zu tun hatte. Sie konnte sich nicht erinnern, in ihrem Leben jemanden wie Sibel gekannt zu haben. Sie hielt ihr Leben mit straffer Hand im Griff, und es verunsicherte sie keineswegs, dass Jan nicht leicht zu manövrieren war. Ihr Selbstvertrauen war ausgeprägt und jede übernommene Verpflichtung selbstverständlich. Wusste sie überhaupt, dachte Leo, was für ein außergewöhnlicher Mensch sie ist? Sie hätte es Sibel gerne gesagt, aber dafür war jetzt nicht der richtige Augenblick. Ein andermal, dachte sie. Wenn überhaupt …

Sibels Stimme klang weich, obwohl ihr Akzent ziemlich ausgeprägt war. Sie wirkte, was ihre Kleidung und ihr Auftreten anging, eher konservativ. Leo schätzte sie um die vierzig.

»Bringt das Fernsehen einen Dokumentarfilm über antike Städte, bin ich stets fasziniert. Aber mir ist klar, dass die Filme von sehr unterschiedlichen Leuten gesehen werden. Und sobald solche Ruinen in der Öffentlichkeit bekannt werden, haben wir Touristen. Sie machen Selfies und verkünden in den sozialen

Netzwerken: Schaut nur, hier bin ich gewesen! Wir haben Vandalen, die ihre Schmiereien gerne in Szene setzen. Ganz zu schweigen von Fanatikern, die mit Sprengstoff anrücken. Und bisweilen kommt mir der Gedanke, ob das, was wir hier tun, nicht auch Vandalismus ist. Ob es nicht einer Entweihung gleichkommt, solche Orte der Vergangenheit zu entziehen.«

Leo kamen ihre verschiedenen Gespräche mit Jan in den Sinn. Er dachte ähnlich. Verhaltensforschung? Ja, warum nicht? Zwar konnte man mit Verhaltensforschung die Welt nicht verändern, aber man konnte sie besser verstehen. Das war nicht genug, aber immerhin schon etwas. Sie erwiderte nachdenklich:

»Früher bin ich gerne ins Museum gegangen. Ich habe mir immer viel Zeit genommen. Die ausgestellten Sachen interessierten mich. Bis ich merkte, dass das Umfeld nicht mehr stimmte und ich zunehmend das Gefühl hatte, dass die Sachen nicht mehr die gleichen waren wie früher. Sie waren auf irgendeine Weise tot.«

Sibel lächelte ihr zu.

»Du begreifst diese Dinge.«

»Ich gebe mir Mühe.«

Sibel schwieg ein paar Sekunden.

»Aber eigentlich wollte ich über etwas ganz anderes mit dir reden.«

Ihre Stimme klang vollkommen sachlich. Leo ließ sie nicht aus den Augen.

»Dir ist bekannt, dass mir meine Familie gewaltsam genommen wurde. Ich war, wie dein Vater, sehr einsam. Mit der Zeit machte es mir nichts mehr aus, ich habe mich an dieses Leben gewöhnt. Aber als Jan und ich uns näherkamen, begann ich zu glauben, ich könnte vielleicht eines Tages ein glücklicheres Leben führen. Mir wurde allmählich bewusst, dass ich gerne alles im Stich lassen würde – Istanbul, meine Arbeit, meine traurigen Erinnerungen. Wenn man auch lange wartet, bis man bereit ist, sich von alldem zu lösen, heißt das nicht, dass man dazu unfähig wäre. Und als Jan mich fragte, ob ich ihn heiraten wollte, habe ich ja gesagt. Und jetzt würde ich gerne wissen, wie du darüber denkst.«

Und Punkt, dachte Leo. Was soll ich jetzt sagen? Sibel nahm einen großen Schluck und reichte ihr die Flasche. Ihr Gesicht glänzte, vor allem die Stirn und die Wangen, und hatte die Farbe reifer Aprikosen. Sie sah Leo mit sanftem, etwas bangem Blick an. Leo fand sie wunderschön.

»Und Jan?«

»Es war ihm lieber, dass ich es dir beibringe.«

»Typisch!«

Leo trank das Wasser aus und wischte sich mit dem Handrücken über die Lippen.

»An manchen Tagen ertrug er es nicht einmal, mit mir zu Mittag zu essen; dann verkroch er sich hinter ›Steinzeit und Sternzeit‹. Ich habe nie ein Drama daraus gemacht, mich meist mit einem Sandwich und einem Becher American Coffee in mein Zimmer oder draußen auf eine Bank gesetzt. Eine richtige Auseinandersetzung hatten wir eigentlich selten. Und ich muss gerecht sein, er hat mir eine Menge beigebracht. Und jetzt unterhält er sich ständig mit Ihnen. Das finde ich gut. Das Leben ging vorbei, und er hatte keine Erwartungen mehr. Er hat allerdings schon ziemlich lange nach Ihnen gesucht. Ich meine …ohne Sie vorher gekannt zu haben.«

Sie lächelte ein wenig.

»Sehr klar ist es nicht, was du da sagst. Aber ich verstehe, was du meinst.«

»Wenn er diese Chance nicht wahrnimmt, ist er ein Esel. Dann kann er gleich alles hinschmeißen und in einem Zen-Kloster die Holzböden wischen.«

»Das wird er nicht tun. Dafür sorge ich schon.«

»Das wird für Sie ein Full-Time-Job.«

»Ich bin auch kein einfacher Mensch. Und er kann auch ganz anders sein, als du glaubst.«

»Na gut, probieren Sie es mal.«

»Ich habe das Gefühl, dass es sich lohnt.«

»Sie kommen also mit? Nach Lausanne?«

Aber nur, wenn du nichts dagegen hast.«

»Nein. Aber Sie angeln sich da einen harten Brocken. Wenn Sie damit fertig werden, habe ich ab heute eine neue Mutter. Und das mit zwanzig.«

Sibels Stimme klang plötzlich ein wenig unsicher.

»Eine Stiefmutter.«

»Macht mir nichts aus.«

»Kommt es dir nicht seltsam vor?«

»Ich glaube schon, dass mir etwas komisch zumute ist.«

»Und eigentlich könntest du jetzt ›du‹ zu mir sagen. Wenn ich deine neue Mutter sein soll …«

»Gerne.«

Für den Bruchteil einer Sekunde blieb die Zeit stehen, erstarrte und setzte sich wieder in Gang. Leo schüttelte die Flasche, aber es war kein Wasser mehr darin. Sie sagte mit trockener Kehle:

»Weißt du was? Ich würde dich gerne umarmen.«

30

EIN GESCHENK DER GEIER-KÖNIGIN

Nur noch vier Tage bis zu ihrer Rückfahrt nach Istanbul. Sibel würde ihre Sachen in Windeseile in Ordnung bringen müssen. Sie musste einen Pass beantragen – und würde ihn auch rechtzeitig bekommen. »Eine kleine Gefälligkeit bewegt die schwerste Gesetzeskraft«, meinte sie augenzwinkernd, und Jan glaubte ihr aufs Wort. Er kannte die Usance. Inzwischen würde er versuchen, einen Platz für sie im gleichen Flugzeug zu ergattern, andernfalls würde sie mit der nächsten Maschine kommen.

Kenan hatte seinen Flug längst gebucht. Er wollte so schnell wie möglich nach Hause, seine Bilder in der Garage fertig malen und erst wieder mit den fertigen Gemälden nach Lausanne zurückkehren. Er würde sie nach seiner Vision malen, die einzigartig war, unverwechselbar und die allein Gültigkeit hatte. Er würde sich bemühen, die Dinge in seiner Erinnerung zu sehen und sich vorzustellen, was er gesehen hatte, damit andere sie auch so sehen konnten. Er würde Zeit brauchen, bis er wieder bewusst an Leo denken konnte; trotzdem war sie immer bei ihm. Was sie in ihm ausgelöst hatte, war nicht rational zu begreifen, sondern kam aus seinem tiefsten Inneren.

Leo ihrerseits wäre am liebsten schon früher abgereist. Der Ort bekam ihr nicht, löste eine ständige Unruhe in ihr aus, für die es keine Worte gab. Und sie konnte ihren Vater auch nicht bedrängen: Los, hauen wir ab! Der Rückflug war gebucht, daran war nichts zu ändern. Sie musste mit dem Gedanken fertigwerden, dass ihr auf unerklärliche, schicksalhafte Art bange war.

Inzwischen gönnte sie sich das wenig erbauliche Vergnügen, Jan aufzuziehen. Die Gelegenheit bot sich allzu selten, das wollte sie sich nicht entgehen lassen.

»Herzlichen Glückwunsch!«, sagte sie bissig. »Und welches Geschenk würde euch Freude machen? Und warum hast du mir eure Absicht nicht selbst mitgeteilt? Stattdessen hast du Sibel geschickt. Ich finde das unfair.«

Er räusperte sich.

»Man weiß ja nie, wie du reagierst.«

»Die Kluft der Generationen.«

»Etwas in dieser Art. Und du hättest ja denken können, dass ich nur einen Spaß mache.«

»Nein, das hätte ich nie gedacht.«

»Wie hätte ich das merken sollen?«

»Hättest du dir die Mühe gemacht, mit mir zu reden, wäre dir sofort ein Licht aufgegangen. Das Licht der Erleuchtung, meinetwegen.«

»Ich habe dir nie etwas verheimlicht.«

»Nein, du hast einfach nie geredet. Es sei denn über die Stufenpyramide der Tolteken. Und ich? Habe ich dir je etwas verheimlicht?«

»Nicht, dass ich es wüsste. Aber Sibel und ich, wir wollten unsere Pläne zunächst für uns behalten.«

Leo winkte ab.

»Ach, komm! Ich wusste ja längst Bescheid.«

Er wirkte plötzlich verunsichert.

»Wieso konntest du …«

»Persönliche Ermittlung. Du solltest mich doch kennen, ich

stecke meine Nase in alles hinein. Es geht ja auch nicht anders. Wenn du nie etwas sagst …«

»Ich werde mir Mühe geben, mich zu bessern.«

Ein Zugeständnis. Leo musste kurz lächeln. Das war Sibel zu verdanken.

Trotz allem legitimen Groll war Leo gerührt. Ihr Vater sollte das bloß nicht merken. Sie hielt ihm eine Moralpredigt und meinte, dass sie es sich wohl leisten konnte.

»Wurde auch höchste Zeit. Sibel ist eine wunderbare Frau, die beste, die du dir wünschen kannst. Du hast sie gar nicht verdient. Na ja, jetzt ist es geschehen, also leg dich mal ins Zeug, damit du ihre Geduld nicht übermäßig strapazierst. Sonst knallt sie dir die ›Ikonographie des alten Orients‹ an den Kopf und sucht sich eine neue Wohnung am Bosporus.«

In dieser Zeit fiel allen auf, dass die Geier jeden Tag etwas länger über dem Göbekli Tepe verweilten. Oft stützten sich die Grabungsarbeiter auf ihre Schaufeln, sahen nach oben und nickten einander vielsagend zu. Eine besondere Mischung zwischen dem neuen Islam und den alten Traditionen bewirkte, dass die Geier in ihnen ambivalente Gefühle weckten. Eine Mixtur aus Beklemmung und Ehrfurcht, begründet in archaischen Sterberiten. Da sich die Religion heutzutage überall breitmachte, hatte der Islam seine Vorschriften verschärft. Was in Zeiten der Rolling Stones locker durchging, war plötzlich »Haram« – verboten. Kein Fortschritt, sondern ein Sprung kopfüber ins Mittelalter.

Zum Glück wollte man an gewissen Traditionen nicht rütteln, sonst hätte man sich theologische Probleme auf den Buckel geladen. Zum Beispiel die Sterberiten, die alle kannten und keiner sehen wollte. »Haram!« Imame sorgten beflissen dafür, dass die Sterbenden die heiligen Worte aufsagten: »Es gibt keinen Gott außer Allah, und Mohammed ist sein Prophet.« Waren sie nicht mehr in der Lage dazu, wurden ihnen die Worte ins Ohr geflüstert. Dann wurden die Verstorbenen, wie es sich gehörte, in ein weißes Leichentuch gewickelt und mit dem Gesicht nach Mekka unter einer lockeren Erdschicht begraben. Damit hatten die Imame ihre Pflicht erfüllt und zogen sich diskret zurück, denn die Seele wollte so schnell wie möglich bei Gott sein und die Vögel zeigten ihr den Weg in den Himmel. Und wer würde es wagen, sie aufzuhalten? Wer? Doch sicher nicht die Imame!

Allah hätte das überhaupt nicht als gottgefällig empfunden.

Unbeeindruckt von theologischen Polemiken, beobachtete Leo die dicht nebeneinander fliegenden Geier. Wie ein Flugzeug-Geschwader, kam ihr in den Sinn. Dabei flog die Geier-Königin stets etwas abseits, oberhalb oder unterhalb des Schwarms.

»Sie hat ihre Truppen rigoros im Griff!«, stellte Leo fest.

»Sie haben sich an uns gewöhnt«, meinte Kenan. »Und die Königin ist nett. Ich kann sie jetzt gut malen.«

»Weil du höflich zu ihr warst.«

Am nächsten Tag entdeckte Kenan vier Federn im Geröll. Alle hatten fast die gleiche Größe. Die Federn waren weiß mit schwarzen Spitzen. Als Kenan sie aufhob, bewegten sich die Daunen im Windhauch. Kenan überkam das sonderbare Gefühl, dass er etwas Lebendiges in der Hand hielt. Realistisch betrachtet, hatten die Geier vermutlich einen Kampf ausgetragen. Sie konnten untereinander recht aggressiv sein, einander brutal und mit wildem Geschrei attackieren. Diesmal allerdings mussten sie sich in großer Höhe gezankt haben, sodass niemand im Camp sie gehört hatte. Offenbar hatten sie inzwischen ihre Kontroverse beigelegt, waren wieder friedlich und flogen dicht beisammen in bester Eintracht. Kenan erinnerte sich an die Hühnerfedern, die er in London aus der Mülltonne gefischt hatte, und fand sie auf einmal widerlich.

Er zeigte der überraschten Leo seine Beute.

»Wo hast du sie gefunden?«

»Ein Geschenk von der Geier-Königin.«

»Die scheint schwer in dich verknallt zu sein.«

»Sie lagen einfach da.«

»Ja, natürlich. Sie will ja auch nicht, dass alle davon reden ...«

»Ich habe eine Idee«, sagte Kenan. »Wir ziehen eine kleine Show auf! Ich spiele Panflöte, und du tanzt mit den Geier-Federn. Die Leute werden ihren Spaß haben!«

»Ich kann nicht tanzen. Hab ich nie gekonnt. Steck dir die Federn irgendwohin. Und schmeiß den chinesischen Mist endlich weg. Sonst stinkst du nach gekochter Fledermaus.«

»Okay. Mache ich! Aber willst du wirklich nicht tanzen?«

»Kommt nicht infrage!«

»Und wenn du nur die Federn im Takt schwingst?«

»Wie das?«

»Einfach so!«

Kenan summte ein paar Töne, wackelte mit dem Po und schwenkte beide Arme.

»Sieht doch beschissen aus.«

»Wieso? Das macht doch jedes Showgirl.«

»Mit Federn am Hintern?«

»Total sexy, finde ich.«

»Nichts für mich! Tut mir leid.«

»Hör mal, wenn du nicht willst, hüpfe ich selbst im Kreis herum ...«

Leo verdrehte die Augen und ließ ein Stöhnen hören.

»Noch schlimmer. Also gut. Wenn du unbedingt willst ...«

»Großartig«, rief Kenan. »Du wirst schon sehen! Das gibt Stimmung.«

Sie wunderten sich immer wieder, wie Abdullah und sein junger, noch nicht einmal volljähriger Hilfskoch Samir jeden Abend einen reichhaltigen Eintopf zustande brachten. Für Nudeln oder Reis hatten sie nicht viele Zutaten, aber das Essen, duftend nach Safran und warmem Olivenöl, lag schwer und scharf gewürzt auf der Zunge. Dazu gab es Gläser mit eingemachten Sardellen, Oliven, Rosinen und Dosenobst, Pfirsiche oder Ananas. Und Mineralwasser. Keinen Alkohol, natürlich, aber es ging auch ohne. Alle saßen zusammen im Kreis und bedienten sich. Danach wurde Tee mit viel Zucker gereicht. Die Zubereitung übernahmen abwechselnd die Grabungsarbeiter. Sie machten das sehr gerne, und der Tee schmeckte wunderbar erfrischend, mit einem starken Aroma nach Minze und Zitrone. Und immer war die Stimmung angeregt und vergnügt. Es wurde viel gelacht. Pamela und Christian rauchten entspannt. Die Grabungsarbeiter scherzten. Man hatte ausreichend Gesprächsstoff. Franz dozierte über die Versteinerung der Amphibien, und David und Antonio berichteten von ihrer Filmarbeit.

»Kein Objektiv sieht wirklich, was das menschliche Auge sieht«, sagte David. »Wir nehmen uns jeden Pfeiler vor.«

Das Ausleuchten nahm viel Zeit in Anspruch. Sie montierten Gelatine-Filter, und jede Bildsequenz wurde so oft wie möglich unterschiedlich ausgeleuchtet. Mit einem Weitwinkelobjektiv ließen sich interessante Effekte erzielen.

»Der Hintergrund scheint weit weg zu sein«, erklärte David. »Die Reliefs treten aus dem Stein auf uns zu. Wir holen sie mit dem Zoom langsam heran. Das gibt der Sequenz eine ganz neue Dynamik.«

Jeder hatte sein Spezialgebiet, versuchte jedoch mit der entsprechenden Fairness, die allgemeinen Elemente zusammenzubringen. Christian und Pamela sprachen von der schwierigen Interpretation der Symbole. Diese Monumente waren ungefähr 7000 Jahre früher als die ägyptischen Pyramiden entstanden. Wer waren die Erbauer? Woher kamen sie? Wo lebten sie? Stets die gleichen irritierenden Fragen. Sie waren auf Vermutungen angewiesen und konnten nur mickrige Indizien sammeln. Und alles andere war Science-Fiction.

Sibel ihrerseits gab zu, dass sie frustriert war, weil sie sich auf kurdischem Gebiet befanden und die Geschichte ihres Volkes für sie von Bedeutung war. Dabei verspottete sie ein wenig ihren eigenen Eifer. Man sollte nicht immer nach einem schnellen Ende der Unsicherheit streben, nicht wahr? Es kam vor, dass man eine Sache langsam zu erforschen hatte, auch wenn es Nerven kostete.

»Mit dieser Einstellung lässt sich leben«, dachte Leo. Sibels pragmatische Art, stets am Rande der Selbstironie, imponierte ihr. Sie hatte viel Leid erfahren, aber sie behielt ihr Leben im Griff, nicht straff, aber sicher und mit heiterer Gelassenheit. Jan hatte zwar versprochen, sich zu bessern, aber bis auf Weiteres blieb er ein Sauertopf.

Sibel ertrug ihn, nachsichtig lächelnd, wie eine Mutter ihr verhaltensgestörtes Kind, und es war beruhigend für Leo, sie in seiner Nähe zu wissen.

Dann und wann blickte jemand auf sein Smartphone, entfernte sich ein paar Schritte, konsultierte die Mailbox, gab eine Nachricht durch. Die Gespräche beschränkten sich auf das Minimum, denn man wollte die Batterie schonen. Es bestand auch kein besonderes Bedürfnis nach mehr Kontakt, sondern bei allen machte sich inzwischen eine gewisse Distanz zu der »normalen Welt« bemerkbar.

Menschen, die in enger Gemeinschaft um ein Feuer saßen, hatte es schon vor Tausenden von Jahren gegeben. Man rückte zusammen, um sich zu wärmen und sich vor Dunkelheit und Gefahren zu schützen. Es handelt sich um einen inneren Impuls, dachte Leo, dem Instinkt der Tiere ähnlich. Ethologie, was sonst? In Leo machte sich eine gewisse Überheblichkeit breit – eine unvermeidliche Nebenwirkung, die ihr gestattet war. Ohne Überheblichkeit hätte sie zu nichts getaugt, denn jetzt hatte sie eine Pflicht zu erfüllen. Ja, aber welche Pflicht? Leo wusste es nicht, und das zerrte an ihren Nerven. Sie ahnte nur, dass es eine schreckliche Sache sein könnte. Dieses Wissen war Teil ihrer selbst, und sie musste allein damit fertig werden. Sie hatte es von Anfang an gespürt. Etwas kündete sich an: etwas Bedrückendes, etwas Unheimliches. Ihre inneren Augen sahen es im Voraus: Es würde schlimmer und grausamer sein als alles, was sie je erlebt oder gesehen oder sich in Gedanken vorgestellt hatte. Aber sie konnte sich ihrer Verantwortung nicht entziehen. Nicht jetzt und nicht in tausend Jahren. Es war ihre Bestimmung.

Die Farben der Dämmerung leuchteten orange, dann glutrot. Die Sonne sank in einem Flammenbusch, rostrot und purpur. »Wie in der Schmiede des Zyklopen«, meinte Christian. »Aber diese Mythen haben die Menschen später erfunden, nachdem sich ihr Gehirn entwickelt hatte und sie versuchten, die Welt zu erklären, indem sie eine andere, höherstehende Welt erfanden. Die heroischen Geschichten, die gedanklichen Abstraktionen, das Bedürfnis nach einer göttlichen Ordnung – das lag den Menschen im Blut. Im Laufe ihrer Entwicklung gaben sie diesen Schemen Gestalt und Namen. Die ersten Zivilisationen entstanden, weil sie ihre Götter personifizierten und ihnen Kultstätten bauten.«

Die Dunkelheit kam schnell, mit unzähligen funkelnden und flackernden Sternen. Alles rückte auf sonderbare Art in die Ferne. Allmählich verstummten die Gespräche. Alle waren müde. Zeit zum Schlafen. Keiner – mit Ausnahme von Leo – nahm Notiz davon, dass Kenan sich unauffällig im Dunkel entfernt hatte. Und plötzlich war er wieder da, ließ sich mit untergeschlagenen Beinen nieder und setze die sechsröhrige Panflöte an die Lippen. Er wurde mit Applaus begrüßt. Das war mal etwas anderes! Und Kenan spielte gut, zunächst langsam und meditativ, ein schwingender, hoher Ton, zart wie gesponnenes Glas. Note an Note webend, stieg und fiel der melodische Faden. Kenans Gesicht war aufs Äußerste konzentriert, ja regelrecht entrückt. Unter seinen gelenkigen Fingern vibrierte die Flöte, als sei sie selbst ein lebendes Wesen, eng verbunden mit seinem Atem. Außer dem Knistern des Feuers war es im Camp vollkommen still. Die Leute hörten zu. Und nach einer Weile hatte Leo den Eindruck, dass sich die Welt ganz langsam in Bewegung setzte. Ein leichtes Schwindelgefühl erfasste sie. Um diese schwebende, kreisende Welt zum Stehen zu bringen, richtete sie sich auf, hob die Arme und begann, die Federn im Takt zu schwingen. Kenan sah kurz auf, betonte den Rhythmus, dem Leo folgte, fast ohne es wahrzunehmen. In ihren Gedanken war nichts. Ihre Arme hoben und senkten sich, sie betonte den Rhythmus mit leichten Drehungen ihres Körpers. In ihren Gedanken herrschte vollkommene Leere. Sie erkannte einzig den Rhythmus, sie hatte ihn ja schon früher gehört. Vor langer Zeit. Oder im Traum? Das war im Augenblick unwichtig. Eine besondere Ruhe war über sie gekommen, die Lethargie, die ein Ritual einleitet. Kenan hielt die Augen fest auf sie gerichtet, mit einem Ausdruck, den sie bei ihm noch nie gesehen hatte. Es war, als ob er sie durch ein heiliges Spiel führte, eine Schönheit darin erkannte, von der sie nie hätte träumen können. Es war eine Musik aus einer anderen Zeit, aus einer anderen Welt. Leo bewegte sich im Rhythmus, ihre Arme hoben und senkten sich. Die weißen Federn leuchteten im Dunkel. Jede Note war eine Behexung, stark und zwingend wie ein Liebesrausch, ein hypnotisches Entzücken. Kenan formte vor ihren Augen eine Art akustische Halluzination. Die Musik war ein latentes Mysterium, und plötzlich war die Panflöte verstummt. Stattdessen vernahm Leo ein seltsames Geräusch, eine Art Rauschen, das von oben kam. Ein Gewirr aufgeregter Stimmen brachte sie endgültig in die Wirklichkeit zurück. Sie erwachte wie aus einem Traum, nahm die wirkliche Welt um sich herum wieder wahr und bemerkte, dass alle wie gebannt in den Nachthimmel starrten. Leo folgte ihren Blicken. Schemenhafte Gestalten glitten über den

Göbekli Tepe hinweg. Geier! Es waren viele, ein ganzer Schwarm, und es kamen immer mehr hinzu. Leo fühlte sich steif, ihre Muskeln zitterten, und sie war kaum in der Lage, sich zu bewegen. Sie stand neben Kenan, den fassungslosen Blick emporgerichtet. Die Geier kreisten tief, noch tiefer, zogen über ihre Köpfe und veranstalteten einen magischen Reigen. Ihre Federn brachten ein seltsames Nachleuchten hervor, sobald ihre schwebenden Gestalten für den Bruchteil einer Sekunde das Sternenlicht verdunkelten.

»Als ob die Musik sie gerufen hätte«, sagte Kenan.

»Sie kommen wieder«, hörte Leo sich antworten. »Es kann gar nicht anders sein.«

Er nickte ihr zu, nicht im Geringsten aus dem Konzept gebracht.

»Warum auch nicht? Du hast ja die Maske geformt.«

»Ach ja, die Maske …«

31

DIE STIMME DER MASKE

Bei Tagesanbruch waren alle wach. Der junge Samir hatte bereits das Feuer entfacht. Die Nacht war kalt gewesen. Sie wärmten ihre klammen Hände, aßen das frische Fladenbrot und tranken mit Behagen den stark gesüßten Kaffee. Leo hatte die ganze Nacht gefroren und kaum ein Auge zugetan, doch nach dem Kaffee fühlte sie sich wieder in Form. Sie ging zu ihren Sachen, setzte sich etwas abseits und nahm die Maske aus dem Kissenbezug. Ein Kissenbezug eignet sich am besten, hatte Katja gesagt. Leo stellte fest, dass sie recht hatte. Die Maske war praktisch unversehrt. Nur eine Seite war etwas eingeknickt, und der Schnabel hing schief. Ich muss ihn besser festkleben, dachte Leo.

Die Maske war rudimentär, archaisch, eine unfertige anthropomorphische Form, auf seltsame Art den Flachreliefs an den Pfeilern nachempfunden. Eine Maske, wie Leo sie angefertigt hatte, war ein sakraler Gegenstand, eine Insignie der Macht. Leo hatte geglaubt, dass ihr Tanz sich nach Kenans Musik richtete, doch nun merkte sie, dass sie es war, die den Rhythmus vorgab. Er spielte Flöte, und sie tanzte – und der Tanz war wichtiger. Sie hatte das plötzlich begriffen.

Nachdenklich wickelte sie die Maske wieder ein. Sie wollte nicht, dass sie noch mehr beschädigt wurde.

Nach den kühlen Morgenstunden war der Tag nicht anders als

sonst, aber Leo war unruhig. Es gab keine Erklärung für das, was sie fühlte. Sie war sicher, sie hatte einen Hinweis empfangen. Sie hatte etwas gehört, gesehen, vielleicht sogar gerochen. Ein Zeichen, so unbedeutend, dass sie sich nicht daran erinnern konnte. Bisweilen erfassen die menschlichen Sinne vage Vorzeichen, die kaum zu erkennen sind. Und Leos Sinne waren besonders geschärft.

Der Tag ging vorbei, und nach getaner Arbeit setzten sich alle um das wohlig wärmende Feuer. In zwei Töpfen brutzelte ein Hühnergericht mit Reis, die Luft duftete würzig nach Safran. Leo bemühte sich um eine ungezwungene Haltung und versuchte, ihre Unruhe zu ignorieren. Ihr Kopfkino war schon immer sehr stark ausgeprägt gewesen, aber so arg wie an diesem Abend hatte sie es noch nie empfunden. Nichts war, wie es hätte sein müssen. Leo hatte Hunger, sie freute sich auf das Essen. Und trotzdem spürte sie eine Art von Schluckauf, als ob sie sich übergeben müsste. Sie würgte das Essen herunter. Kenan saß ihr gegenüber und aß mit Appetit, aber Leo fing manchmal seine Blicke auf, die Besorgnis ausdrückten. Was las er in ihrem Gesicht? Sie konnte nicht entspannt bei den anderen sitzen, sich fröhlich unterhalten und Hühnerfleisch essen. Manchmal war ihr, als ob in ihrem Schädel Blitze aufflackerten. Bald konnte sie kaum noch einen Bissen zu sich nehmen. Die Nacht war pechschwarz; einige Wolken glitten vorbei, verdunkelten das Sternenlicht. Leos Hände waren eiskalt. Sie spürte, wie sie innerlich zitterte. Als man nach dem Essen den Tee zubereitete, verließ Kenan seinen Platz und setzte sich zu ihr.

»Ist dir nicht gut?«

»Wieso?«

»Keine Ahnung. Du siehst anderes aus als sonst. Du hast überhaupt keinen Ausdruck im Gesicht. Nur deine Augen bewegen sich. Als ob du ständig etwas beobachten würdest.«

»Kein genetischer Defekt. Ich friere nur.«

»Hast du Fieber?«

Er legte ihr die Hand auf ihre feuchte Stirn.

»In Ordnung«, sagte er. »Wenn man Fieber hat, schwitzt man nicht.«

Sie stieß seine Hand weg.

»Hör auf, ich bin nicht krank!«

»Ich glaube, du solltest schlafen«, meinte Kenan. »Es wird kalt in dieser Nacht.«

Sie wollte lieber wachbleiben, aber schließlich akzeptierte sie, was er sagte. Sie musste bei Kräften und vor allem bei klarem Verstand bleiben.

Kenan half ihr, auf die Beine zu kommen. Ihr ganzer Körper war steif.

»Keinen Tee?«, fragte Pamela.

»Doch, ich bin gleich wieder da«, rief Kenan zurück, während Leo den Kopf schüttelte.

»Heute Abend nicht. Sonst kann ich nicht schlafen.«

Pamela sah die beiden über ihren Teebecher an, wobei ihre Augen vom einen zum anderen wanderten. Doch sie sagte nichts.

Leo zog zwei Pullover übereinander an und die dicksten Wollstrümpfe, die sie hatte. Kenan half ihr, den Schlafsack bereit zu machen. Er zog ihn unter die Plane, dicht an die Mauer.

»Hier ist es weniger kalt«, meinte er.

Er ging. Leo hielt ihn nicht zurück. Kein Händchen halten, kein Gute-Nacht-Kuss oder Ähnliches. Sie fühlte sich nicht in sentimentaler Stimmung. Es war besser, dass sie allein blieb. Sie hatte diese besondere Disposition – etwas Abnormales – , das sich auch physisch auf unangenehme Art bemerkbar machte. Sie musste dringend pinkeln. Danach schlüpfte in ihren Schlafsack und zog den Reißverschluss bis ans Kinn. Sie hörte, wie sie gepresst atmete. Sonst war alles still. Zu still? Die Geier waren weit weg. Als ob sie etwas beobachteten und nicht wollten, dass sie gehört oder gesehen wurden. Was hatte das zu bedeuten? Womöglich gar nichts.

Leo schloss die Augen.

Sie erwachte, weil sie entsetzlich fror. Sie konnte einfach nicht warm werden. Kenan, der neben ihr in seinem Schlafsack lag, musste die Kälte auch spüren, denn er hatte die Daunenkapuze tief über sein Gesicht gezogen. Beide schliefen immer abseits von den anderen. Sie wollten nicht dauernd Leute um sich haben. Auch wenn diese Leute meistens schliefen.

Leo hob den Arm, schob ihre Pullover zurück und blickte auf die Leuchtziffern ihrer Uhr. Halb eins. Es war gar nicht so spät, wie sie dachte. Sie zog die Kapuze tief über die Stirn und machte es sich in ihren Daunen bequem. Doch sie konnte nicht schlafen. Aus irgendeinem Grund war sie angespannt. Sie lauschte. Und auf einmal vernahm sie eine Stimme. Sie wunderte sich nicht, dass diese Stimme aus ihrem Inneren kam.

»Du weißt, wer du bist«, sagte die Maske.

»Ja«, flüsterte Leo.

»Ich helfe dir. Wir haben ja schon zusammen geübt.«

»Ja.«

»Wir haben nicht viel Zeit«, sagte die Maske. »Gleich geht es los. Sie sind ja schon da.«

Die Welt zerbrach mit ungeheurer Gewalt. Es war, als ob Steine in rascher Folge vom Himmel prasselten. Glühendes Licht explodierte vor Leos Augen. Die Nacht wurde zerrissen von grellen Blitzen. Sie hörte Schreie, sie kamen von überall her. Leo versuchte, sich aufzurichten, tastete wild nach Kenan, konnte ihn aber nicht finden. Der knatternde Lärm kam von allen Seiten. Wildes Getrampel erschütterte den Boden. Ein heftiger Schlag traf ihren Kopf. Sie wurde plötzlich taub, ihre Ohren waren wie mit Watte gefüllt. Lärm und Geschrei verschwanden in weiter Ferne. Alles wurde dunkel und still.

32

EIN MANTEL AUS PFAUENFEDERN

Leo spürte einen stechenden Schmerz am Hinterkopf und öffnete blinzelnd die Augen. Es wurde Tag, der Himmel war dunkelrot. Sie konnte nicht denken. Überall verspürte sie Schmerzen. Ich muss wohl das Bewusstsein verloren haben, dachte sie, konnte sich aber nicht erinnern, wie das hatte geschehen können. Jemand neben ihr keuchte, atmete schwer. Sie spürte eine Hand, die behutsam ihren Kopf hob. Ein Gefäß berührte ihre Lippen. Wasser! Leo trank gierig, verschluckte sich, hustete. Endlich gelang es ihr, die Augen offen zu halten. Sie sah über sich einen unbekannten Mann mit einem weißroten Tuch, dass er sich mehrmals um den Kopf geschlungen hatte, sodass die Zipfel auf seinen Schultern baumelten. Das Alter hatte seine Gesichtshaut mit einem faltigen Muster überzogen, aus dem die harten schwarzen Augen glänzten. Er trug über der Oberlippe einen dichten Schnurrbart, grau und struppig. Leo starrte ihn an. Eine vage Erinnerung zog durch ihren Kopf.

»Sind Sie Jeside?«, fragte sie

Sie hatte Englisch gesprochen. Hierzulande verstand fast jeder Englisch.

»Ja, und mein Name ist Irfan. Aber bleib ruhig liegen«, antwortete der Mann in der gleichen Sprache.

»Was …was ist geschehen?«

»Schlimmes«, erwiderte er knapp.

Sie wollte den Kopf heben. Es tat höllisch weh.

»Kenan …«, hauchte sie. »Wo ist Kenan?«

»Ich bin hier!«

Seine Hand packte die ihre. Leo klammerte sich an ihr fest, versuchte, sich aufzurichten. Sie blickte den alten Mann an, der immer noch da war, und sagte das Dümmste, was ihr einfiel:

»Er ist auch Jeside, wissen Sie.«

Der Mann neigte ruhig den Kopf.

»So ist es.«

Kenan flüsterte irgendetwas.

»Was ist mit dir?«, stammelte sie.

»Eine Kugel im Oberschenkel.«

»Tut es weh?«

Leos Kopf fühlte sich schwer und dumpf an. Eine stupide Bemerkung nach der anderen. Konnte sie überhaupt noch denken?

»Keine Ahnung, mein Bein ist ganz taub. Pamela hat mir einen Verband angelegt.«

»Sag mal, was ist passiert?«

»Die Islamisten.«

»Unmöglich! Unser Camp wird doch bewacht.«

Der alte Irfan verzog unfroh die Lippen.

»Sie haben den Wächtern die Kehle durchgeschnitten. Keine große Sache. Sie machen das ja täglich.«

Leo kam schmerzvoll in den Sinn, dass Murat und Karim sich bei ihrer eintönigen Aufgabe vielleicht etwas zu sehr gelangweilt hatten.

»Wir konnten die Polizei in Urfa verständigen.« Kenan sprach leise und stockend. »Aber sie muss zuerst Verstärkung anfordern. Die Islamisten sind etwa 30 Mann und gut bewaffnet. Sie haben Sprengstoff dabei. Und die Straße ist mit Steinen versperrt.«

Leos Kopf tat zum Verrücktwerden weh. Ihre Gedanken bahnten sich nur mühsam einen Weg durch verschiedene Schichten, bis sie endlich die Oberfläche ihres Bewusstseins erreichten.

»Haben wir Verletzte?«

Kenan schwieg. Der alte Mann schwieg. Leo richtete sich so heftig auf, dass der Schmerz in ihrem Kopf durch den ganzen Körper fuhr.

»Kenan! Ich will es wissen.«

Er antwortete mit dumpfer Stimme

»Sie sind tot, Leo. David und Antonio. Und Abdullah und Samir. Und drei unserer Grabungsarbeiter.« Kenan nannte die Namen. »Sie hatten eine Waffe und haben zurückgeschossen. Franz und Christian wurden auch verletzt. Aber es geht ihnen ganz ordentlich, sagt Pamela.«

»Und wer noch? Kenan? Wer noch?«

Er senkte den Kopf.

»Und Sibel.«

»Tot oder verletzt?«

»Tot. Oh, Leo! Es tut mir ja so leid!«

Leo erstarrte zu Eis. Im Augenblick empfand sie nichts. Das würde kommen. Bald. Bald würde sie anfangen zu leiden.

»Und mein Vater?«

»Er ist am Arm verletzt. Nichts Schlimmes.«

»Wo ist er?«

»Bei Sibel.«

»Ich will zu ihm!«

Irfan half ihr, sich aufzurichten.

»Danke, es geht schon«, sagte sie zu ihm.

Jan saß bewegungslos neben der Toten. Er hatte seine Jacke über ihr Gesicht gelegt. Leo ließ sich mühevoll neben ihm nieder.

»Jan?«, flüsterte sie heiser.

Er sah langsam auf, als ob er halb im Schlaf wäre. Sie blickte in sein schmerzverzerrtes Gesicht.

»Kopfschuss.«

Leo brachte kein Wort über die Lippen. Er ließ einen tiefen Atemzug hören.

»Wir wären glücklich geworden.«

»Ja, ich weiß.«

Sie streckte die Hand aus.

»Darf ich? …«

»Sie ist sehr entstellt«, sagte Jan.

Leo schlug die Jacke auf die Seite, legte Sibels Gesicht frei.

Nach ein paar Sekunden deckte sie Sibels Gesicht wieder zu. Jan nickte vor sich hin.

»Es sollte nicht sein.«

Ich will das nicht noch einmal sehen, dachte Leo. Meinen Vater in diesem Zustand.

»Und bei dir«, fragte er, »alles in Ordnung?«

»Ich glaube schon.«

Es war immerhin eine Antwort. Mehr konnte sie nicht sagen.

Sie spürte eine Bewegung, einen leichten Luftzug, und im nächsten Moment ließ sich Pamela neben ihr nieder, lautlos wie es ihre Art war. Ihr gebräuntes Gesicht sah eingefallen aus, ihre Augen waren dunkel umrandet. Ihr weißes T-Shirt war voller Blutflecken.

»Es ging schnell«, sagte sie. »Sie brauchte nicht zu leiden.«

Leo nickte stumm. Es ging fast über ihre Kräfte.

»Ich habe eine Ausbildung als Krankenschwester gemacht«, sagte Pamela. »Ich habe Verbandszeug dabei, Fiebertabletten und Schmerzmittel. Und sogar eine Morphiumspritze. Sag, wie fühlst du dich?«

»Ich habe Kopfschmerzen. Ein Kolbenschlag.«

»Lass sehen!«

Sie hob Leos Haar und strich über ihren Hinterkopf.

»Eine verdammt dicke Beule. Das tut weh. Ich gebe dir eine Tablette.«

»Kenan geht es nicht gut.«

»Nein. Die Kugel steckt neben der Arterie. Keine innere Blutung, zum Glück. Aber er braucht dringend einen Arzt, der die Kugel entfernt.«

Franz stolperte zu ihnen. Sein Arm war bis zur Schulter eingebunden.

»Wir sitzen hier, bis die Polizei uns rausholt. Die Jesiden konnten ein paar dieser Kerle erwischen. Sonst hätten wir überhaupt keine Chance gehabt. Sie hantieren mit ihrem Fleischmesser oder pusten uns das Hirn weg. Man kann sie nicht aufhalten. Befördern sie uns ins Jenseits, segnet sie Allah. Und wenn sie Göbekli Tepe in die Luft jagen, gibt es einen doppelten Segen. Das glauben sie jedenfalls.«

Franz sprach ohne Gefühl, wie ein Mensch, der in seinem Leben schon alles Mögliche gesehen hatte.

»Die Jesiden waren schnell hier«, sagte Pamela. »Sie arbeiten für eine deutsche Firma, die in der Nähe eine Straße baut. Murat hatte gerade noch Zeit, ihnen eine SMS zu schicken. Sie kannten einander. Die Baustelle ist zum Glück nicht weit. Knapp zehn Minuten mit dem Jeep. Aber es war schon zu spät. Sie fanden Murat und Karim mit durchgeschnittener Kehle. Die Jesiden hatten nur zwei Gewehre, mit denen sie gelegentlich Wild erlegten. Aber für die Angreifer kamen sie völlig unerwartet.

Die Jesiden sind Scharfschützen, und jede Kugel traf. Sie blieben dabei in Deckung. Die Islamisten konnten nicht ausmachen, ob da nur zwei Mann waren oder zwanzig, und zogen sich zurück. Die Toten und Verwundeten schleppten sie mit sich. Das machen sie immer. Aber sie werden nicht aufgeben.«

»Das ist bei denen nicht drin«, brummte Franz. »Wer als Märtyrer stirbt, kriegt einen Heiligenschein. Nicht anders als bei uns im Mittelalter. Manche lernen es nie.« Er deutete auf einige Leichen im Geröll. Die Jesiden hatten sie abseits geschleift.

Leo erschauerte. Alle hofften auf Hilfe. Doch womöglich kam jede Hilfe zu spät. Die Stimme in ihr wurde lauter, bestimmter. Ich muss ihnen helfen, ich muss sie schützen. Das ist meine Aufgabe. Jetzt weiß ich, wer ich bin und wer ich sein kann. Früher, vor tausend Jahren, da bezeichneten uns die Menschen als »Wächter«. Sie glaubten, dass wir sie beschützten. Sie glauben es immer noch. Und sie glaubten auch, dass wir Flügel hätten, was überhaupt nicht stimmte. Wir trugen nur Federmäntel, wie Melek Taus, der Pfauenengel der Jesiden. Der schönste. Mit dem schönsten Mantel aus blaugrünen Pfauenfedern. Die Jesiden wissen das noch. Die Jesiden sind unsere Verwandten …

»So geht es mit dir nicht weiter«, sagte die Maske unfreundlich. »Ist doch egal, wer der Schönste war und den schönsten Mantel hatte. Nimm es mir nicht übel, aber du hast Wichtigeres vor. Du wirst jetzt handeln müssen, auf die richtige Art und Weise. Hast du verstanden?«

»Ich kann nicht denken. Mein ganzer Kopf dröhnt.«

»Pamela hat dir ein Schmerzmittel gegeben. Keine Ausrede mehr! Ich helfe dir. Warte, bis die Sonne hoch am Himmel steht. Da steigt die Temperatur, und die Mistkerle ruhen sich aus. Das ist die beste Zeit. Und einige sind schon im Jenseits. Aber nicht bei Allah, der will sie nicht haben. Da unten sind nur noch zwanzig. Ungefähr. Aber von wegen besiegt! Wir müssen uns einfach vorstellen, was sie sich überlegen. Die Mistkerle denken sich alles vorher aus, wie's sein wird. Göbekli Tepe ist ihnen zuwider. Spinnen, Schlangen, Wildschweine … Schweine? Gott, wie gottlos! Eine Häresie! Also, tu was, bevor sie loslegen. Kenan soll die Syrinx spielen, und du rufst die Geier-Königin. Muss ich dir noch ein zweites Mal beibringen, wie das geht?«

»Kenan ist verletzt.«

»Ach was, das kannst du ihm zumuten. Kenan ist Jeside. Schon vergessen? Und jetzt setzt du als Erstes diese Maske auf, die dir so viele gute Ratschläge gibt; die Geier-Königin wird sich freuen und das Richtige tun. Aber macht diese Sache diskret. Sonst denken die Leute, ihr habt einen Vogel.«

»Dass du noch Witze machen kannst …«

»Positive Energie. Schweig jetzt und tu, was ich dir sage.«

Leo holte gepresst Luft.

»Gut. Ich will's versuchen.«

33

VERWANDTE

Kenan lag auf seinem Schlafsack; Pamela hatte seine Jeans aufge-schnitten, damit sie die Wunde verbinden konnte. Sein Bein war rot und geschwollen. Leo ließ sich neben ihm nieder.

»Könntest du gehen?«

»Ich hab's schon versucht. Weiter als drei oder vier Schritte komme ich nicht.«

»Auch nicht, wenn ich dich stütze?«

Er blickte sie sonderbar an.

»Was hast du vor?«

»Kenan, du musst mir helfen.«

Leo erklärte ihm kurz, was sie vorhatte.

»Wenn wir nichts unternehmen, sieht es schlecht für uns aus. Bis die Polizei hier ist, können Stunden vergehen. Wenn über-haupt. Die Scheißkerle werden sie an der Straßensperre abfangen. Da gibt's immer noch verdammt viele böse Überraschungen und schlimme Dinge, die der Polizei auf dem Weg zu uns zustoßen könnten.«

Kenan fragte nervös: »Meinst du, sie versuchen's mit Gewehr-en oder mit Messern?«

»Überlass das ruhig ihnen.«

»Ich kann nicht die Syrinx spielen. Mein Bein schmerzt.«

»Du spielst nicht mit dem Bein.«

Er setzte sich hoch, sank jedoch stöhnend wieder zurück.

»Leo, ich schaffe das nicht.«

»Gib dir Mühe!«

Sie legte den Arm um seine Schultern und zog ihn hoch. Er war zu schwer.

Leo befiel Angst. Im blendenden Sonnenlicht sah sie seltsame Bilder, dunkel verschwommene Albträume. Sie hatte keine Substanz mehr, keine Kraft.

»Es geht nicht«, sagte sie zu der Maske. »Ich kriege ihn nicht hoch.«

»Blöde Entschuldigung«, zischte die Maske erbost. »Geh und hol dir Hilfe. Du hast Verwandte hier.«

»Verwandte?«

Pamelas Tablette hatte nicht gewirkt. Der Schmerz in Leos Kopf war immer noch da und pochte dumpf. Was hatte die Maske gesagt? Doch plötzlich war sie imstande zu begreifen. Ja, sie hatte Verwandte, die ihr beistehen konnten.

Sie sagte zu Kenan.

»Warte einen Augenblick. Ich bin gleich wieder da.«

Irfan und sein Begleiter, der höchstens siebzehn war, Rustani hieß und kaum Flaum auf den Wangen hatte, saßen etwas abseits. Sie tranken Tee und kauten Pistazienkerne. Die überlebenden Grabungsarbeiter hatten für sie gesorgt, Leo fragte sich, ob ihre Ruhe nur vorgetäuscht war oder ob sie diese als Ausgleich für ihre unablässige Kampfbereitschaft einsetzten. Eine dauernde Gefahr wird Bestandteil des Lebens. Schließlich hatten sie einen Genozid erlebt.

Als Leo zu ihnen trat, erhob sich Rustani, doch Irfan blieb sitzen. In seinem Alter hatte man ihm Respekt zu zollen. Leo war sich dessen bewusst und grüßte verhalten. Sie war nach wie vor von seinem Schnurrbart fasziniert, vermied jedoch, ihm unhöflich ins Gesicht zu schauen.

»Setz dich«, sagte Irfan.

»Tee?«, fragte Rustani.

»Oh ja, gerne!«

Ohne Tee würde sie auf der Stelle umfallen.

»Ich möchte mich bedanken«, sagte sie. »Ohne Ihre Hilfe wäre keiner von uns noch am Leben.«

Der alte Mann schüttelte leicht den Kopf.

»Wir sind zu spät gekommen.«

»Sie haben getan, was Sie konnten.«

»Nicht genug.«

Rustani reichte ihr den Tee auf einem Tablett. Leo nahm das Glas mit beiden Händen, wie es sich gehörte. Die Jesiden legten viel Wert auf gute Umgangsformen.

Der alte Mann ließ sie nicht aus den Augen.

»Und du hast mich etwas zu fragen?«

»Sie wissen ja, dass Kenan verletzt ist.« Leo sprach sehr vorsichtig und wählte jedes Wort mit Bedacht. Sie vermochte nicht abzuschätzen, wie Irfan ihr sonderbares Anliegen aufnehmen würde. Er war hier ja der Boss.

»Kenan kann nicht gehen. Ich brauche ihn dringend. Aber ich habe nicht die Kraft, ihn zu stützen.«

Sie erklärte, dass sie nichts anderes von ihnen wollte als ihre Hilfe, um Kenan dahin zu befördern, wo sie ihn haben wollte. Wenn sie Glück hatte, konnte sie sich eine umständliche Erklärung ersparen.

Irfan sah sie ausdruckslos an.

»Und warum sollten wir das tun?«

»Zuerst mal: Ich glaube, wir sind verwandt.«

»Wir sind Jesiden. Kenan ist Jeside. Und wer bist du?«

Der Tee war heiß, schmeckte aber wunderbar nach Minze. Leo nahm einen großen Schluck. Ihre Lebensgeister kehrten zurück. Na ja, dann zur Sache. Es blieb ihr wohl nichts anderes übrig.

»Früher wusste ich nicht, wer meine Vorfahren waren. Jetzt weiß ich es von meiner Großmutter. Man nannte uns Vogelmenschen, hat sie mir erzählt, weil wir Umhänge mit Federn trugen. Sie erklärte, dass wir Magier und Heiler waren, die vor der großen Katastrophe in Mittelasien lebten und ein bedeutendes Wissen hüteten. In alten Texten werden wir als ›Wächter‹ bezeichnet. Das jedenfalls sagt meine Großmutter.«

Der alte Mann nickte bedächtig.

»Es ist immer gut, wenn die Jungen auf die Älteren hören. Nun, was kann ich für dich tun?«

Leo holte tief Atem.

»Ich glaube, dass Kenan und ich etwas bewirken können.«

Er hob die struppigen Brauen.

»Und was veranlasst dich, das zu glauben?«

»Darf ich aufrichtig sprechen?«

»Das erwarten wir von dir.«

Leo nahm einen zweiten Schluck Tee. Sie sprach zunächst von Kenan, von seiner Malkunst. Und dann von seiner Musik. Und sie sprach von der Maske und von der Geier-Königin. Und sie erklärte, wie man sie herbeirufen konnte.

Im Schweigen, das folgte, hörte Leo, wie ihr Herz heftig klopfte. Sie hatte alles gesagt.

Jetzt hing es davon ab, was der alte Mann ihr antworten würde.

Er sah sie fest an, bewegungslos, die Arme verschränkt. Und sie erwartete alles Mögliche, außer das, was sie jetzt zu hören bekam.

»Unser großer Pfauenengel Melek Taus gab seinen Nachkommen den Auftrag, das Gute zu schützen und das Böse zu strafen. Und zu suchen, wo der Wind am schärften weht. Du verstehst?«

Mit einer Hand, die leicht zitterte, stellte Leo das leere Glas auf das Tablett zurück, das Rustani ihr hinhielt.

»Nicht genug. Ich will mehr wissen. Ich lerne.«

Ein beifälliger Ausdruck glitt über Irfans dunkles Gesicht.

»Du bist bescheiden. Und du bist bereit, Verantwortung zu tragen. Das ist gut. Ich helfe dir.«

Er gab Rustani ein unmerkliches Zeichen. Der junge Mann, der bisher geschwiegen hatte, stand schwungvoll auf. Leo bedankte sich mit Worten, die sie selbst als schwülstig empfand, die aber der alte Mann offenbar erwartete. Doch er erwiderte nur:

»Wir sind verwandt.«

Und das war alles.

Rustani sah sofort, dass es Kenan nicht gut ging.

»Hast du Fieber?«, fragte er.

»Ein wenig.«

»Kannst du in diesem Zustand aufstehen, mein Bruder?«

»Doch«, stammelte Kenan, »ich glaube schon.«

»Anlage B«, sagte Leo.

Rustani half dem Verletzten auf die Beine. Er verfügte trotz seiner schlanken Statur über beachtliche Kräfte. Vorsichtig legte er Kenan einen Arm um die Schulter, den anderen um die Taille und schleppte ihn mit sich. Leo hatte inzwischen ihre Sachen bereitgelegt. Sie nahm ihren Rucksack und ging voraus. Rustani stützte den Verletzten, der mühsam humpelte. Leo war erleichtert, dass niemand sie beachtete oder Fragen stellte. Alle waren mit sich selbst beschäftigt, allein mit ihrer Trauer, ihren Ängsten und ihren schmerzenden Wunden. Es war ein schrecklicher Anblick, den Leo erst jetzt bei vollem Verstand wahrnahm und der ihre Wut noch steigerte.

Die Anlage B war gut erhalten, aber die Pfeiler waren nicht vollständig ausgegraben und von Füllschutt umgeben, der alle Geräusche dämpfte. Perfekt, dachte Leo. Sie wollte um keinen Preis, dass die Belagerer etwas hörten, das ihren Argwohn erwecken konnte. Alles, was sie wirklich wusste, war, dass sie kommen würden und nur den geeigneten Augenblick abwarteten. Sie war fast sicher, dass dies in den ersten Abendstunden geschehen würde.

In der Grube war es höllisch heiß, weil die pralle Sonne schon hoch am Himmel stand und die Steine zusätzliche Wärme ausstrahlten. Die Hitze drang unter die Haut, stach wie mit Dornen. Es wird Zeit, dachte Leo. Höchste Zeit! Sie wollte um jeden Preis vermeiden, dass die Kerle frisch und ausgeruht aufwachten, Tee tranken und eine neue Strategie besprachen.

Sie hatte den Ort perfekt gewählt: Die Anlage war nur aus der Vogelperspektive gut zu sehen. Das war für sie das Wichtigste.

»Kannst du es bis nach unten schaffen?«, fragte sie Kenan.

»Sieht einfach aus.«

Er biss sich auf die Lippen, um den Schmerz zu unterdrücken. Sein Gesicht war nass vor Schweiß. Sie stützten ihn beide, während sie schwerfällig die Leiter hinabkletterten, dabei immer mit den Füßen vorsichtig die nächste Sprosse ertastend. Endlich waren sie unten. Rustani und Leo setzten den Verletzten behutsam mit dem Rücken gegen einen Pfeiler. Leo hatte eine Plastikflasche mit Wasser im Rucksack. Alle drei tranken abwechselnd und ohne ein Wort, bis sie wieder zu Atem gekommen waren.

»Machen wir's jetzt?«, fragte Kenan. »Solange ich noch kann?«

»Besser, ich gehe jetzt«, meinte Rustani. »Ich komme später wieder.«

Doch Leo hielt ihn zurück.

»Nein. Wir sind Verwandte …«

Er freue sich offenbar und lächelte. Er hatte sehr schöne, ebenmäßige Zähne.

»Ja, ich weiß. Ich danke dir.«

Leo reichte Kenan die Flöte, und er spielte den ersten Ton. Nur ein kurzer, scharfer Klang. Es war, als ob die Flöte zu der Maske sprach:

»Bist du bereit?«

»Ich bin bereit«, sagte die Maske. Leo befestige die Maske mit einem Gummiband hinter den Ohren. Sie umschloss ganz eng ihren Kopf. Als Leo zur Sicherheit in ihren kleinen Spiegel blickte, bemerkte sie, dass die Maske viel echter wirkte als Masken üblicherweise. Es sah tatsächlich so aus, als sei der Vogelkopf ihr eigener Kopf. Hoffentlich verrutschte das Ding nicht. Zu ihrer Aufmachung gehörten die Federn. Nicht schlecht, dachte Leo. Natürlich, hätte ich einen richtigen Federmantel, wäre das Ganze noch eindrucksvoller. Doch sie musste sich mit dem begnügen, was sie hatte. Sie gab Kenan ein Zeichen, und er setzte die Syrinx an die Lippen. Es war nicht mehr ein schriller Ruf, sondern ein schwingendes Vibrieren. Leos Herz pochte in diesem Rhythmus. Die Maske hinderte sie ein wenig am Atmen. Sie musste durch den Mund Luft holen. Aber okay, das sollte gehen.

Rustani lehnte sich mit den Rücken an einen Pfeiler. Von diesem Augenblick an war er vom Ritual ausgeschlossen. Er saß abseits, beobachtete, hielt den Atem an.

34

DIE RACHE DER GEIER-KÖNIGIN

Kenans Hände zitterten, und ihm war übel. Er fand, dass sein Spiel überhaupt nicht gut klang, und fragte sich mit Bangen, ob er etwas Brauchbares zustande bringen konnte. Er fühlte sich miserabel, körperlich fast am Ende. Aber Leo konnte ohne ihn überhaupt nichts machen. Die Musik war nicht nur Musik, die Musik war eine Beschwörung. Nein, er durfte Leo nicht in Stich lassen! Er würde sein Bestes geben. Und während er so dachte, verschmolzen all seine Schmerzen zu einem Klang, der die Luft in einen lichtdurchwirkten Nebel verwandelte. Mit einem Mal hob sich der Nebel. Wie ein Bühnenvorhang, ging es Kenan durch den Kopf. Er fühlte sich wohl. Keine Schmerzen mehr, kein Unbehagen. Unwillkürlich hefteten sich seinen Blicke auf zwei Pfeiler, die schon ausgegraben waren und einander gegenüberstanden. Die rechte Seite beider Pfeiler war jeweils flächendeckend von einer Reihe größerer Vögel eingenommen. Ihre Köpfe waren im Verhältnis zu ihren gespreizten Flügeln klein und im hinteren Abschnitt mit einer Art Federkrone versehen. Die Beine waren eher kurz, mit auffallend großen Klauen, während ihre Flügel eine enorme Größe erreichten.

Kenan wusste so sicher, als ob man es ihm gesagt hätte, dass diese Vögel Menschen waren.

Sie trugen Federmäntel und lebten in uralten Zeiten, noch

bevor die brennenden Steine vom Himmel fielen, der Meeresspiegel anstieg und die Welt in Dunkelheit versank.

Und auf einmal konnte Kenan nicht glauben, was er sah. Das Mittagslicht schenkte ihm eine Vision. Vor seinen fassungslosen Augen lösten sich die Vogelmenschen aus dem Stein, wurden zu lebenden Wesen, die zum Klang seiner Musik tanzten. Kenan nahm voller Staunen wahr, wie melodisch seine Musik klang und wie schwerelos und elegant die Vogelmenschen dem Rhythmus folgten. Ihre Federmäntel schimmerten in einem Wirbel von Farben, wenn sie sich drehten. Sie wiegten sich im Takt, hoben und senkten die Arme wie Flügel, spreizten ihre Füße auswärts, wie Vögel es tun. Sie hielten den Oberkörper gebeugt, ihre stampfenden Füße weckten die Erde, ihre schlagenden Flügel die Himmelskraft. Das dauerte eine ganze Weile, sodass Kenan ausreichend Zeit hatte, sie zu bewundern.

Ganz plötzlich, wie auf ein geheimnisvolles Signal hin, zogen sich die Tänzer zurück, zuerst langsam, dann immer schneller, wie Schatten, von der Sonne aufgelöst. Und nun schien das Licht so grell und wild, dass Kenan – nur für einen Atemzug – die Augen schließen musste. Als er sie wieder öffnete, entdeckte er inmitten dieser kreisenden Flecken etwas Eindringliches und Unerkärliches. Er konnte zunächst nicht erkennen, was es war. Und dann stockte ihm der Atem, denn das, was er vor sich sah, war keine Vision, sondern wahr und wahrhaftig ein tanzender Mensch mit dem Kopf eines Geiers. Er trug keinen Umhang, nur zwei Federn in jeder Hand. Doch die Art, wie er die Federn bewegte, waren genau dem Auf und Ab schlagender Flügel nachempfunden. Und dieser Mensch war splitternackt. Leo? Aber nein, unmöglich! Vor ihm tanzte ein mächtiges Wesen, das nur etwas Ähnlichkeit mit ihr hatte. Seine Gesten waren gebieterisch, und die Maske leuchtete wie weiße Glut im Sonnenlicht. Es mochte Leo sein oder auch nicht, es war ein Fabelwesen mit einem biegsamen Körper, rot wie Zinnober, ein Geschöpf aus einer vergangenen Zeit, aus einer anderen Welt. Kein Mensch mehr, sondern ein vermenschlichter Vogel. Kenan spielte ohne Unterlass, immer im gleichen Rhythmus. Doch sein Bewusstsein war nicht völlig ausgeschaltet. Tiefe Erregung erfüllte ihn, als er auf einmal einen riesigen Vogel sah, der in geringer Höhe über der Grube kreiste. Der Vogel zog immer engere Kreise, drehte sich über ihm im flirrenden Blau. Kenan sah seinen leuchtenden, halb schwarz, halb weiß gefiederten Leib, die offenen Riesenschwingen, die gespreizten Klauen. Eine Erkenntnis blitzte durch seine Gedanken: die Geier-Königin! Er hob seine Flöte, spielte nur noch für sie. Die Geier-Königin senkte ihren Flug, drehte sich über die tanzende Gestalt, bezog auch sie in ihren Reigen ein.

Plötzlich erblickte Kenan andere Gestalten am Himmel. Geier! Er konnte nicht ausmachen, wie viele es waren. Sie erschienen aus der Tiefe des Horizonts, aus allen Richtungen; sie versammelten sich, sie kamen näher.

Kenan spürte, dass sie auf einen Befehl warteten. Er wusste genau, als ob man es ihm gesagt hätte, dass er den Rhythmus zu beschleunigen hatte. Die Syrinx, aus einem Baum vor tausend Zeitaltern geboren, vibrierte unter seinen Händen wie ein lebendes Wesen. Da vermeinte Kenan, eine Stimme zu hören. Eine fremde Stimme. Es war weder die Stimme einer Frau noch die eines Mannes. Es war keine menschliche Stimme, aber Kenan verstand trotzdem die Worte, die er zuvor nie gehört hatte und die genau den Rhythmus der Syrinx skandierten:

Mein Schnabel ist Stahl.
Meine Klauen sind Dolche.
Ich reiße an deinem Schädel.
Ich fresse dein Knochenmark.
Ich werde kein Mitleid haben.

Und auf einmal – völlig unvermittelt – unterbrach die Tanzende ihre stampfenden Bewegungen, hob beide Arme und warf die Federn hoch in die Luft. Sie schwebten im flirrenden Sonnenlicht, fielen langsam und weich ins Geröll. Und im gleichen Atemzug kreischte die Geier-Königin, ging in den Sturzflug über, einem unsichtbaren Ziel entgegen, gefolgt von dem rauschenden, wild schreienden Schwarm der Geier. Noch ein paar Sekunden … nicht mehr, dann drangen aus den Rinnen und Falten des Gesteins ein Toben und Schreien, und von allen Seiten hallte das Echo von Gewehrschüssen wider. Das dauerte, das nahm kein Ende. Doch allmählich verebbte das furchtbare Geschrei, gefolgt von hektischen Befehlen und hysterischen Stimmen. Während ein wild kreischender Geierschwarm, der in großer Höhe über den Göbekli Tepe kreiste, sich immer wieder im vollen Flug senkte, einem unsichtbaren Ziel entgegen. Inzwischen heulten Motoren auf, Reifen quietschten. Der Lärm von startenden Geländewagen wurde schwächer, entfernte sich und war nach einer Weile nur noch aus der Ferne zu hören, bis er gänzlich verschwand.

Da erst senkte Kenan die Flöte. Die einsetzende Stille hatte etwas Gespenstisches an sich. Es war vorbei. Vielleicht war es schon lange vorbei gewesen. Auch die Geier waren plötzlich unsichtbar. Aber Kenan hatte nicht gesehen, dass sie zurück in den Himmel stiegen. Offenbar hatten sie da unten viel zu tun. Kenans Lippen waren aufgesprungen und bluteten. Er tastete nach der Flasche, die Leo in ihrem Rucksack mitgeführt hatte, nahm einen langen Zug. Als er sich mit dem Handrücken über die Augen wischte, klärte sich seine Sicht. Er sah eine schmale nackte Gestalt, die zusammengekrümmt im Geröll lag. Kenan sammelte seine letzten Kräfte, kroch auf sie zu. Sein Bein brannte und pochte, er schleifte es hinter sich her. Sie brauchte jetzt Wasser. Viel Wasser.

Rustani war schon bei ihr. Er hatte seinen Pullover ausgezogen und über ihren verkrampften Körper gelegt. Behutsam nahm er ihr die Maske ab, und Kenan sah in Leos Gesicht. Sie atmete schwer. Ihre Lider waren geschlossen, aber Kenan nahm unter den Lidern die Bewegungen ihrer Augäpfel wahr. Er hielt die Flasche an ihre Lippen. Sie trank in langen gierigen Zügen.

»Ich kann es!«, sagte sie. Sie hatte zu sich selbst gesprochen, aber es war Rustani, der antwortete. Seine Stimme klang bewegt und respektvoll.

»Ja, du kannst es. Irfan wusste, dass du es kannst. Er hat es mir gesagt.«

Leo hob den Blick und sah ihn an. Sie schien ihn zu sehen und gleichzeitig durch ihn hindurchzuschauen. Rustani hätte gerne mehr zu ihr gesagt, doch es wäre unpassend und zudringlich gewesen. Er erhob sich.

»Ich hole deine Kleider.«

Leo nickte geistesabwesend. Sie richtete sich auf, wobei sie Rustanis Pullover fest an sich presste Die Vision stand immer noch vor ihr und verlieh ihrem Blick etwas Abwesendes, Suchendes. Schließlich deutete sie auf Kenans Bein.

»Tut es sehr weh?«

»Das macht nichts.«

Sie nahm seine Hand, streichelte seine Finger, die die Flöte gehalten hatten. Sie spürte seinen Pulsschlag, der sich auf den ihren übertrug, eine Vibration, die ihr neue Kräfte schenkte. Erst jetzt blickte sie an sich herunter und bemerkte, dass sie nackt war.

»Sag mal, bin ich eigentlich verrückt?«

»Ich würde das nicht so nennen. Warte! Rustani bringt dir deine Sachen.«

Er reichte ihr die Kleider mit einem verschämten Ausdruck, wandte sich errötend wie ein Schuljunge ab, während sie in Unterwäsche, T- Shirt und Jeans schlüpfte. Ihre Bewegungen waren langsam, schwerfällig. Sie fühlte sich unendlich erschöpft. Während sie sich ankleidete, entfernte sich Rustani und kam erst nach einer Weile zurück.

»Wie sieht es da unten aus?«, fragte Kenan.

Rustani nickte ihm düster zu.

»Nicht schön. Sie sollte das besser jetzt nicht sehen.«

»Was soll ich nicht sehen?«, murmelte Leo.

Allmählich drang die Realität in ihr Bewusstsein ein. Sie wusste, dass sie etwas bewirkt hatte. Im Moment konnte sie sich kaum erinnern, wie sie es geschafft hatte – aber die Geier-Königin und ihr Gefolge hatten die Gefahr vernichtet.

Sie sagte zu Kenan:

»Du hast für sie gespielt.«

»Und du hast sie um Hilfe gebeten.«

Leo lächelte zum ersten Mal und bezog ihn in ihr Lächeln ein.

»Wir sind ein gutes Team.«

»Das meine ich auch.«

Mit Rustanis Hilfe kletterten sie die Leiter empor, eine Sprosse nach der anderen. Ihre Beine zitterten. Bei jeder Bewegung liefen sie Gefahr, eine Sprosse zu verfehlen und abzurutschen. Leo schleppte den Rucksack, wobei sie vor Erschöpfung taumelte. Kenan litt entsetzliche Schmerzen. Er hatte hohes Fieber und Schüttelfrost. Aber das war – in Anbetracht dessen, was geschehen war – völlig bedeutungslos.

35

EPILOG

Die Polizei in Urfa hatte Militärverstärkung angefordert. Sobald die Soldaten eingetroffen waren, fuhren sie in ihren Geländewagen zum Göbekli Tepe. Sie waren schwer bewaffnet und auf das Schlimmste gefasst, Die Islamisten waren in der Minderzahl, aber kompromisslos, brutal und erfahren. Doch diesmal war alles ganz anders. Was die Soldaten sahen, nachdem sie die Steine beseitigt hatten und die Straße wieder frei war, waren blutüberströmte, zerfetzte Leichen. Sie lagen neben ihren Fahrzeugen, manche sogar im Fahrzeug selbst, hinter zertrümmerten Glasscheiben. Die Toten waren entsetzlich zugerichtet, verstümmelt, ausgeweidet, und ihre Augen waren aus den Höhlen gerissen. Zwischen den Leichen lagen auch mehrere erschossene Geier. Die Soldaten bemerkten, dass einige Aasfresser – Geier und andere Greifvögel – sich an den Kadavern gütlich taten. Die Ankunft der Menschen störte sie kaum. Sie hüpften nur ein wenig herum und zischelten, ohne von ihrer Mahlzeit abzulassen. Ein Grauen packte die Männer, denn keiner von ihnen hatte jemals etwas Ähnliches gesehen.

Sie sorgten dafür, dass die Toten nach Urfa transportiert wurden, und brachten die Verletzen ins Krankenhaus. Über die Islamisten schaufelten sie Erde, denn jeder Mensch, egal ob gut oder böse, sollte bestattet werden, das verlangte die Religion. Und sie stellten am Göbekli Tepe neue, gut bewaffnete Wachen auf.

Später, als alles vorbei war und die Forscher ihre traurige Rückreise antraten, beweinten sie die klugen und begabten Menschen, die dem Wahnsinn einer Handvoll Fanatiker zum Opfer gefallen waren. Doch es war geschehen und würde noch öfter geschehen, denn für den menschlichen Wahnsinn gab es keine räumlichen oder zeitlichen Grenzen – heute nicht, morgen nicht und vielleicht auch in Tausenden von Jahren nicht.

Das Leben ging weiter, wie es immer weitergegangen war. Kunstkenner, die sonst Haare auf den Zähnen hatten, schenkten Kenans Gemälden wohlwollende Beachtung. Die Presse schaltete sich ein, und Kenan wurde ein berühmter Maler. Er stellte in namhaften Galerien aus, und es gehörte zum guten Ton, seine Bilder zu erwerben. Leo lebte nicht mit ihm zusammen, noch nicht. Sie waren beide zu unabhängig, aber sie waren stets füreinander da. Sie würden nie wieder einsam sein. Und was die Zukunft brachte … sie hatten Zeit, sie ließen es darauf ankommen. Jan vertiefte sich in seine Forschungsarbeiten, wortkarg wie immer, und Leo dachte schmerzvoll an seine glücklichen Augen, an sein humorvolles Lächeln, das sie nur noch selten – und mit Trauer vermischt – auf seinem Gesicht wahrnahm.

Pamela und Christian gingen nach Indien, nach Mojendra Daru, wo sie ihre Forschungen auf den Spuren der Irano-Arier weiterführten. Franz hatte das Reisen gründlich satt, seine Arthritis machte ihm stärker zu schaffen, und er übernahm einen Lehrstuhl an einer der Warschauer Hochschulen. Und alle gedachten David und Antonio, die ihren Film nie zu Ende bringen konnten. Es sei denn, jemand würde ihre Arbeit im Schnittraum übernehmen und mit Ton, Lichteinstellungen und Kommentar die Dinge so inszenieren, wie David und Antonio es sich gewünscht hätten. Und dabei eine ganz neue Geschichte erzählen, gleichsam eine politische Aussage und eine Tragödie über die Geburt und den

Zusammenbruch der Vernunft, und über der Finsternis im menschlichen Herz.

Wie kam es eigentlich dazu, dachte Leo oft, dass sie eine Sache veranlasst hatte, die sie im Nachhinein als unvorstellbare Grausamkeit empfinden musste? Und trotzdem war ihr klar, dass sie das Richtige getan hatten. Sie hatte erkannt, dass Ungerechtigkeit und fanatische Gewalt bisweilen eine ebenso grausame Antwort erforderten. Diese Leute, die in Allahs Namen mordeten, ja sogar das Leben kleiner Kinder nicht verschonten, beleidigten die Menschheit und schändeten ihr Gottesbild. Doch die dreckige Arbeit hatten die Geier übernommen. Sie hatten die Opfer gerächt. Und sie hatten die Seelen der Mörder nicht in den Himmel getragen, sondern sich über ihre Leichen hergemacht und ihnen genüsslich die Augen ausgerissen.

Nie war von Leos Vorfahren erwartet worden, dass sie sanft und nachgiebig alles schluckten. Vielleicht glaubten das die Leute, aber so war es nicht. Ihre Vorfahren hatten stets gewusst, wann sie ein Kind zu trösten hatten und wann sie ihr Flammenschwert als gerechte Strafe einsetzen mussten. Und Leo dachte, wenn sie im Laufe vieler Jahre die nötige Einsicht gewann, würde auch sie über die Kraft verfügen, im Dienst der Gerechtigkeit zu leben und zu handeln. Wie ihre Vorfahren. Wie ihr Großvater.

Sie konnte das Böse nicht abwenden. Noch nicht. Sie war noch zu jung, und es fehlte ihr an Erfahrung. Doch sie konnte das Böse bekämpfen. Irfan hatte sie richtig eingeschätzt: »Suche den Wind, wo er am schärften weht.« Nie würde sie die Vögel vergeblich um Hilfe bitten. Nicht nur die Geier, die gab es ja auch nicht überall. Aber andere Greifvögel, die ihre Macht anerkennen und unterstützen würden: Adler, Falken, Habichte. Natürlich nicht immer. Wenn es nicht möglich war, musste sie sich etwas einfallen lassen. Es gab eine Geschichte, die endlos erzählt wurde, weil sie erzählt werden musste. Leo würde eine schöne Frau werden, ausgestattet mit Anmut, Klugheit und Willensstärke. Sie hatte sich definitiv entschlossen, Forscherin zu werden wie ihr Vater. Es gab auf der Welt noch so viel zu entdecken! Aber das würde nicht das Wesentliche sein. Sie hatte einen permanenten Auftrag. Wie James Bond, sozusagen. Der Gedanke gefiel ihr. Und sie dankte auch der Maske, indem sie diese an der Wand über ihrem Kopfkissen befestigte. Denn schließlich war es die Maske, von ihrer eigenen Lebenskraft beseelt, die ihr die erforderliche Macht verliehen hatte. Die Maske war ein bisschen zerknittert, der Schnabel hing definitiv schief, aber das machte nichts. Die Maske würde ihre Träume leiten, ihr den Unterschied zwischen Gut und Böse noch deutlicher zeigen. Sie würde eine strenge Lehrerin sein.

Und als Leo nach ihrer Rückkehr zum ersten Mal Katja besuchte, die ihr heiße Schokolade vorsetzte und aufmerksam zuhörte, was sie ihr zu erzählen hatte, deutete sie zum Schluss auf den Türkis, der an der Silberkette im Ausschnitt ihres Pullovers sichtbar war.

»Nun?«, fragte sie.

»Doch«, erwiderte Leo, »der Türkis hat jetzt einen Namen.«

»Es wurde auch höchste Zeit«, meinte Katja.

»Sibel« hieß der Türkis, zu Ehren jener guten, klugen und wunderbaren Frau, deren Erinnerung Leo ihr Leben lang begleiten würde.

© Kazuyuki Kitamura

FEDERICA DE CESCO wurde als Tochter eines italienischen Vaters und einer deutschen Mutter im norditalienischen Pordenone geboren und studierte Kunstgeschichte und Psychologie in Lüttich. Mit fünfzehn schrieb sie ihr erstes Buch, den Jugendbestseller *Der rote Seidenschal*, dem über fünfzig Kinder- und Jugendbücher folgten, bis ihr mit *Silbermuschel* ein aufsehenerregendes Debüt in der Belletristik gelang. Weitere große und erfolgreiche Romane folgten. Heute lebt sie mit ihrem Mann, dem japanischen Fotografen Kazuyuki Kitamura, in der Schweiz.